窑街煤电·企业文化丛书

YAOJIE COAL AND ELECTRICITY & CORPORATE CULTURE SERIES

U0575349

挺拔的脊梁

TING BA DE JI LIANG

○ 窑街煤电集团有限公司 编

甘肃人民出版社

图书在版编目（ＣＩＰ）数据

挺拔的脊梁 / 窑街煤电集团有限公司编. -- 兰州：
甘肃人民出版社，2022.12（2024.1重印）
ISBN 978-7-226-05914-2

Ⅰ. ①挺… Ⅱ. ①窑… Ⅲ. ①煤炭工业－劳动模范－
先进事迹－兰州－现代②煤炭工业－先进集体－先进经验
－兰州－现代 Ⅳ. ①K826.16

中国版本图书馆CIP数据核字(2022)第228325号

责任编辑：李青立
助理编辑：魏清露
封面设计：吴妍景

挺拔的脊梁

窑街煤电集团有限公司　编

甘肃人民出版社出版发行
（730030　兰州市读者大道 568 号）

河北浩润印刷有限公司印刷

开本 787毫米 ×1092毫米　1/16　印张 18.25　字数 270千
2022 年 12 月第 1 版　　2024 年 1 月第 2 次印刷
印数：2001~4000

ISBN 978-7-226-05914-2　　定价：88.00元

编委会

主　编：朱新节

副主编：李曙红　李发武　杨生福

编　委：马奇功　韩沙沙　刘　斌
　　　　吴妍景

前言
PREFACE

　　站在时代的峰峦俯瞰过往，是劳动创造了人类的文明历史；回眸窑街煤电走过的路程，是劳动筑起了通向梦想的阶梯。

　　窑街煤电集团有限公司是一个拥有厚重历史、家国情怀、劳模精神的国有能源企业。在我们的血脉里，流淌着长子情怀、国企品格和特别能战斗的"红色基因"。

　　追寻企业奋进的脚步，窑街煤电 2017 年至 2021 年这五年来的发展格外"亮眼"。2017 年，是企业发展历程中的一个分水岭。这一年，在全体职工"挺"字当头、苦战"寒冬"、渡危求存的坚守下，窑街煤电结束了 2014 年至 2016 年连续三年严重亏损的历史，从濒临破产的"泥潭"中脱身而出，以每年持续盈利的骄人业绩，朝着建设全国一流现代能源企业的宏伟目标，大步踏上了新时代高质量发展的"赶考路"。五年来，窑街煤电脱胎换骨、凤凰涅槃般的历史性嬗变，是一路爬坡过坎奋斗出来的，是持之以恒付出艰辛劳动拼搏出来的，是以劳模为骨干的全体职工困难面前不低头、重压之下不弯腰、艰难之中不停步，籍厚积之力、承进取之魂而淬炼出来的。

　　窑街煤电每个历史时期的劳模，都是时代的精神符号和力量化身。五年来，窑街煤电全体干部职工都在奋斗与拼搏，千里矿区浩瀚星空中又增添了许多闪光的星辰，其中劳模们最为耀眼和闪亮。他们以炽热的强企报国情怀、精湛的专业技能、忘我的奋斗精神，在各自的岗位上建功立业，为广大职工树立了光辉的榜样。

　　为企业写史、给劳模立传，是窑街煤电集团有限公司党委、工会的神圣责任。《挺拔的脊梁》一书收集了集团公司自 2017 年以来涌现出来的集团公司级及以上 49 名劳模和 7 个省级及以上先进集体的感人事迹。翻开这本书，奋斗者的鲜活形象跃然纸上，一股生生不息、奋斗不止的精神力量喷薄而出。他们燃烧激情、大胆追梦，把不可能变为可能，将劳模精神、劳动精神、工匠精神演绎得淋漓尽致。

　　踏上新的赶考路，这是一个初心更红、信念更坚的新时代；这是一个步伐更稳、面貌更新的新时代；这是一个担当更宽、作风更硬的新时代；这是一个干事更实、团结更紧的新时代；这是一个效益更好、生活更美的新时代。欣逢好时代，我们讴歌劳模、赞美劳模、学习劳模，不仅是为了从劳模身上再现企业的成长记忆，更是为了进一步弘扬伟大的劳模精神、劳动精神、工匠精神，激励广大职工以新时代奋斗者的昂扬姿态，继往开来，接续奋斗，豪迈地走向窑街煤电更加光辉灿烂的明天！

　　《挺拔的脊梁》一书就要和大家见面了，衷心感谢为此付出辛勤劳动的编辑组各位成员和所有提供过指导、支持、帮助的各位领导、同事、朋友们！对于存在的疏漏与不足之处，恳请各位读者给予批评指正。

窑街煤电集团有限公司党委

2022年12月

目录
CONTENTS

这五年，煤海星辰最闪亮 1

201 又踏层峰望眼开   **120**

2020 年年后浪推前浪   158

2021 众志成城向未来   214

2017 ▶ 2021

这五年，
煤海星辰最闪亮

时代赋命斯人，唯以奋斗相接。他们曾手捧鲜花、身披绶带，被掌声和闪光灯笼罩。繁花褪去后，他们依然坚守在各自的岗位上，辛勤工作、发光发热，成了窑街煤电最闪亮的星辰。

这一个个闪光的名字在标注着他们的人生高度，也给窑街煤电带来了令人骄傲的荣誉；这一项项耀眼的荣誉光芒，让窑街煤电不断走向全省、全国。

让我们铭记并致敬五年来职工队伍中最为闪亮的星辰：

——2017年"甘肃省创新型班组"窑街劣质煤热电厂检修车间辅机班；2018年"甘肃省创新型班组"天祝煤业公司综采一队生产二班，"甘肃省五一巾帼奖"金河煤矿选运队手选二班；2018年"全国煤炭工业先进集体"、2019年"全国工人先锋号"金河煤矿综采一队；2020年"全国模范职工小家"天祝煤业公司综采一队分会；2020年"甘肃省五一巾帼奖"天祝煤业公司机电一队绞车班；2021年"全国五一巾帼标兵岗"天祝煤业公司运输队绞车班、"甘肃省创新型班组"金河煤矿掘进二队三班。

——2018年甘肃省"五一"劳动奖章荣誉称号获得者、2021年全国"五一"劳动奖章荣誉称号获得者三矿职工张其堂；2020年"甘肃省劳动模范"荣誉称号获得者海石湾煤矿职工马明礼。

勇于创新的排头兵

——2017年甘肃省创新型班组
甘肃窑街固废物利用热电有限公司
检修车间辅机班

　　班组是企业的基本组成单元，是技术创新的阵地，是降本增效的前沿，是储备知识的蓄水池。

　　窑街劣质煤热电厂检修车间辅机班主要负责该厂转机设备检修和日常维护工作，全班共有14名职工。近年来，检修车间辅机班紧扣全厂安全生产及扭亏脱困任务，在安全生产、设备检修、育人建队上下功夫，在服务保障、技术攻关、创新创效上做文章，连续5年实现了安全无事故、人员无违章，多次被评为集团公司、热电厂"优秀班组"，2017年荣获"甘肃省创新型班组"荣誉称号。

素质提升"三字诀"

　　机炉检修是辅机班的"看家本领"。为不断提高检修水平，辅机班始终把学习作为干好工作的首要前提，总结形成了提升素质"三字诀"，即一带，坚持以老带新，对新进班组大学生及新上岗职工实行新老结对"一对一"传、帮、带，使其尽快掌握基本技能、适应工作需要；二训，通过落实"每日一题""每周一课""每月一考""每季一评"和"重大检修前措施交底"等多种措施，开展全员技术培训，并利用锅炉大小检修、定期试验等有利时机，将课堂移至工作现场进行讲解，加深大家对重要知识点的认识和理解；三练，针对检修时出现的各类问题，及时组织班组职工在共同讨论、共同思考中想办法、出点子，并积极开展岗位练兵、技术比武等竞赛活动，经常利用班组学习开展"上讲台"活动，让职工轮流讲述分享设备维护、故障分析、事故处理等方面的"小窍门""小革新"，逐步提高了机炉检修的能力和水平。

安全质量把"三关"

生命至上，安全为天。辅机班始终把安全作为"天字号"工程，严把"三关"，守护安全，即严把"意识关"，充分利用班前会、班后会和车间安全会，认真学习各种安全文件、事故通报，举一反三讨论，分析典型案例，汲取教训，引以为戒；严把"制度关"，严格执行"两票三制"，即工作票、操作票、交接班制、巡回检查制、设备定期试验轮换制；严把"落实关"，坚持做到班前会"三查"（查衣着、查安全用具、查精神状态）、交接班"三交"（交任务、交设备状态、交安全）、班中"三督"（监督安全措施执行情况、监督操作程序是否符合运规要求、监督检修质量是否符合质量标准）、班后"三评"（评任务完成情况、评工作安全情况、评措施执行情况），从源头上防止了各类事故的发生。

"五小"成果提质效

每一项小小的技术"革新"，都是辅机班激发创新活力、提高检修品质的真实见证。"小建议"解决"大问题"。辅机班坚持开展"我为挖潜增效献一策"合理化建议活动，仅2016年就征集职工合理化建议11条、采纳9条。比如，针对地坑泵轴套磨损严重的问题，将合金套改用四氟聚乙烯轴套，每年节约材料费4万多元；再比如，针对锅炉运行过程中返料不畅的问题，通过加大增压风机电机容量，有效解决了锅炉返料松动、风力不足的问题。"小改造"催生"大效益"。面对设备检修中出现的技术难题，辅机班想方设法在技术改造上做文章，通过对锅炉旋风筒内胆的成功改造，节约资金24万元，获得集团公司 2013-2014 年度"五小"成果优秀奖；摸索实施的冷渣机前端密封改造技术，累计节约资金 40 余万元，并获得甘肃省职工优秀技术创新成果二等奖。"小创新"促进"大提升"。辅机班积极引导班组职工牢固树立"抓节约就是促效益、降成本就是提效益"的理念，大力推行班组经营承包和成本核算，通过层层分解目标、层层落实责任、层层传导压力，在全班上下形成了"千斤重担人人挑、人人肩上有指标"的良好局面。同时，全面推行"6s"管理，深入开展"上标准岗、干标准活，做放心人、创文明班"活动，不断促进职工行为规范化、施工作业标准化、现场管理精细化，有效提升了全班整体工作质效。

一枝一叶总关情

职工利益无小事，一枝一叶总关情。班务公开聚合力。辅机班始终本着"职工关心什么就公开什么，想明白什么就说明什么"的原则，每月定期召开班务会，向全班公布班组当月奖金分配、出勤考核、安全生产等情况，特别对奖金分配、评先评优等"热点"问题，坚持在班务会上公开表决、现场公布、阳光操作，有效维护了职工知情权、表达权、参与权。文体活动激活力。每逢"三八""五一""十一"等重大节日，无论是厂里举办的篮球赛、排球赛、拔河赛，还是文艺节目演出、书画摄影展览、书写比赛等文体娱乐活动，辅机班总是第一个报名参加，在积极参与中激发了全班创先争优的工作活力。团结互助促和谐。"四必访"是辅机班多年来的一个好传统，只要职工有大大小小的"困难事""烦心事"，总会有班长和工友们跑前跑后、忙前忙后的身影，职工生病住院时必访、职工家属生病住院时必访、职工家庭有矛盾纠纷时必访、职工家庭有红白喜事时必访，使全班职工切身感受到了班组"大家庭"的关爱和温暖，大家的言谈举止之中总有一种满满的归属感、获得感和幸福感。

八百米井巷深处的尖刀班

——2018年甘肃省创新型班组 窑街煤电集团天祝煤业有限责任公司 综采一队生产二班

在巍峨秀丽的祁连山南麓八百米井下，有一支特别能吃苦、特别能战斗、特别能奉献的坚强团队。这个团队连续七年杜绝了人身事故，多次被窑街煤电集团公司授予优秀班组、模范职工小家等荣誉称号。2018年，被评为甘肃省创新型班组。他们就是——窑街煤电集团天祝煤业公司综采一队生产二班。

严管现场保安全

自2005年以来，天祝煤业公司综采一队生产二班通过十几年的工作实践，从严抓现场管理入手，逐步探索总结出了"十二项一步到位工作法"（工程设计和工作安排一步到位、施工质量一步到位、缆线敷设一步到位、水沟台阶捣制一步到位、轨道铺设一步到位、"一通三防"监控检测设施安装一步到位、设备安装一步到位、各类材料码放一步到位、文明生产一步到位、硬化美化亮化一步到位、理念宣传牌板悬挂一步到位、质量检查验收一步到位）和"三查两盯一问工作法"（带班跟班人员和班组长现场重点查隐患整改情况、查系统设备状况、查人员安全状况，盯重点工序操作、盯重点隐患整改，对主要岗位人员进行安全提示和警示问询），不断强化现场管理，严格落实安全措施，连续七年杜绝了人身事故，是天祝煤业公司小有名气的"安全生产尖刀班"。

严格考核促生产

年年超额完成原煤生产任务，并连年保持了小班单产最高纪录，这是综采一队生产二班的兄弟们一说起来就感到自豪的"攒劲事"。抓好工程质量是确保安全生产的根本基础。在工程质量的管理考核上，他们严格实行"谁验收、谁负责，谁复查、谁负责"的办法，每一道工序开始前、每一项任务完成后，都由当班验收员、班长、跟班队长在质量验收单上签字确认，对工程质量全面负责，当班工程质量不过关，不得验收签字，当班存在问题不整改，不得向下一班交接，做到了工程质量合格，文明生产达标，生产任务超计划完成。在生产二班的带动下，其他几个小班包括检修班都积极主动学习二班的好经验好做法，当年综采一队3201工作面在天祝煤业公司月度考核中多次被评为优质工作面，并创下了天祝煤业公司单班单产2000吨的最高纪录。

严细管理夯基础

把小事做好就是业绩，把小事做精就是亮点。天祝煤业公司综采一队二班始终把精细化管理作为"保安全、促稳产、提效益"的关键举措，突出"严"字不放松，想方设法在"细"上做文章，千方百计在"精"上下功夫，严格按照矿上和队上的要求，结合实际制定精细化管理办法及班组标准化考核细则，先后对各岗位责任制及攉煤工、回收工、溜子工、综采司机、电钳工等10多个工种的工作规范和标准进行修订完善，并统一印制职工行为手册和班组制度汇编，做到了人手一册，使职工上岗有标准、操作有规范、工序有流程。特别在班组考核中，生产二班坚持以"降低生产成本，提高经济效益"为目标，每月根据天祝煤业公司和所在队下达的费用标准，将吨煤成本、材料消耗、节支降耗、回收复用等指标列入班组核算中，与工效、出勤、产量挂钩，坚持严细考核，据实奖励兑现，在全班形成了"人人当家理财、个个厉行节约"的工作氛围。

严抓培训提素质

抓好职工培训教育是确保安全生产的重要前提。综采一队二班针对大多数职工文化程度较低、素质参差不齐的现状，紧密结合各岗位各工种实际，坚持"用什么就重点学什么，缺什么就重点补什么"的方法，大力推行每日一题、每周一课、每月一考、每季一评"四个一"安全培训教育活动，严格执行培训考试与工资挂钩的考核制度，狠抓班组培训，规范基础管理，每月组织考试，每月兑现奖罚，对考试不及格者每降低1分罚款10元，并实行专款专用，全部用于奖励考试成绩优秀者，最高1次1人罚款达300元，奖励达1000元，不断激发全班职工边干边学提素质、边学边干保安全的工作热情。目前，全班岗位工持证率达100%，有的职工还一人多证、一专多能，做到了人员互补、兼职作业，有效提高了全班职工的技术技能素质和自保互保能力。

"雄关漫道真如铁，而今迈步从头越。"天祝煤业公司综采一队生产二班将继续秉承"特别能吃苦、特别能战斗、特别能奉献"的拼搏精神，以更加昂扬向上的工作斗志、更加奋斗实干的精神面貌，用智慧和汗水在八百米井巷深处努力谱写"钢铁团队"搏击煤海、争创一流的奋斗之歌！

结缘"乌金"终不悔

——2018年甘肃省五一巾帼奖 窑街煤电集团有限公司金河煤矿 选运队手选二班

金河煤矿选运队手选二班的女职工们用娇柔的身躯与男职工们一道拼搏，在矿山这块炙热的沃土上默默地奉献着，用青春、热情与智慧撑起了煤海"半边天"，先后多次获得集团公司和金河煤矿"十佳"班组、"先进标准化班组""班组先锋岗"等荣誉称号。这些成绩和荣誉，凝结着手选二班全体职工的辛劳与汗水，更体现了女职工们"巾帼不让须眉"，吃苦耐劳、甘于奉献的精神品质。

金河煤矿选运队手选二班共有职工19名，其中女职工16名。她们天生爱美丽，却常年同煤炭打着"难舍难分"的交道。在机器轰鸣声中，在稳、准、快的终极指令下，她们的双手娴熟地劳作在传输乌金的皮带上，周而复始地"去其糟粕，取其精华"，无怨无悔地实现着自己的人生价值。每个班工作下来，腰酸腿疼，汗流浃背，满脸灰尘，但她们从不叫累，从不埋怨，从她们布满老茧的双手和坚毅的眼神中，我们看到了一个信念，那就是对选矸岗位不可撼动的坚守和持之以恒的执着。

由于女职工们整天和煤矸打交道，"吃"煤灰是常有的事，吐出的痰、擤出的鼻涕长期都是黑的，每天上班，换衣服、洗澡是"必修课"，下班就是再劳累、再不舒服，也要洗澡。虽然工作很累、很脏、很苦，但她们却从来没有丝毫怨言，休息室内大家谈笑风生，交接班时彼此间的调侃，下班后回荡在煤矿上空爽朗的笑声无不诠释着她们积极、豁达的生活态度。回到家里，她们还要主动承担起照顾家庭和教育孩子的重担，默默地担负着一个好妻子、好母亲的责任。

为了把好原煤"入口"和"出口"两道关，在班长的带领下，女职工们刻苦钻研工艺，虚心学习技术。有一次，在工作中发现筛子锥形口下常因大块煤造成堵塞，需要长时间处理才能撬通，既影响当班产量，又增加了劳动强度。她们在煤仓口仔细观察琢磨，寻找问题的症结，提出处理意见，征得同意后随即和维修钳工们一道制定方案，利用检修时间，将筛子改成两头大中间细的滚动筛。经安装调试后，成功排除故障，确保了皮带运输的畅通无阻，从而使块煤率得到了大幅提高，取得了很好的经济效益。

说到这支娘子军，我们不得不提到这支队伍中的"铁娘子"——班长毛翠莲。十几个春夏秋冬，一些和她一起参加工作的手选工调走或转岗，可她并未因此而动心。作为一名女性，她何尝不希望有一个舒适干净的工作环境和岗位，有好多人不止一次地建议她换个工作，可她总说："认准了的事，我就绝不回头。既然选择了手选工工作岗位，我就不后悔、不回头。"她是这样说的，也是这样做的。在工作岗位上，还组织带领全班职工严把质量促煤质，以"巾帼建功"竞赛活动为载体，以激励女职工岗位成才、岗位建功、岗位奉献为重点，不断提升职工整体素质，开展"比拣选煤量、赛拣选质量"活动，有效提高了块煤率和煤炭质量。在女职工中营造了比、学、赶、帮、超的良好氛围。现选运队手选二班已成为一支特别能吃苦、特别能战斗、特别能奉献的小团队。

马莉是新分配到这个班的、也是这个班年龄最小的一名职工，和同龄孩子一样带着天真、带着梦想，可是当分配到这个苦、脏、累的工作岗位时，她的心凉了，每天工作几个小时下来，显得有些招架不住，常常背着姐妹们偷偷地流泪，这让全班职工看在眼里、急在心上，纷纷伸出温暖的手，千方百计关心和照顾她，使她深受感动，很快就融入到这个集体里。

常言道："三个女人一台戏"，可是这支娘子军队伍团结得就像一家人。在工作中率先垂范，哪里艰苦哪里去，哪里需要哪里去，脏活累活抢着干，自己干完帮别人；生活中乐于助人，但凡谁家有婚丧嫁娶或家庭遇到困难，她们都要去帮忙、慰问、看望。全班女职工形成了团结互助、亲如兄弟姐妹的良好氛围，深得全队职工的敬佩和称赞。

手选二班全体女职工怀着对手选工作的一腔热情，孜孜不倦，埋头苦干，为提高金河煤矿的经济效益做出了应有贡献。

煤海深处的钢铁劲旅

——2018年全国煤炭工业先进集体
2019年全国工人先锋号
窑街煤电集团有限公司金河煤矿 综采一队

窑街煤电集团公司金河煤矿犹如一颗璀璨的明珠，镶嵌在巍峨祁连山与滔滔大通河交汇相拥的怀抱中。这里有一支钢铁般的综采队伍长年奋战在煤海深处，他们创造了金河煤矿第一个百万吨采煤队的历史纪录，先后荣获全省和全国"样板党支部""工人先锋号""模范职工之家""三基九力"建设优秀班组、"安康杯"竞赛优胜班组等荣誉称号，这支拥有105名职工的钢铁劲旅就是金河煤矿综采一队。

抓质量确保安全生产

金河煤矿是窑街煤电集团公司1958年设计投产的一座老矿，矿井地质构造复杂，自然灾害严重，尤其是煤与CO_2突出国内罕见。曾经，各类事故时有发生，严重影响和制约着企业的安全稳定发展。面对严峻复杂的安全条件，该矿综采一队一班人牢固树立"抓安全生产标准化不提升就是退步"的进取意识和"抓安全生产标准化不严格就是失职"的责任意识，始终把工程质量作为一项"生命工程"来抓，严格实行"谁验收、谁负责，谁复查、谁负责"的工程质量验收考核办法和"一步到位工作法"，坚持发现问题到现场、落实措施到现场、处理问题到现场、跟踪监督到现场，干一道工序合格一道工序，一道工序不合格不得进入下一道工序，做到了当班施工质量不合格不放过、工程质量不达标不验收、安全隐患不排除不交班。切实加强了现场管理，实现了安全生产。基础不牢，地动山摇。队长赵文锋深刻感到，与省内先进煤炭企业相比，在产能方面没有任何优势可言，只有抓好质量、确保安全，才能为企业的持续发展筑牢基础。他平日里想的最多、思考最多的问题是质量，讲的最多、要求最多的是安全。一次，三班班长因安全防范工作没有到位就急于生产，他发现后立即责令停止作业，要求三班班长参加培训班，并全额扣除了班组当月的安全奖。作为矿上的主力采煤队，2017 年 6 月接到 16209-2 回风巷维修任务，面对顶板压力大，巷道断面小，施工难度大等困难，赵文锋带领全队职工撸起袖子，大干苦干，热了就光着膀子接着干，累了就靠着巷帮喘口气，饿了就啃几口班中餐。经过连续作战，提前 10 天完成了维修任务，为全队安全生产创造了良好条件。自 2008 年以来，连续 9 年实现安全生产无事故，特别是 2018 年连续 3 个月每月生产原煤 12 万吨以上，全年生产原煤 115 万吨，这在全国煤炭行业煤与 CO_2 灾害突出特殊矿井中实属不易。

抓培训提升队伍素质

综采工作面素有地下"钢铁长城"之称，要"玩转"每付重达 20 多吨的液压支架，对全队职工的技能素质是一个严峻考验。多年来，该矿综采一队坚持把抓培训、提素质作为安全生产的"治本之举"，大力推行"三违"人员模拟工伤反例体验、观看安全教育视频、班前会现身说法等为主要内容的"心智模式"教育法，让职工从思想上受到触动、视觉上受到冲击、心灵上受到震撼，促使"三违"向"遵章"转化，实现"操作零违章""安全无事故"。同时，不断规范每日一题、每周一课、每月一考、每季一评"四个一"学习培训制度，严格执行职工培训考试与工资挂钩考核办法，每月开展"学习之星"评选活动，对考试成绩优秀的职工每月进行兑现奖励。2019 年，综采一队职工仅学习奖励达 3000 多元，有效激发了全队职工学练技艺、苦练绝活的热情。2018 年 9 月份，16213-1 工作面由于过断层提底造成拉架困难，严重影响推采进度，队上决定由队干部、班组长和技术骨干带头,从理论上面对面讲、从现场上手把手教、从操作上一对一带,通过全队共同努力,顺利完成了生产任务。几年来,该队先后有10多名职工获得"集团公司技术标兵"称号,有6名职工获得"甘肃省岗位技术能手"称号,有2名职工荣获"全国煤炭工业百名优秀矿工"称号。

抓创新促进降耗节支

在集团公司大力实施"科技兴企,人才强企"战略,推进"大众创业,万众创新"的新形势下,综采一队结合实际深入开展挖潜增效、降本提效、创新创效活动。在管理创新上,针对材料超耗严重的问题,先后制定出台精细化管理办法及班组标准化考核细则,每月根据上级下达的各项费用指标,将吨煤成本、节支降耗、回收复用等指标与各班工资挂钩,实行节约奖励、超耗自负的考核办法,严格奖罚兑现,在全队形成了人人当家理财、个个厉行节约的良好氛围;在技术创新上,针对16209-1工作面开采煤层硬度大、煤层厚、冒放性差、顶煤回收率低等难题,通过应用煤层注水、两道超前顶煤预裂爆破等技术,使实际回采煤量比设计煤量增加了9.2万吨,并获得甘肃省第八届职工优秀技术创新成果二等奖;在生产工艺创新上,针对16207-2工作面煤壁硬度大、推采速度慢的问题,及时调整进刀方式,由原来的中部进刀改为端头进刀,有效提高了原煤产量,并在搬家倒面过程中,率先采用"变形金刚"和机械手装置,极大地提高了设备安装和回撤速度。

抓思想凝聚全员合力

思想是行动的先导,精神是攻坚的动力。金河煤矿综采一队党支部坚持以争做"四讲四有"合格党员为目标,在抓好党员责任区、党员包班组、党员反"三违"等主题实践活动的同时,大力推行以砥砺人心、提振信心、减压舒心、情感交心、厚爱暖心、聚焦民心为主要内容的"6心"聚力工作法,注重做好一人一事的思想工作，特别是党支部一班人经常通过家访谈心、走访了解、扶贫帮困、座谈交流等形式，坚持"三必谈、三必访"，即职工思想波动必谈，职工出现"三违"必谈，职工岗位变动必谈；职工生病住院必访，职工生活困难必访，职工婚丧嫁娶必访，做到职工平时有人访、惑时有人解、难时有人帮、病时有人管，激发了全队职工心往一处想、劲往一处使的劳动热情和工作合力。2019年，在16209-2工作面安装时，面对战线长、时间紧、任务重的实际，全队党员干部没有一个人请假休息、没有一个人叫苦叫累，苦活、重活抢着干，累活、险活冲在前，有时带领职工一干就是十几个小时，创造了工作面安装时间最短（120米工作面，80付支架安装只用了20天时间）、速度最快（每小班安装4架、就位4架）、用工最少（计划用工1120个，实际用工980个，节约用工140个）、安全最好（杜绝了轻伤事故）、质量最优（工作面安装、试运转、初采初放无影响）、成本最低（比类似工作面安装降低成本9万元）的历史最好纪录。

"千淘万漉虽辛苦，吹尽狂沙始到金。"面对煤炭经济复杂多变和企业自救生存的严峻形势，金河煤矿综采一队全体职工将以更加昂扬的斗志和崭新的精神面貌，用智慧和汗水继续为企业脱困发展争做新的更大的贡献！

建"家"共圆幸福梦

——2020年全国模范职工小家
窑街煤电集团天祝煤业有限责任公司
综采一队分会

有理想的地方，处处都是天堂；有希望的地方，再苦也有欢乐。矿工，在别人眼里是艰苦的代名词，但在天祝煤业公司有这样一支奋斗的团队，他们的感受与众不同。多年来，他们坚持依靠强化"职工小家"建设，在安全生产、全员班组管理、提质增效、职工民主管理中争创一流，构建形成了"政治上支持建家、精神上鼓励建家、思想上关心建家、物质上帮助建家"工作局面。他们在工作中团结协作，生活中亲如一家，用奋斗谱写了一首创业者顽强拼搏的壮丽诗篇，这个坚强的团队就是——天祝煤业公司综采一队，曾多次被授予甘肃省模范职工小家、甘肃省国资委先进党支部、集团公司"六好"党支部、"六好"区队、"十佳"班组等荣誉称号。

强化群监协管　构建"安全小家"

在矿井一线工作，安全始终是矿工们心中紧绷的弦，也是关系每个矿工家庭幸福的头等大事。该分会始终把维护职工生命健康权益作为一切工作的出发点和落脚点，以推进学习型、安全型、和谐型"三型"班组为目标，坚持把建家活动与全队安全生产中心任务紧密结合起来，通过严格考核奖惩发挥群监员作用，积极开展现场安全管理"六多六少"（多一点提醒、少一点指责，多一点责任、少一点疏忽，多一点排查、少一点侥幸，多一点方法、少一点借口，多一点行动、少一点拖延，多一点付出、少一点计较）工作法，开展群监员对标学标《煤矿安全生产标准化基本要求及评分方法》、"四无"（个人无违章、身边无轻伤、周围无事故、岗位无隐患）、工程质量"三零"（工作程序零疏忽、工程质量零差错、岗位操作零失误）竞赛活动，有效推动"人人都是安全员""人人都是班组长"全员自主管理工作要求落地见效，真正将"安全连着千万家"的理念根植在全队职工心中。2020年，征集合理化建议20多条，排查安全隐患70多条，"三违"同比下降20%；保持安全生产标准化采煤专业一级标准，设备完好率达到98%以上，皮带运输实现智能化控制，工程质量优良品率达到98%、合格率100%，连续十年实现安全生产。

推进民主管理　构建"民主小家"

集体商议总会产生更好的主张。该分会十分注重发挥集体智慧，积极拓宽职工参与民主管理渠道，坚持将涉及安全生产、经营管理等方面的重要事项和职工福利、工资奖金分配等事关职工切身利益的重大问题，均由职工大会讨论通过、民主决策。团结才能产生力量和智慧，该分会始终坚信，没有真诚的平等或平等不充分，就不会有持久而真诚的团结。为此，他们注重拓展延伸队务、班务公开内容，通过召开分会委员会会议、工会小组会议研究分析解决职工关心关注的薪酬分配、先进评选、职位晋级等热点难点问题。坚持"三人联审、五公开、一上墙"制度，组成思想工作组耐心细致地解疑释惑，有效维护了职工的知情权、参与权、表达权、监督权。2020年，该分会召开职工大会10次，集体研究职工工资队务会议10次，全队职工对薪酬分配方案、节支降耗和评优评先办法等满意率达98%。全队职工心气顺、风气正，工作中形成了强大的合力。

深化劳动竞赛　构建"勤俭小家"

"让节支降耗作为一种责任，让修旧利废成为一种习惯"，是天祝煤业公司综采一队一贯坚持的信条。该分会紧贴安全生产经营管理等中心工作，围绕提升全员承包和全面预算管理质效等工作措施，大力开展手指口述、节支降耗、岗位练兵、技术比武等劳动竞赛活动。通过建立井下材料管理使用职工责任区、开展综采支架与刮板输送机等综采设备优质高效安装回收大比武等活动，积极培育职工勤俭节约良好习惯，多次安全高效完成了地面综采设备的安装和试运转等工作。天祝煤业有限责任公司退出祁连山保护区，将150吨产能缩减为90万吨，矿井优化为一井一面，由综采一队担负全矿原煤生产任务。2019年，全队完成原煤90万吨，创造利润1339万元，修旧利废创造价值260万元；2020年1至9月，超额完成原煤生产任务，实现利润1388万元，节约材料费56万元，回收复用创造价值60多万元。

坚持以人为本 构建"温暖小家"

梦想凝聚团队，团队成就梦想。当个人理想与企业愿景相一致才能发挥最大的能动性。该分会注重培育与企业相一致的价值理念，将职工个人成长与企业发展有机结合，积极推进学习型组织建设，不断完善职工教育培训、人才培养机制，鼓励职工参加学历、技能、技术、管理等各类培训提升。截至2020年年底，已有32名职工报名参加了公司组织的学历提升行动，在全队形成了争先创优、比学赶超的生动局面。先后涌现出全国煤炭工业劳动模范苏保山、全国煤炭系统优秀班组长朱宏、甘肃省五一劳动奖章获得者达延成、省国资委党委优秀共产党员、甘肃省劳动模范杨国礼、集团公司劳模和先进生产工作者蒲万强等11名先进模范人物。认真落实"三必谈四必访五到家"工作法，深入开展访民情、聚民心、惠民生和精准帮扶等活动。2020年，动员全体会员为困难职工捐献爱心款12540元，走访慰问困难、患病职工家庭10多户，帮教转化后进职工5人。常态化开展短视频大赛、拔河比赛、乒乓球赛、演讲赛、书画摄影展、文艺节目表演等丰富多彩、健康有益的文体活动16次，着力激发职工履职尽责的积极性和创造性，有效增强了各班组团队合作精神和凝聚力。

推进素质提升 构建"学习小家"

随着社会的发展，网络进入千家万户。天祝煤业公司也紧跟着时代的发展推行"智能矿山"建设。该分会深刻意识到，仅凭现有的知识很难适应矿井智能化开采的采煤技术，决定以岗位为基础，职工缺什么补什么，把煤矿采煤专业知识的学习作为切入点，采取个人自学、日常培训、导师带徒、以工促学等有效方法，分岗位、分工种大力实施理论与实践相结合的培训方法，抓基础、学原理、积经验、强技能，先后完成液压支架"十字头"改制、胶带输送机防跑偏装置、水体下采煤技术攻关项目中端头支架与移动水泵联动改造、可塑性皮带水沟的设计与应用、根据工作面瓦斯治理和顶板条件对原有上行回撤方式改为下行回撤方式等10多项技术革新，尤其在2201工作面搬家倒面期间，由于现有综采液压支架超高、超长、超重，给移架转向工作带来了困难，该分会组织技术骨干坚持蹲守现场、跟踪研究、反复琢磨，将平板车底盘由固定式改装为旋转式，成功改制出了轨道转向装置，彻底解决了液压支架转向难的问题，大大提高了工作效率，降低了安全风险。通过技术攻关创新，进一步提升了职工的综合素质，打造了一支技术过硬、综合素质强的职工队伍。2019年，开展职工经济技术创新项目征集活动，征集职工优秀技术创新成果3项、合理化建议8条。

事成于和睦，力生于团结。天祝煤业有限责任公司综采一队通过开展"职工小家"创建活动，使全队每名职工的幸福感、安全感、获得感不断提升，凝聚了一支"爱岗敬业、团结创新、务实高效"的先锋职工队伍。今后，他们将始终紧扣全矿中心工作，紧紧依靠职工深入推进职工安全、民主、勤俭、温暖、学习型"小家"建设，团结动员全体职工为共圆"天煤梦""窑煤梦""陇原梦""中国梦"争做贡献！

心系矿山的"娘子军"

——2020年甘肃省五一巾帼奖
2021年全国五一巾帼标兵岗
窑街煤电集团天祝煤业有限责任公司
机电一队（运输队）绞车班

在巍峨秀丽的祁连山脚下，有一群可爱的"女汉子"，她们犹如矿山井架上的火鸟，用几十年如一日的默默坚守，将人生最靓丽的青春奉献在了大山深处。她们尽管柔弱，但内心坚毅，挑起了一线职工上下班及各类设备物料的提升运输任务，撑起了安全生产的"半边天"，连续28年实现安全生产"零轻伤"，多次荣获集团公司优秀班组、甘肃省"五一巾帼奖""全国五一巾帼标兵岗"等荣誉称号。这支心系矿山敬业奉献的"娘子军"就是窑街煤电集团公司天祝煤业运输队绞车班。

细心保得千家安

现场是落实的终端，班组是执行的前沿。由于天祝煤业公司地处祁连山深处，海拔高、温差大，每逢夏季，绞车操控室内温度为30℃以上，上班就像"洗桑拿"，一个班下来常常汗流浃背。冬季，气温平均 –26℃，手脚经常被冻得僵硬麻木，操控绞车十分困难。但绞车班12名女职工克服困难，始终如一坚守岗位，时刻牢记"接收信号、确认方向、启动绞车、观察运行、安全停车"等操作要领，每班八小时来回推拉绞车手把上百次，没有一个人叫苦抱怨，没有一次因操作失误而影响安全生产。每次交接班，她们都要对每台设备进行检查，对绞车房内15种不同型号阀门、24处润滑点、12台高低压开关柜组成的大功率电机组进行逐一校验，每次巡检都做到耳到、手到、眼到，从不放过任何"蛛丝马迹"。有一次夜班，班长朱花林在操作过程中感到绞车手柄猛地沉了一下，立刻引起了她的警觉，快速与井底信号工联系，减缓提升速度，并对钢丝绳仔细检查，发现一处钢丝绳有三股断丝，随后向队上汇报进行处理，避免了绞车提升事故的发生。这种情况对运输队绞车班来说是常有的事，但她们一丝不苟、精心操作的敬业精神，如同为矿井提升运输多加了一道"安全门"。多年来，她们还摸索总结出了一套绞车操控耳到、手到、眼到"三到"工作法，在全矿各类绞车操作中得到了推广应用。2021年，运输队绞车班安全提升3.5万余次，运送人员36万余人次，及时发现并消除各类安全隐患52起，提出合理化建议31项，设备完好率始终保持在99.2%及以上，为确保矿井安全生产做出了应有的贡献。

耐心换得事事成

主井绞车看似庞大笨重，其实操控却是一件"细腻活"。班长朱花林深知，要做到安全提升万无一失，不仅要了解掌握绞车运行原理、操作要领、设备维护等基本常识，还要积极学习矿山信息化、智能化和提升运输等方面的新技术新技能，这样才能更好达到绞车提升司机的职责要求，也才能把握好提升车程、守护好矿山安宁。为此，她和大家经常利用休息时间认真学习安全生产及设备操作知识，遇到一时不懂的问题就主动在网上查资料自学，无论是队上组织的班前会、学习会，还是设备检修维护、厂家指导培训，她们总是不放过任何学习"充电"的机会。争当"三知四会五严"的绞车司机，既要知设备结构、知设备性能、知安全设施的作用原理，会操作、会维修、会保养、会排除故障，还要严格执行交接班制度、严格执行操作规程、严格执行要害场所管理制度、严格执行巡回检查、严格执行岗位练兵，确保绞车提升安全平稳运行。班中最年轻的职工何玉萍，面对枯燥的设备结构、工作原理图，还有各类操作按钮、电机等设备，一个一个熟悉、一遍一遍操控，不懂不会的问题就虚心向师傅和技术人员请教，庞大的绞车很快就被不服输的她"拿下了"，现在成了班上数一数二的"操作能手"。近几年来，运输队绞车班先后有6人通过自学考试取得了大学学历，5人取得了高级工、技师资格，还涌现出了马晓霞、刘芬兰等集团公司技术标兵先进典型。

暖心赢得真情赞

只有全矿职工团结和谐，企业才有发展振兴之力。运输队绞车班的女工们深切懂得：没有企业"大家"的发展，就没有职工"小家"的幸福。多年来，她们爱岗敬业、爱企如家，用女性独特的柔美，精心呵护企业平安发展。2017年，由于天祝煤业公司需逐步退出祁连山自然保护区，一时引发了部分职工上访。在这种情况下，她们积极做好家属亲友的思想工作，并带头参加矿上的思想工作组，以"父母心、儿女情、夫妻爱"，进家入户宣讲"没有'大家'，哪有'小家'"的道理，鼓励、劝导工友们出好勤、上好班、不信谣、不传谣，齐心协力维护安全生产秩序。

安全始终是煤矿的头等大事。2020年，为进一步优化提升运输工作，矿上将机电一队绞车班划归运输队管理，尽管绞车班的女工们时常因退休、调离而发生变化，但她们参与安全管理的热情从来没有减弱。作为机运战线上的安全协管小组，她们积极与"三违"职工"结对子"，每月组织开展家访谈心、送教上门、提醒劝诫等形式多样的安全帮教活动，候车室有她们嘱咐安全的暖心话语，升井后有她们关爱温馨的满面笑容，洗衣房有她们缝补工装的体贴身影……她们用挚爱亲情为全矿安全生产筑起了群监协管防护网。采掘一线的职工们常常对她们竖起敬佩的大拇指："运输队绞车班的女同志们真厉害！"

煤海深处的掘进先锋

——2021年甘肃省创新型班组
窑街煤电集团有限公司金河煤矿
掘进二队三班

　　窑街煤电集团金河煤矿掘进二队三班共有 32 名职工，平均年龄 36 岁，是一支年轻但特别能吃苦特别能战斗的攻坚团队。多年来，他们秉承自主创新精神，严守安全生产红线，奋斗实干不懈怠、创优争先建新功，连续十二年实现安全生产无事故，创造了金河煤矿掘进单进的历史纪录，先后被评为金河煤矿劳动竞赛先进班组、窑街煤电集团"十佳"班组、甘肃省"模范职工小家"，2021 年 2 月被甘肃省总工会授予"创新型班组"荣誉称号，也被大家自豪地赞誉为矿山"穿山甲"。

安全管理"123"

　　金河煤矿矿井地质结构复杂、资料短缺，一方面需要加强矿井地质勘察，另一方面所有掘进巷道全部采用前探孔引导的掘进方式确保安全施工。金河煤矿的掘进队也就成了探路者和开拓者。面对严峻复杂的安全形势，掘进二队三班牢固树立认真学习践行"生命至上、安全为天"安全生产理念，强化职工安全意识，牢固树立安全生产理念，真正做到"三不伤害"（不伤害自己、不伤害他人、不被他人伤害）。为达到班组生产零事故的目标，班长苏彦彪通过总结以往工作经验，结合班组实际，探索出了一套安全管理办法，并立誓将"123"安全管理理念扎根于班组每一位职工心中。"1"是指"一个中心"，即一切生产工作都要以安全为中心，班组管理人员安排生产任务、现场施工都要以安全为重。"2"是指"两个抓手"，2018 年以来，他始终坚持将全员自主管理和全员素质提升作为确保安全生产的左膀右臂。"3"是指"三个阶段"，即在班前、班中、班后三个阶段进行针对性的工作安排。2008年以来，连续12年实现安全生产无事故，2019年8月份创造每个小班掘进五片网子的最好成绩。

节支降耗控成本

掘进二队三班把强化成本理念作为重点来抓，让班组成员切实认识到降低成本就是增加收入，在全班形成了"大家管、管大家，人人抓、抓人人"的全员成本管理模式。通过"档案＋定制"机制延长配件的生命周期，将责任区域范围内所使用的小型配件登记造册建立台账，实现定点、定量使用，同时制定考核奖惩措施，杜绝乱扔、乱放现象；创新实施"配件按需凭票领用"和"班组材料月度分解考核"制度，根据每月生产任务，对班组日常耗材定量、定额、定周期配置，对消耗情况、使用周期汇总考核，奖省惩超，提升班组对设备配件的使用及维护管理水平；对班组生产中的废旧材料、报废设备配件回收工作进行考核，做到出现废旧材料、报废配件当班百分之百回收，进行二次加工再利用。2018年以来，实现了班组成本持续下降，节约成本72000元，创造价值620500元。

小改小革提速度

"理念决定思路，思路创造出路。"掘进二队三班始终秉承"标准、责任、时间、考核"的理念。立足岗位，真抓实干，通过小改小革，有效地解决了诸多工作中的实际问题。针对时间紧、任务重的现状，该班组不等不靠，在提高单班掘进任务上下功夫。在快速掘进过程中，由于原有的MQBT-70/1.7型气腿式帮锚机在掘进过程中有时因转速不够，导致钻锚杆孔困难，甚至出现卡钻的现象，严重拖延锚杆打注时间，而且时常更换帮锚杆钻机，严重影响快速掘进进度。通过引进MQTB-130/3.5气腿式帮锚机钻机，班长苏彦彪带头学习操作使用方法及安全注意事项，与该班组职工互相交流、研究学习，比原有帮锚机速度加快 0.5 倍，同时减少了因帮锚机故障产生的影响，加快了帮锚杆打注时间，提高了快速掘进进度。快速掘进过程中，由于原有联网方式联网速度慢，影响单班掘进进度，且有时会出现联网质量不合格，该班组与队干部协商，并向上级部门反映，引进 CALLEBAUT 系列气动联网机配备合金联网针，提升了单班锚网支护时间，由原来的单班掘进 2.7 米提高到单班掘进 3.6 米，提升快速掘进进度，并在快速掘进中成为掘进二队各班组的排头兵。

探掘艰难曲折路，煤海搏击竞风流。掘进二队三班正如煤海深处的"穿山甲"，以敏锐的"嗅觉"和坚硬的穿山本领，站排头，当先锋，立足新起点，奋进新征程，为建设更高标准的安全高效、和谐幸福的创新型班组而接续奋斗。

奋斗煤海竞一流

——2018年甘肃省五一劳动奖章获得者
2021年全国五一劳动奖章获得者
张其堂

　　他，投身煤海自强不息，扎根矿山奋斗不止，用青春和汗水浸润了井巷深处奔涌流淌的闪亮"乌金"；他，热爱煤矿工作，从未停止开采光明、追逐梦想前行的脚步，荣获窑街煤电集团公司"十大劳模"、"'十佳'队长"、共青团甘肃省委"最美青工"、甘肃省"五一劳动奖章"、全国"五一劳动奖章"等荣誉称号，所带领的区队先后被评为全国煤炭工业先进集体、全国煤炭工业"三基九力"建设优秀区队。他，就是大家交口称赞的"张劳模"——窑街煤电集团公司三矿原综采队队长张其堂。

迎难而上挑重担

　　2001年，张其堂从甘肃煤炭工业学校毕业，怀揣对人生的美好憧憬，应聘加入窑街煤电集团公司被分配到三矿采煤队工作，一干就是10多个年头。

来自甘肃河西走廊农村的张其堂，不怕吃苦，个性坚毅，身上总有一种谦虚好学、勤奋实干的劲头。在采煤队实习期间，无论是液压支架工、放煤工，还是端头支护工，他边学边干、边干边学，一有时间就向师傅和工友们虚心请教，哪里有问题他就在哪里跑前跑后帮助解决，用心学习掌握综采放顶煤工艺等技术要领和工作经验，很快成为全队数一数二的技术骨干，也赢得了矿上的表扬和肯定。由于工作表现突出，2008年他被提任为三矿综采二队队长。尽管肩上的担子比以前重了，但张其堂始终以"5+2""白＋黑"的拼搏精神，每天工作12个小时以上，每月下井在15个工作日以上，每逢井下工作面过断层、安装回收支架、初采初放时，经常一连十几天"连轴转"，和全队职工一起摸爬滚打、苦干实干，月月完成生产任务，年年被评为矿安全生产"标杆队"。2016年，煤炭行业遇到了市场下行的"严冬期"，企业效益不好，一线职工流失严重。为保证正常安全生产，矿上决定将两个综采队合并组建为一个综采队，由张其堂担任队长。临危受命，他没有畏惧和退缩，而是迎难而上，毅然挑起了这幅沉重的担子。面对"保安全生产、保生存吃饭"的巨大压力，张其堂通过深入调查了解，将踏实能干、表现突出、技术过硬的骨干公开选拔到班组长岗位，让新老员工及各工种之间相互协调搭配、相互融合带动，并针对两个采区工作面，实行分区管理、包区负责制，建立采区主管、跟班副队长、班组长"三大员"三级管理体系，配套制定严格的考核指标，形成多级协作、齐抓共管的局面，使全队工作步入了正轨，超额完成了年初确定的安全生产任务，为全矿和集团公司扭亏脱困贡献了一份力量。

永不懈怠保安全

安全责任重于泰山。作为生产一线的管理者，张其堂深知"安全"二字的份量。"宁听骂声、不听哭声"，这是他经常挂在嘴边的一句口头禅。不论是队干部、班组长还是普通职工，在安全管理和规章制度的落实上，他都一视同仁，不因赶进度保产量而打折扣，也从来没有因循私情讲情面而开过口子，全队形成了有章可循、有章可依、违章必究的刚性约束机制。同时大力开展争创工作程序零疏忽、工程质量零差错、岗位操作零失误"三零"竞赛活动，从每一个细节、每一个环节入手，全面推行现场安全管理"四个三"工作法，即"三检查三同时三到位三坚持"，检查施工前是否有安全隐患，检查所有设备是否完好，检查所使用的工器具材料是否安全合格；队长、工长、安检员、瓦检员同时到达现场进行开工检查，工长与职工现场安排工作同时开工作业，队长、工长、安检员、验收员与职工同时离开工作现场；安全管理责任到位，现场安全管理到位，安全质量责任到位；坚持按规程措施施工，坚持每道工序有人监护，坚持不安全不生产，使全队安全生产工作有了明显提升，连续两年杜绝轻伤以上人身事故，为全矿安全生产奠定了基础。2017年，三矿综采队"四个三"现场安全管理工作法得到了国家安监总局的肯定和认可。

技术创新提质效

随着煤矿"一优三减""四化"建设步伐的加快，张其堂及时调整工作思路，坚持把创新作为搞好安全生产的出发点和落脚点，不断优化综采工作面回采工艺，与生产部门和本队技术人员反复改进、反复实践，有效解决了急倾斜特厚煤层工作面综合机械化旋转连续开采技术难题，经集团公司评审获得科技成果二等奖。特别是在七采区组织生产期间，由于煤层赋存条件极为复杂，煤层受地应力作用弯曲变形、直立倒转、断层、褶曲构造多发，工作面布置最大转角55度，现场管理难度大，经常出现前部运输机头下窜、支架下滑等安全隐患。张其堂凭借多年积累的经验，潜心钻研，认真分析，大胆实践，依据工作面三机配套原理，组织编写5721工作面大转角摆采方案，确定旋转摆采转载机可弯曲连续运输、采煤机旋转摆采进刀比例、液压支架调整控制参数、端头支护方式选择等关键技术措施，严格控制摆采比例和开帮进度，有效杜绝机头上窜下滑，确保工作面摆采成功和正常有序回采，取得了安全增产 6 万多吨、创利增效 3000 万元的好成绩，并为七采区南北两翼工作面合并开采积累了宝贵经验。在大胆尝试技术创新的同时，张其堂加大管理革新力度，以降低吨煤成本、提升劳动工效为目标，划小核算单元，强化自主管理，积极推行全员层层承包经营，先后制定了《综采队工资承包实施方案》《班组成本核算管理办法》等制度，将每月安全质量、生产任务、材料成本、电量消耗、职工工资等指标，严格按比例分班组进行承包考核，建立形成千斤重担大家挑、人人肩上有指标的工作格局，激发了全队职工的安全生产动力和提质增效活力。

关爱职工暖人心

一个区队如同一个家庭，需要时刻精心呵护。面对有近 200 名职工的"大家庭"，张其堂始终本着"像亲人一样爱护职工"的思想理念，从职工最直接、最关注、最现实的利益问题入手，加强民主管理，狠抓队务公开，坚持把工资考核分配作为维护职工权益的一件大事，严格落实"五公开、一上墙、三联审"制度，切实在安全生产上算好"效益帐"、在薪酬分配上端平"一碗水"。在他任职期间，没有一名职工因工资问题而发生上访的事情，都为这位公道正派、关心职工的"好家长"点赞叫好。长年在煤矿一线工作的张其堂，深刻理解职工承受的身心劳累，工作中经常换位思考、以情感人，在生产任务繁重时总会安排大班职工将热腾腾的饭菜送到工作面，当职工生活遇到困难时总会想方设法帮助解决燃眉之急。记得有一次，在得知队上一名职工突发脑溢血导致全身瘫痪的情况后，张其堂带头捐款并积极动员全队职工伸出援助之手，及时送去了筹集的 12760 元爱心捐款。还有一次，一名职工的妻子患病去世，两个孩子正在读大学，家庭生活十分困难，张其堂在和几名队干部家访时，拿出身上仅有的 1000 元现金交到孩子手中并鼓励他们安心读书。一件件看似平常的暖心好事，却使全队职工切身感受到了家庭般的温馨与关爱，大家都像亲兄弟一样"心往一处想、劲往一处使"，还常常自豪地说：在综采队工作不仅收入高，更有一种"爱队如家"的幸福感。

奋斗的道路最宽阔，奋斗的青春最美丽。张其堂用自强不息、奋斗不止的激情和汗水，点亮了梦想之光，浇开了幸福之花，他将继续秉持"开采光明、传承文明"的使命，扎根煤海不言悔、拼搏奉献创一流，努力向着窑街煤电的美好明天奔跑奋斗！

梦想伴煤行

——2020年甘肃省劳动模范
马明礼

走进煤矿千米深井实为不易，脱下戎装扎根煤海更感可贵。驾驭"开采光明、传承文明"的航船，搏击煤海，逐梦前行，不仅需要坚毅如钢、奋斗实干的意志品格，更需要不忘初心、牢记使命的精神追求。窑街煤电集团公司海石湾煤矿综采二队队长马明礼就是这样一位"退伍不褪色"的煤海逐梦人。

立志煤海实干争先

2002年8月，马明礼怀揣着自己荣立的两枚三等军功章，带着在部队里练就的纪律严明、忠于职守的优良作风，从平凉农村辗转只身来到海窑矿区参加招工，当上了一名煤矿工人，从那时起他就暗暗许下"一定要在煤矿干出个样子"的志向。当时正值海石湾煤矿投入生产的准备时期，由于矿井煤与CO_2突出、煤与油气共生的条件"国内罕见、世界少有"，急需组建一支懂技能、能吃苦的采煤队伍，窑街煤电集团公司从内部单位抽调的职工大都存有畏难情绪，不愿到海石湾煤矿井下工作，但马明礼却以军人勇毅无畏的"血性"，主动申请到海矿采煤一线工作。在井下，清煤、移架，还是打钻、锚网、维修，不管在什么岗位，他总是冲在前、干在先，像一名坚守阵地的战士一干就是十九个年头。就这样一步一个脚印，从一名新工人成长为班长、副队长、队长。实干笃定前行，汗水浇灌收获。近年来，马明礼多次被评为省政府国资委优秀共产党员，窑街煤电集团公司劳动模范、优秀共产党员、"十佳"队长、安全生产先进个人，他所在的综采二队党支部先后两次被省政府国资委党委授予企业先进基层党组织荣誉称号。

临危受命勇挑重担

马明礼是从综采队成长起来的年轻队长。入职以来，长期在综采队工作，现在的海石湾煤矿综采队已成为全集团公司知名综采队，马明礼也成了工友同事们心目当中的"明星队长"。好干部如同好钢，需要千锤百炼。2018 年，该矿运输队接连发生三起工伤事故，职工士气低迷，现场管理混乱，严重影响了生产安全。为尽快扭转被动局面，矿上决定让马明礼担任运输队队长。在这个熟悉但又陌生的岗位，他凭借多年的工作经验，本着"以严治队、以狠治安"的思路，扑下身子抓管理，紧盯现场抓落实，针对井下运输不畅的问题，他拿着手表在供车点一蹲就是一个圆班，一辆车一辆车计算供车时间，一条巷道一条巷道地查看轨道情况，找准问题"症结"，及时协调解决，很快运输队的工作就有了起色，马明礼也受到了矿上的肯定和表彰。在 6124-2 采煤工作面临近收尾时，由于地质条件变化，支架发生倾斜、压死等问题，开采推进度缓慢，采空区出现发火预兆，如果不及时处理，将面临封闭停产的严重后果。组织上又一次想到了马明礼，再次临危受命让他担任综采二队队长。就在这个时候，马明礼得知了妻子确诊为恶性乳腺癌的消息，犹如晴天霹雳，他不敢面对这个现实……正处在矿上和家庭都需要他的两难境地，马明礼妻子深知丈夫视工作如命的秉性，她叫来母亲陪她去住院治病。在妻子和家人的理解支持下，马明礼服从组织安排，重新挑起综采生产的重担。到任后，他一头扎向工作面，一方面查看现场制定方案，一方面跟班作业加快进度，一连几十天吃住在矿上，有时接连几个班连轴转不出井，和大家一起加班延点处理隐患，一次都没有到医院看过妻子，内心充满了自责和愧疚。在他的带领下，该队顺利完成了调架、灭火任务，保住了几千万元的采掘设备，使矿井提前恢复了正常生产，全矿职工由衷的钦佩和赞赏马明礼，亲切地称他为"救火队长"。

勤学善思创新增效

2019年9月，海石湾煤矿综采二队要接续6123-2工作面，该工作面切眼长度189米，安装液压支架125付，是集团公司有史以来最长的综放工作面。这么长的工作面谁能管好、气体会不会超限、冲击地压能不能管好、设备这么多能否保证运转正常……一个个问题、一声声质疑，反复在马明礼的脑海里萦绕，而对于工作面设备数量增加了一倍该怎样管理、设备检修工作量增大该如何缩短检修时间、采煤机运行时间延长该如何进行保养、人员没有增加该如何实现集控等他关注和思考最多的问题。首次尝试管理这样的工作面，马明礼深知肩负的重大责任，工作之余经常加班熬夜查阅相关资料，遇到困难和问题就虚心请教专业技术人员，共同商议解决方案和改进措施。通过一段时间的研究和摸索，他将工作面管理的重点放在了技术管理上，进一步细化明确验收员工作流程和制度规范，每班对支架倾角、仰角、离线情况和前溜走向角度、倾向角度、前后溜与转载机搭接等相关数据进行记录、收集和分析，做到了综采工艺控制精准、生产组织顺畅有序、工程质量动态达标，当年原煤产量取得了历史性突破，在集团公司树立了安全生产、创新增效的"先进标杆"。

坚守底线安全生产

"时刻把安全放在一切工作的首位"，这是马明礼给自己定下的底线，也是向全队职工作出的承诺。他常常对大家说："生产任务欠了可以补，安全上出了问题拿什么补！"为了确保生产安全，井下工作面和区队值班室就是他的"蹲守点"，从来没有在家歇过一个完整的双休日。每次遇到工作面过断层、安装回收支架、初采初放等关键阶段，马明礼总是"提悬了心"，整夜睡不安稳，经常在半夜爬起来打电话了解安全情况，生怕什么地方出现问题。只要带班作业，马明礼就在工作面跑上跑下来回检查，随时掌握生产进度和安全状况，不放过任何一个细节，不丢下任何一处角落，坚持做到当班存在的安全隐患必须在当班处理整改，绝不留给下一班，不仅守在现场盯住整改，还把自己当作安检员认真复查验收。在安全问题上，马明礼铁面无私，"六亲不认"，也摸索出了一套实际管用的办法和措施，结合煤矿安全生产标准化管理体系和"安全风险分级管控""事故隐患排查治理"的具体要求，他率先提出"把隐患当事故对待"的理念，自费为班组长以上的管理人员配发了"隐患自查小本子"，在队上设置了"隐患自查小书架"，积极组织开展"查隐患、反三违、保安全"竞赛活动，并在安全管理上坚持"少罚款、多教育"，一改"以罚代管、以罚代教"的简单做法，得到了大家的支持和认可，在全队上下形成了群防群治、齐抓共管的安全生产氛围。

建队育人凝心聚力

队伍好不好，关键在领导。"打造一支素质好、技能强、作风优、效率高的综采队伍"，是马明礼在学习山西塔山煤矿"人人都是班组长"全员自主管理创新模式后萌生的念头。作为一名退伍老兵，他深知搞好安全生产就如带兵作战，加强团队建设是最关键的措施、也是最根本的基础。马明礼从方案設计、修订制度到推进实施都全程参与、跟踪督促，积极引导三个生产班组确定班名、编唱班歌、制定班规，并让各班根据自身特点形成班组文化，让职工在轮值带班与自主管理中锻炼成长。同时，马明礼狠抓职工培训教育，在严格落实集团公司和矿"21+1"培训制度的基础上，在全队大胆改进推行"21+2"培训模式，每月利用两天时间，让职工带薪脱产集中进行政治素质、行为规范、安全能力、操作技能、准军事化等方面的培训，每月中旬组织召开"优秀员工"和"三违人员"家属座谈会，在沟通交流中既让职工清醒认识到"自己是家庭的顶梁柱、安全不能出问题"，也让职工家属深刻认识到"安全连着千万家、职工家属也要抓"，调动并凝聚形成了职工"心往一处想、劲往一处使"的强大合力，为确保安全生产提供了团结有力的基础保障。

退伍不褪色，坚守逐梦路。马明礼胸怀梦想、执着追求，把赤诚之心、青春之力，献给了他所眷恋的煤炭事业。他将继续保持军人的本色，扎根煤海、逐梦远航，努力为海石湾煤矿和窑街煤电集团公司高质量发展再建新功。

34

2017 年，
劲度严冬春风来

　　2017 年，供给侧结构性改革在经历了阶段性的阵痛后，煤炭市场暖风微送。窑街煤电面对自 2014 年以来连续三年亏损、生产经营举步维艰的巨大压力和天祝煤业公司扣除式退出祁连山自然保护区的历史性课题，在企业生死存亡的边缘奋争，经受住了历史的严峻考验，当年即实现扭亏为盈。

　　让我们铭记这一年职工队伍中的优秀代表，致敬 2017 年度窑街煤电集团劳动模范：

　　——海石湾煤矿马明礼、何玉林；三矿王永忠、张其堂；金河煤矿孟嘉彬、侯玉平；天祝煤业公司符永杰、朱军；劣质煤热电厂冉御国；矿山救护中心陈良杰。

煤海深处的"寻梦人"

——2017年度集团公司劳模
窑街煤电集团有限公司海石湾煤矿综采二队
马明礼

马明礼,男,回族,1977年8月出生,中共党员,大专学历,1998年8月参加工作。2017年时任海石湾煤矿综采二队队长。

注重建队育人提素质

从事煤矿工作20多年来,"在学习中工作、在工作中学习"是马明礼从一名综采检修工逐步成长为生产班长、生产副队长、队长的法宝。近年来,海石湾煤矿综采二队机电技术人员逐步老龄化,直接影响着该队综采设备的管理安全和未来发展。对此,马明礼看在眼里、急在心头,他一遍遍地学习研究厂家提供的各型设备配套图纸,带头利用业余时间学习设备运行原理及维修、保养、操作等知识,利用网络平台和电话不断与综采机械设备厂家技术人员进行交流,经常一出井就立马请教矿井机电专业技术人员,努力提升学习质效。与此同时，他组织全队技术骨干利用业余时间学习交流机电专业知识，并把此项工作列为全队技术学习的一项重要制度，为有效破解全队机电检修技能人才匮乏和班组机电技术力量薄弱的问题打下了良好基础。2014年以来，他组织全队各岗位技术工种利用业余时间集体培训62次，参训职工170余人次。

团队的凝聚力产生战斗力。马明礼十分注重全队职工的家庭和生活，经常关注职工的思想动态，帮助解决职工家庭困难。一次，他得知一名职工没钱给妻子治病的情况后，主动掏出500元交给了这名职工，使这位刚调来综采二队不久的职工流下了感动的泪水。在他的影响和带动下，综采二队的安全生产工作始终走在全矿前列。

狠抓安全宣教强管理

安全是煤矿永恒的话题。在安全管理上，马明礼注重用煤矿事故案例和身边人的先进事迹教育启发职工按章作业、干好本职工作。在严格考核，推动干部职工落实"岗位描述"制度的同时，他紧盯班前"安全确认"和日常工作中思想情绪起伏较大的职工，通过谈心谈话、爱心帮扶等措施开导帮助职工。在长期的机电设备管理学习实践中，马明礼总结提炼出了"设备故障得不到彻底排除不开机；设备检修过程中，不能确保检修工自身安全不检修；安全责任监督、检查不到位不开机"管理法，主持制定综采二队《机电维修管理办法》《机电维修安全管理责任制》《综采工作面安全质量标准化流程管理》等规章制度。2015年4月下旬的一天，刚出井口来到区队值班室的马明礼，听到正在开采的6122-1工作面又瞬间来压，局部已切顶。他来不及吃饭，怀揣方便面立马赶赴井下。作为队长，他清楚该采面支架工况较差，于是先检查了两端头安全管理，向当班端头工反复强调了安全注意事项，随后立即进入6122-1工作面，一边观察采煤机司机工作现场的安全环境，采取预防片帮和自我保护措施，一边指挥支架工及时跟机拉架并打出护帮板防止漏顶，加大支架对顶板、煤壁的有效支撑力，现场决定按照"三直一平两畅通"和区队《精细化管理验收考核细则》标准加快煤墙推进度，指挥支架工迅速处理压死的 4 台支架，最终安全顺利完成了工作任务。2017 年，他带领的海石湾煤矿综采二队超额完成了窑街煤电集团公司下达的原煤生产任务，生产原煤156 万吨，做到了安全生产无事故。

<h2 style="text-align:center">坚持降本增效抓煤质</h2>

聚焦全队当月材料配件指标，马明礼大力推行成本倒算法控制材料费用，想方设法降低生产成本，积极组织拆除、回收两端头废弃的锚杆、锚索等废旧材料，维修受损的支架阀片、千斤顶等配件，竭力降本增效，特别是指导钳工把皮带机尾处的缓冲托辊改进为缓冲床，仅此一项每年节约成本约 5 万元，有效降低了吨煤生产成本。在千方百计确保降本增效的同时，他把加强综放工作面煤质管理、减少矸石量放在工作首位，主持制定《综放工作面放顶煤及煤质精细化管理实施办法》，严格按照班组顶煤回收率 90% 以上、煤炭发热量 25MJ 以上的煤质管理标准，每天深入工作现场认真观察顶板与老空煤、矸石变化情况，带头投入放顶煤工作中，组织各生产班组采取多轮循环和隔架放煤、见矸及时关闭"窗口"和根据顶板变化情况适当调节采放比等行之有效的措施确保煤质达标，有效提高了全队的原煤产量和顶煤回收率，为全矿原煤筛选和提高煤炭回收率、延长矿井服务年限等做出了积极贡献。

一分耕耘，一分收获。马明礼用实际行动诠释着一名共产党员对煤矿的挚爱，在煤层深处谱写着一曲曲动听的乐章。

立井架上"穿针引线"的检修匠

——2017年度集团公司劳模
窑街煤电集团有限公司海石湾煤矿机电一队
何玉林

何玉林，男，汉族，1973年12月出生，初中文化程度。1991年3月参加工作。2017年时任海石湾煤矿机电一队四大运转电钳班班长。

埋头书海　求知若渴

　　26年的机电维修工作经历，让何玉林感受最深的是对知识的渴求。他平时有做笔记的习惯。无论工作多忙，他都挤出时间学习机电维修专业知识，认真记写参加每一次故障分析会议、通读每一本资料的体会和见解，特别是详细记写与设备厂家专业技术人员交流时的想法，用一点一滴的积累实现了专业技术上的蜕变。自参加工作以来，他的学习笔记垒起来有2米之高。在同事们的眼中他是一名学习型职工，但他总说，设备更新换代太快了，他的知识总是跟不上时代。何玉林注重在实践中发挥传、帮、带的作用，影响带动全班形成了人人爱学习、个个争当技术能手的好风气。

以矿为家　无私奉献

在何玉林的眼里，工作既是一种态度，更是一种责任。他年均出勤350天以上，特别是在海石湾煤矿工作的这十几年里，经常主动放弃节假日、双休日，累计义务奉献几百个工日。因工作需要随叫随到的他，经常是下班路上被叫回、端起饭碗又放下、刚刚入睡又穿衣入井，如果赶上大型机电设备安装或紧急任务，加班延点、吃住在矿上就成了家常便饭。这些年，他先后参与更换海矿主（副）立井首绳、调试运转哈拉沟主扇及瓦斯泵设备、维修维护四大运转设备、更换副立井井筒两根电缆、改造主扇风机电控工作、安装副立井缓冲托罐装置和二采区轨道上山绞车房等多项矿井重点工程，负责检修的主、副井提升机故障率几乎为零，大型机电设备误时率降低到了最低限度。

矢志技改　贡献才智

主、副井有海石湾煤矿提升的主要设备，事关人员输送安全、煤炭运输安全，钢丝绳的检查更换如同绣花，检查钢丝绳的每一根钢丝，来不得半点马虎，必须确保钢丝绳保持最佳承受状态才能保证人员和物料的提升安全。多次参与主、副井换绳工作后，何玉林发现在十几米高的井架上来回穿梭，不仅施工劳动强度大、安全系数低，而且工艺复杂、占用时间长。针对这些问题，他经常"泡"在立井架前琢磨，查阅大量资料，反复与工友沟通改进方案，首创了"旧绳带新绳滑动式换绳作业法"，将海石湾煤矿原本13个小时的换绳工作周期缩短为7个小时，同时换4条绳可以减少24个小时的作业时间，大幅提高了主、副井换绳工作效率，且具有安全可靠、操作简便、现场所需施工人员少等诸多优点。多年来，爱钻研的他得到了矿领导和全队上下的一致肯定，先后荣获窑街煤电集团公司"十佳"优秀班组长、先进工作者和海石湾煤矿安全先进个人、先进工作者等荣誉称号。

感恩矿山　工作为先

几十年的工作经历，让何玉林对这块沃土产生了深厚的感情。他常说："是窑街煤电养育了我，海石湾煤矿培养了我。"何玉林总是抱着感恩的心对待工作，在家事和工作冲突时他总是选择后者。2015年，何玉林的女儿患血液病住院治疗期间，正赶上海石湾煤矿副井换绳。他既牵挂女儿经常打电话询问病情，又放不下接手的紧急任务，随床照顾女儿的重担最终还是全部压在了妻子的肩上。面对妻子的怨言、女儿含泪的目光，何玉林无言以对，却眼角泛红地坚守在副井换绳工作现场，带领全班人员提前1天完成了工作任务。参加工作20余年来，他始终牢记"在岗1分钟、负责60秒，尽心尽责保安全"的承诺，在毫无保留讲解传授多年机电设备维修保养实践经验的同时，经常不厌其烦地告诫身边的工友要做好自保、互保、联保工作，杜绝"三违"。他带出的徒弟已经在海石湾煤矿成长为技术骨干，为企业安全、可持续发展贡献着力量。

何玉林，这位有着独特人格魅力的西北汉子，把一腔热血融入了矿山，融入了他所热爱的矿井维修工作岗位，他犹如一头永不知疲倦的老黄牛，用默默耕耘和朴实无华，一笔一划谱写着一名机电维修工技能强企的绚丽篇章。

以实干笃行推动矿山发展进步

——2017年度集团公司劳模
窑街煤电集团有限公司三矿
王永忠

王永忠，男，汉族，1971年12月出生，中共党员，本科学历，工程师，1993年6月参加工作。2017年时任三矿矿长。

随缘是一种胸怀，是一种成熟，是一种对自我内心的自信与把握。他从腾格里沙漠边缘的农村出发，带着勤劳朴实的品格一路走来。他从一个中专生到县域煤矿技术员、工程师、民营小煤矿副矿长，一步步成长为国有大矿副矿长、矿长，就像一簇油菜花，带着永远不变的黄色，却沉淀着阳光的色彩。

王永忠就是这样一个普通而又不普通的奋斗者。他时常说，工作可以平凡，但人不能平庸。凭着一股子韧劲，奋斗永不停步。

实干笃行抓安全

安全是煤炭企业"天字号"工程，安全就是效益，只有保障职工的身体健康和生命安全，才能保证企业健康稳定和谐发展。王永忠自担任三矿矿长以来，始终坚持"安全第一、预防为主、综合治理"的安全生产方针，带头深入学习宣传贯彻《煤矿安全规程》，秉持"安全第一、质量第二、生产第三"的安全理念不动摇，以"一天也不耽误，一天也不懈怠"的精神狠抓安全生产。他坚持以落实《安全生产法》《煤矿安全生产标准化》为重点，建章立制，强化管理。他坚持"三管三必须"，靠实安全主体责任，严格执行矿科队三级带班跟班等安全管理制度，狠抓安全责任落实和安全对标检查，推进安全生产标准化创建，强化安全风险分级管控。他大力推行十二项"一步到位"工作法，以工序标准化保工程标准化，以专业标准化保矿井标准化。他注重安全培训教育，紧盯职工中的不安全行为，严格落实职工教育培训计划、机构、基地、费用、教材、人员、考核、档案、制度"九落实"和授课、命题、监考、阅卷"四分离"制度，有效提高了培训质效、夯实了企业安全生产基础。

他注重强化安全风险分级管控和隐患排查治理，按照"专项检查抓重点、突击检查抓缺漏、日常检查抓细节、跟踪复查抓整改、季度达标抓考评"的安全监督检查思路，通过加强"一通三防"、机电运输、顶板管理，合理调配、调整矿井通风、供电系统，采取矿压微震（SOS）监测预警、爆破钻孔卸压、效果检验、安全防护综合措施等方式，深化"安全体检"，有效预防了冲击地压。

他坚持每周一次的矿长安全办公会、每月一次矿长井下现场安全办公会及安全大检查、主管矿领导每旬组织系统隐患排查，强化安全效能督查，每周落实"隐患排查八个责任"制度不动摇，对排查出来的各类安全生产隐患，按照整改措施、责任、资金、时限和预案"五落实"的要求进行整改，并借助安全信息管理系统，形成隐患治理"系统排查、限期整改、跟踪复查"常态化和闭合式的管理机制，隐患治理取得了应有的效果。2017年，三矿实现了安全生产"双零"目标。

他科学合理设计，优化生产布局，保证采掘接续，实现从容生产目标。他在生产上狠抓接续布局、三大会战、重点工程和现场管理。2017年，三矿完成开拓延伸工程七采区1360瓦抽巷、1300大巷、1100中部回风上山与1250大巷贯通等主体工程，形成1350以下深部开拓水平前期回风系统；完成1350集中煤仓施工和1350生产水平倒系统工作和1400皮带下山收尾安装等重点工程，圆满完成了全年原煤生产任务；掘进总进尺完成6770米，矿井达到国际安全生产标准化一级矿井。正是靠着一份执着，他带出了一支吃苦耐劳、敢打硬仗、无私奉献、勇于创新的职工队伍，夯实了企业安全生产管理基础。

"安全工作只有进行时，没有完成时。"这是王永忠坚持的安全工作信条。他注重矿井安全生产信息化建设，狠抓安全生产标准化动态达标，组织建设完成了监测监控、调度通讯、人员定位、压风自救、供水施救、紧急避险等六大系统，进一步提升了矿井安全生产应急保障能力。他严格按照窑街煤电集团公司《关于煤炭安全费用提取标准的通知》要求，每吨煤按照30元标准足额提取安全费用，并建立专门账户进行管理，实行专款专用，推动安全生产各项活动取得了应有效果。2017年，三矿完成"五小"成果和职工科技创新成果26项，创造价值3000多万元，提升了矿井安全信息化水平。

狠抓改革提效益

惟改革者进，惟创新者强。王永忠经历过獐儿沟煤矿从国有到民营变迁，他借鉴民营企业经验，结合三矿管理实际，不断深化企业管理和经营机制创新，大力推行全员层层承包经营，以全员层层承包经营、三项制度改革、提质增效为主功方向，提出了"1234"改革举措（即统一思想，为改革提供一个保证，紧盯工资承包和材料承包两个重点，抓住机构人事制度改革、劳动用工制度改革、薪酬分配制度改革三个关键，落实安全生产、成本管控、质量达标、科技创新四大举措）。

他科学设置机构，合理定编定岗定员，以效益、安全为重点，实施层层承包改革，以扁平高效化为原则，深化机构改革，将党委办公室、党委组织部、党委宣传部、党委统战部、保卫部、信访办公室合并成立党委工作部，设纪委、工会、团委、机电动力环境保护部、瓦斯冲击地压防治队，将2个综采队合并成1个科级建制综采队，优化了人力资源配置。

他在全矿实行全员层层承包经营，成立以矿长、党委书记为组长的工资承包定岗定员领导小组，设立工资承包定岗定员办公室，科学核定全矿的岗位和用工，全方位具体化地对每个部室区队实行承包预算，认真核实全矿各项岗位的工作量预算，强化定编定岗定员工作，对全矿所有职工编制岗位说明书。结合实际制定《三矿2017年全员层层经营承包实施办法》《三矿2017年全员层层经营承包实施细则》《三矿2017年提质增效行动方案》，坚持层层经营承包与考核激励同步，细化各项指标，促进指标分解向班组、向岗位延伸，考核向全员、全过程递进；逐步完善定额体系、价格体系、计量体系；把工资总额同安全、材料费用、工程质量等各项经营指标紧密挂钩。

他大力实施产销互促、产销联动策略，积极围绕市场需求，采取针对性措施，以提升煤炭质量稳定市场，以煤炭销售服务吸引客户，实现提质增效、服务创效。通过包任务、包工资、包质量、包消耗等形式和手段，形成激励机制，把指标层层分解，将质量落实到区队和班组，将服务落实到每个销售人员。

他坚持以岗定薪、岗变薪变原则，加强劳动组织，提高全员劳动工效。2017年，通过坚持在改革中创新、在创新中提效，三矿各项改革工作取得了较好成效，完成利润24100万元，比计划增盈3540万元，职工平均收入达到52764元，同比增长22.4%，一举甩掉了自2014年以来连续三年亏损的帽子，实现了扭亏为盈的华丽转身，被集团公司评为2017年度安全先进单位和先进集体荣誉称号。王永忠也获得了2017年度优秀科技管理人员荣誉称号。

王永忠用责任担当和管理能力展示了一名矿长恪尽职守、竭诚奉献的朴实形象，在光芒闪耀处，彰显了他的精神、他的业绩、他的品格、他的担当！

煤黑的颜色闪耀金色光芒

——2017年度集团公司劳模
窑街煤电集团有限公司三矿生产技术部
张其堂

张其堂,男,汉族,1982年6月出生,中共党员,本科学历,工程师,2001年8月参加工作。2017年时任三矿生产技术部副部长兼综采队队长。

"踏实一些,不要着急,其实你想要的,岁月都会给你。"这是张其堂常说的一句人生格言。张其堂就是这样一位脚踏实地的人,他用耐心和持久浇灌出艳丽的鲜花。

从技术员、副队长、队长、调度室主任、生产技术部副部长再到兼任综采队队长,张其堂成长历程中的每一步都浸透着奋斗的汗水,每一步都是坚实的。

奋斗者的足迹

认识张其堂的人都知道他是一个踏实肯吃苦的人。求学、成长、锻炼几乎是 80 后每个人都要走的路，但走的方式各有不同。张其堂参加工作后，脚踏实地一步一个脚印，抱着"干一行，爱一行，钻一行，专一行"的积极进取态度，专心致志地汲取知识和技术的力量。通过不断学习、亲自体验、摸索和掌握好的安全生产管理经验，他练就了一身过硬的本领，成了"行家里手"。从一名实习技术员逐渐成长为区队队长、调度室主任、生产部副部长。2017年 2 月，张其堂在矿调度室主任、生产部副部长岗位上又兼任综采队队长。

张其堂 2011 年获得集团公司劳动模范称号、2012 年至 2014 年连续 3 年获得集团公司"'十佳'队长"荣誉称号、2015 年获得共青团甘肃省委"最美青工"荣誉称号。他所带领的区队 2012 年获得全国煤炭工业协会授予的"安全先进集体"荣誉称号，2014 年被共青团甘肃省委授予"青年安全示范岗"荣誉称号。

管理能力初露锋芒

生产技术部承担着全矿井的生产调度、生产布局、技术管理等多项任务。身为三矿生产技术部副部长，再兼任综采队队长，无形中加重了工作任务。上任伊始，综采队还笼罩在 2016 年"3·24"顶板坍塌事故的阴影中，队伍士气不高，管理也比较松散。张其堂从队伍管理的基础工作抓起，首先组织与各生产班组及每名职工签订安全生产管理责任书，在全队形成了风险同担、责任共负的安全监管机制。针对原综采一队和综采二队两队合并后存在的一些问题，他从建立健全各项管理制度抓起，先后主持制定和修订完善了综采队《综合管理制度》《工程质量验收员考核管理办法》《工资承包实施方案》等制度措施，并与各班组签订承包协议。通过实施班组层层经营承包，调动了全队职工的工作积极性和主动性。在制度的落实上，他敢抓敢管，严格按制度办事，不论是队干部、班组长还是普通职工，一旦违反队上的制度，他绝不徇私情、讲情面。在他的严抓细管下，全队职工自觉遵守制度，严格按规程措施作业，形成了有章可循、有规可依、违规必究的刚性约束机制，扭转了两队合并后生产任务、机电设备管理上的被动局面，为全队安全生产任务的顺利完成奠定了坚实基础。

在现场管理中，张其堂积极推行"一线工作法"（决策确定在一线、任务布置在一线、问题解决在一线），实行班组长带头、分片包干负责制，定点、定人、定责。他强化工程质量管理，狠抓班前会各工种安全隐患分析及防范措施的贯穿学习，认真组织各岗位人员熟悉本岗位安全风险及安全防范措施，坚决做到安全操作、标准作业。他组织队干部排查治理安全隐患，定岗定责，规范操作，督导落实好岗位人员责任，达到程序化规范操作标准。他要求跟班队干部、班长严格监督，竭力保证各生产点岗位人员的安全，提升了现场管理水平，推动全队工程质量由点向面、由静态达标向动态达标转变。

为了改变职工队伍技术素质参差不齐的现状，张其堂组织技术过硬、有丰富管理经验的人员现场帮教、现场培训，并在工作现场不定期举行技术比武、岗位练兵、技能竞赛等活动，努力规范职工操作技能，提高职工工作效率，以技术技能保质量、保安全，全队职工整体技术素质得到了提高。

经过一年的努力，综采队完成了全年工作任务，实现了安全生产无事故。产量上去了，安全搞好了，职工收入提高了，职工工作热情和积极性自然也就提高了，张其堂从一名技术人员到管理者的升级，也让全矿刮目相看。

过硬的技术来自知识的积累

作为工程技术管理人员，张其堂的工作热情和严谨态度一刻都不曾减退与放松。为了更好地加强现场安全生产管理，适应当前煤矿新的发展形势，他不间断地刻苦钻研新技术，努力掌握新业务、专业技术理论和现场操作技能，工作面回采工艺和各种新设备没有能难住他的。

张其堂在担任三矿原综采三队队长时组织回采的5624工作面淋水大、工作面条件差，他组织职工在初次安装端头架时进行了多次调试和技术革新改造，进一步提高了工作面机械化水平。在担任原综采二队队长时，他从培育职工"想安全、能安全、会安全"的意识入手，注重发挥全队职工在企业安全生产中的生力军作用，实现了连续1600多天安全无事故、连续4年产量过百万吨的好成绩。在担任矿调度室主任、生产技术部副部长 2 年期间，面对煤炭行业困难状况，他立足企业扭亏脱困发展，全力协调、合理组织扭亏脱困补亏原煤产量 7 万吨，为三矿深化改革、提高经济效益做了突出贡献。尤其是 2017 年全队在安全生产压力大和开采难度较大等不利情况下，安全高效地完成了矿下达的原煤生产任务。

2016 年"3·24"顶板坍塌事故中，时任矿调度室主任的张其堂第一时间指挥协调抢险，迅速拟定事故抢险方案与措施，并在危急关头带队组织现场急救，为有序开展好事故抢险工作提供了技术支撑。同时，在灾后恢复生产工作中，不顾个人安危、挺身而出深入工作面现场仔细查看支架损坏情况，认真组织拟定恢复生产的方案、措施，在现场环境极其困难的条件下组织更换工作面损坏支架 27 副，安全高效地确保了 5521-20 工作面提前恢复正常生产，为三矿挽回了经济损失。

5721-6 工作面的推进，是当年三矿的技改项目，根据煤层地质条件，为提高回采率，降低开采成本，将原有的设计进行了修改，将两个工作面合并，实行 45° 摆采开采工艺，这在三矿开采史上也属首次。张其堂与队干部及生产骨干多次研究制定摆采方案措施，亲自在工作现场组织蹲守作业、制定措施；在此期间他和队干部实行双跟班，反复商讨转弯摆采推进方案措施，方案形成后迅速组织职工狠抓落实。5721-6 工作面摆采成功实现三矿开采技术的又一次突破。

在 5521-21 工作面面临矿压防治、零星出架频繁和生产任务重等困难条件下，他督导职工严格落实各项规程措施，认真把关每道工序、每个环节，有时连续几个小班在井下现场指挥作业、排除险情，直至顺利通过最危险区域才出井。他在工作面矿压防治工作中大力推广断顶孔装药技术，带领全队实现了安全生产工作目标。

优秀的个人带出和谐的团队

"没有完美的个人，只有完美的团队。"张其堂在日常工作中注重发挥团队在决策中的主导作用，着力调动和发挥班子及全队职工的工作积极性。他严格执行队务公开制度，始终把制度、措施的监督落实作为带好职工队伍、创建和谐团队的第一要务，督导落实"五公开、一上墙、三人联审"制度，要求做到当班工作记分、公开打分、当众陈述公布，保证职工一下班就知道当班挣多少分，实现了公平、公正、公开，特别是坚持将事关职工奖惩、先进评选等事项提交职工大会研究表决，努力解决职工最直接、最现实、最突出的利益问题。他推行专职验收员制度，坚持由队长、书记、技术队长亲自抓验收员工程质量及各项工作的考核落实。他关心职工生活，当工作任务紧时，主动将食品和饮料送到工作面；当职工生活有困难时，他带头捐助并组织全队职工捐款资助，解决了困难职工的燃眉之急。人性化的工作方法不但理顺了职工心气、亲和了职工与规章制度的关系，而且凝聚了人心、激发了活力，得到了职工的一致认可，为全队和谐稳定奠定了坚实的思想基础。

一分耕耘、一分收获。多年来，张其堂在平凡的工作岗位上认真履职、坦荡做人，以坚韧不拔、顽强拼搏的意志在采煤一线镌刻青春诗篇，他的身上闪烁着兢兢业业、默默无闻的忘我工作热情和无私奉献精神，书写了奉献光热的人生价值和无悔于青春的崭新篇章！

矢志煤海写华章

——2017年度集团公司劳模
窑街煤电集团有限公司金河煤矿生产技术部
孟嘉彬

孟嘉彬，男，汉族，生于1981年8月，中共党员，本科学历，高级工程师，2001年参加工作。2017年时任金河煤矿生产技术部部长。

他用青春作跳动的音符，用汗水和理想做旋律和节拍，为自己的人生写下炫丽的华章。

立足岗位　争做区队榜样

在党旗下庄严宣誓的那一刻，孟嘉彬肩上便有了神圣的责任。这一责任就是坚定共产主义信仰，听党话、感党恩、跟党走，把吃苦在前、冲锋在前的责任扛在肩上。自2001年参加工作以来，他热爱矿山，用行动表达着对工作的热爱；他精益求精，用一项项技术创新书写着对工匠精神的生动实践。

凭借扎实肯干的作风、出类拔萃的业绩，孟嘉彬从普通技术员逐步成长为队长、副部长、部长、矿副总工程师，"热爱"与"责任"一直是贯穿他工作的原动力，他用热忱的信念、敢为人先的闯劲，坚实带领着团队完成一项又一项任务。也从一个刚刚离开校园就步入社会的懵懂青年，历练成一名驰骋矿山、遨游煤海、充满自信、勇于担当的矿山新一代建设者、管理者。

日常工作中，孟嘉彬把工作看成自己的责任田。他认真学习集团公司及矿上的相关文件，研究作业规程，查阅相关资料，精心组织生产，严格在现场把关。他抓质量始终本着"质量服从标准，标准服从规范"的原则，要求放煤工做到"多轮、顺序、等量"的工艺放煤，见矸立即停止，在煤质有保障的前提下最大限度地提高回采率。他经常跟班到作业现场进行指导，与职工交流沟通采煤工艺等知识，耐心给职工讲解技术操作的方法与技巧，有时候遇到职工在工作中有情绪，没干劲，他就耐心做思想工作，有效激发了大家的学习自觉性和主动性。他常说："干活要多动脑筋，时刻都要想办法，这样才能把自己的活干好"。在他的带动下，各采掘区队的工程质量、工作效率有了明显提高，生产任务顺利完成。凭借着过硬的工作作风和高超的业务技能水平，孟嘉彬先后荣获集团公司优秀共产党员、"'十佳'队长"、"十佳"专业技术带头人、安全生产先进个人、安全质量标准化先进个人、安全标兵等荣誉称号。

严抓细管　争做通防专家

2016年11月至2017年10月，在担任金河煤矿通风灭火部部长期间，孟嘉彬始终坚持瓦斯治理方针，严格遵守集团公司安全生产各项规章制度，系统推进全矿瓦斯治理和预防工作。

他狠抓矿井通风瓦斯管理，严格督导落实测风制度，组织定期测定井下用风地点和通风巷道风量，并根据生产变化情况及时调整通风系统和供风量，保证了采掘工作面及其他供风地点的风流始终稳定可靠，杜绝了无风、微风和不符合《规程》规定的串联通风作业，为全矿采掘工作面安全生产的有序推进打下了坚实基础。

他强化矿井瓦斯治理，杜绝矿井瓦斯事故的发生。注重加强采煤工作面的通风瓦斯管理工作，针对 16213-2 工作面、16114 油页岩工作面推采后底板卸压瓦斯增大、瓦斯管理难度大的客观事实，从工作面风量配置、底抽巷穿层钻孔抽放等方面入手，通过多措并举、靠实责任，有效解决了采煤工作面瓦斯异常的问题。

他强化防突工作管理，狠抓现场防突制度与措施的落实。技术可行和现场管理到位是预防煤与瓦斯（CO_2）突出事故的两个重要防线，针对 17204-1 工作面瓦斯地质赋存的复杂性和特殊性，精心组织工程技术人员对防突措施进行分析研究，大胆进行调整，经过 3 次修改完善最终确定并组织实施了未保护区域煤巷施工的防突技术措施（即底抽巷穿层钻孔超前预抽、掘前迎头密集钻孔预抽、旁侧钻场护巷抽放及多钻孔、多轮次预抽瓦斯），有效控制了工作面的瓦斯涌出量，防突指标降至临界值以下，为工作面安全掘进施工创造了良好条件，为复杂地质条件下不开采保护层区域煤巷施工开辟了一条新的技术途径。

他针对矿井六、七采区地质条件复杂和矿井瓦斯抽采管理技术难题、防突任务艰巨等实际情况，牢固树立"瓦斯不治、矿无宁日""瓦斯超限就是事故"的瓦斯综合防治理念，坚持将瓦斯防治工作摆在一切工作的核心地位，严格按照《防治煤与瓦斯突出规定》等国家相关规定规范要求，提出了瓦斯防治"治而不突"和瓦斯"零超限"的管理目标。严格落实国家"先抽后采、监测监控、以风定产"的瓦斯治理方针和集团公司"先抽后采（掘）、先保后采、保抽并举、综合防治"的技术原则，确保了矿井通风系统合理可靠、气体管理可控安全、全矿井无火区、防突工作完善到位，切实提高了矿井"一通三防"工作的可靠性和安全性。

攻坚克难 争做采煤标兵

孟嘉彬始终把安全生产的难点、提质增效的重点、降本增收的关键点，作为工作的出发点、着力点和落脚点，扎实开展岗位创新。

2015年初，他积极主动学习和研究完善17204-1工作面防突措施、综采工作面综合防尘措施、深孔预裂爆破技术及综采工作面回采工艺，经他主持编制的《顶煤弱化预裂爆破技术》荣获2015年甘肃省第八届全省职工优秀技术创新成果三等奖。据悉，这项技术创新每年可为企业节约资金几十万元。

2017年11月，在16213-2工作面过空巷期间，面对地质构造复杂、空巷重叠布置和揭穿断面高度达到6米、长度达到15米且采用架设木垛支护等难题，孟嘉彬每天坚持深入井下工作面分析、研究、督促、指导开展工作，最终工作面在1周时间内推采16米，安全顺利地通过了空巷，首次实现了在两空巷之间的穿越。在每一个项目中，孟嘉彬将共产党员平时工作看得出、关键时候站得出、危急关头豁得出的可贵精神诠释得淋漓尽致。每一项工作他都全力以赴，没有丝毫的懈怠和马虎。

都说"军功章有他的一半，也有家人的一半"。在孟嘉彬破茧成蝶的背后，不只有他个人的努力，还有家人的支持，其中有一边工作一边带孩子不影响他工作的妻子，还有听话懂事没有要求他开过一次家长会的孩子……

责任是信念之基，担当是力量之源。孟嘉彬铭记自己共产党员的身份，16年如一日立足本职，用自己的一言一行、一举一动影响和带动着身边的同事砥砺奋进。他总爱说："我是一名共产党员，没有做出什么惊天动地的大事，只是尽心做了应该做的工作，我的成长离不开企业的培养和同事们的帮助……"淳朴的话语，流露出的是他作为一名共产党员的党性修养和党性原则，孟嘉彬用自己辛勤的汗水、过硬的技术和丰富的实践经验不断储蓄着能量，回报着给予他成长的矿山，正如炉膛里熊熊燃烧的优质煤炭一样，用一腔赤诚为挚爱的矿山事业抒写无怨无悔的华章！

扎根煤海的平凡坚守

——2017年度集团公司劳模
窑街煤电集团有限公司金河煤矿综采一队
侯玉平

侯玉平，男，汉族，生于1980年10月，高中文化程度，2010年11月参加工作。2017年时任金河煤矿综采一队生产二班班长。

这是一个如稻穗般谦逊的人。侯玉平始终认为，他的进步与成功来自深藏在地层深处的乌金，来自企业的苦心培养，来自每一位同事的帮助支持。他常怀谦卑之心，奋取之心，他热爱所扎根的煤矿，他陶醉于坚守平凡岗位时的每一处风景。

在不断学习中提高素质

自2010年11月在金河煤矿从事井下一线工作以来，侯玉平怀着对幸福美好生活的向往，无怨无悔地把自己的青春和热血奉献给了他所热爱的煤炭事业。

井下采煤工作是一项又苦又累的工作。刚接触采煤工作的时候，他看到眼前的转载机、破碎机、采煤机等大型设备时心想：如果要让这些铁家伙乖乖听话，没有过硬的本领是不行的。为了提升业务能力、尽快掌握操作技能，工作中他时常用心观察老师傅的操作方法和排查故障的步骤，一有空闲就时刻"缠"着师傅请教；生活中他坚持利用业余时间翻阅有关技术书籍。经过学习中的反复琢磨和工作中的探索实践，很快，侯玉平的设备操作技术、基本保养维护检修技能在同期参加工作的新工人中脱颖而出，这对他是个极大的鼓舞，更加坚定了他努力学习技术技能、练就一身过硬本领，并能在井下工作现场解决实际问题的信心。

功夫不负有心人，2011 年，由于综合考核成绩突出、工作业绩出色，侯玉平被提拔为综采一队生产二班班长。成为班长后，他清醒地认识到，人是生产过程中最活跃的因素，是安全生产的实践者，解决好班组中人的问题，就等于抓住了班组管理的关键。

侯玉平始终坚持把"抓培训、提素质"作为全面提升班组安全生产保障能力的"治本之举"，注重发挥自己的技术特长和积累的实践经验，带头落实"导师带徒"制度。2016 年 9 月，16213-1 工作面由于过断层提底造成拉架困难，严重影响推采进度，侯玉平积极与全班职工商讨研究制定解决方案，带头组织全班技术骨干面对面讲、工作现场手把手教、操作过程中一对一带，团结全班职工顺利完成了生产任务。几年来，他始终以身作则、率先示范、处处严格要求自己，超前思考、细分任务、倒排工期、确定工时，带领全班职工安全高效完成队交办的急、难、险、重任务 10 余次，他所在的班组当年创造了综采一队安全工作第一、生产任务第一、包机质量第一、成本管控第一的好成绩。

一定要干出个名堂

"我们班长什么活都干，特别是脏活累活，更是抢着干。"这是工友眼中的侯玉平。作为班组安全生产的第一责任人,侯玉平深知自己肩上的责任重大,不断克服地质条件复杂、零活工程多,准备工作量大等实际困难,认真研判不同时期的安全生产特点,带领班组成员全面落实集团公司和矿出台的各项管理制度,注重强化现场流程管理,狠抓安全生产工作不放松,每次入井上岗前他都检查设备运行状态、全面查看工作面现场环境,对可能出现的危险因素进行分析,认真向班组成员交代拟定的当班安全生产注意事项和防范措施,有效增强了班组成员的安全防范意识。

侯玉平始终把"处处求标准、人人保安全"作为全班的一条铁律。

2017 年 6 月的一个夜班,正在割煤的采煤机突然停止了转动,采煤机司机几经检查始终没有找出故障原因。为了不影响当班生产任务,值班队长给正在家中休息的侯玉平打电话告知了突发状况。得知情况后的侯玉平立即赶赴井下工作现场,最终凭借多年摸索总结的"摸、闻、查、看、试"故障排查法,仅用 30 分钟就处理好了采煤机故障,确保了当天夜班的正常生产。

2017 年 10 月,由于工作面设备故障频发,加之安全生产压力大,严重影响了正常的工作接续,侯玉平经常加班延点,早出晚归,在井下一干就是十几个小时。看着他布满血丝的双眼,家人和工友都劝他注意休息,可他心里只有一个念头,因为他坚信"石头再硬,也硬不过人的意志",面对时间紧、任务繁重的不利因素,侯玉平配合队上提出工作方案,盯守班组作业现场各个环节,最终,有效保证了生产接续正常,仅用 20 天就安全高效完成了生产任务。类似这样的电器、机械突发故障,侯玉平每年都会处理 10 余起,他执着的追求和永远不服输的韧劲,深深感染、激励着班组的每一名成员。

关心入微 温暖人心

一个班组的集体观念和团队意识,是班组健康发展的基石。为此,侯玉平坚持带领班组成员积极参加队上开展的"三无班组""零违章班组"等活动,生产二班各项生产经营指标始终在综采一队名列前茅。有新职工来到班上时,他总是安排业务熟练的职工,手把手传授业务知识和操作技能,使其尽快进入状态，能够独立作业。

工作之余，侯玉平十分关心班组职工，把工友当成自己的亲兄弟，工友有什么困难他都主动关心，做好思想工作。

班组中有些职工离家较远，大都一年回家一两次。为了抓好班组安全和稳定工作，每天下井前、出井后，侯玉平都会和班组成员一起向家里报平安。工作中，谁干活有些毛躁，谁最近情绪低落，他都细心留意。记得有一次夜班生产期间，班组的一名职工突然胃痛，侯玉平见状，立即嘱咐另一名工友陪护着出井去医院检查，自己则继续守在生产现场。第二天一早，侯玉平就给工友打电话询问情况。"多谢班长，原先还想等你夜班休息好再给你打电话的。医生说问题不大，过两天就可以上班了。"挂断电话，侯玉平松了口气。

另外，他还经常和班组职工拉家常，聊个人问题，对工友在处理一些家庭琐事方面出主意，提供宝贵经验和好的做法，使其家庭生活和谐美满，从而解除后顾之忧，安心的投入本职工作。"在采煤队生产班虽然苦点、累点，但能感受到温暖，我们就像一家人一样，同样被尊重、同样被认同……"班组工友真切地说道。

多年来，侯玉平将"矿山就是我的家，工友就是我的家人，作为一名班长，我要尽心尽力，带领全班职工为我们的家、我们的家人博得一个美好的未来"，作为一种信念，站好每一班岗，做好每一件事，从平凡中来，到平凡中去！

深水静流奔煤海

——2017年度集团公司劳模
窑街煤电集团天祝煤业有限责任公司综采一队
符永杰

符永杰，男，汉族，1976年1月出生，初中文化程度，2005年3月参加工作。2017年时任天祝煤业公司综采一队一班班长。

千米井下灯火辉煌，综采设备随即启动，输煤皮带上的乌金滚滚而来……这是符永杰每天都要面对的场景。寒来暑往，冬去春回，青春在这里燃烧，化作无尽的光和热。符永杰的干劲却越来越足……

学在前 干在先的"逐梦人"

俗话说："是金子，放到哪里都会发光！"从清煤工成长为支架工、机组工、生产一班班长，无论在哪个岗位，符永杰的奋斗事迹始终深深感染着身边的每一个人。

符永杰在同班工友们的印象中是一个爱学习的人，除了平时积极参加队上组织的集体学习外，他还经常利用工余时间自学综采机操作维修保养等知识，通过学习不断提高自身综合业务水平。工作中，符永杰善于观察、思考，遇到设备故障等技术性问题，他总是第一时间虚心请教经验丰富的工友，寻找解决办法。

2017年4月份，在3200S-1工作面回撤时，由于工作面进风上山坡度大（坡度最大时达到26度左右）、巷道窄、巷道淋水大，拉运又大又重的液压支架极其困难。这是符永杰自担任生产一班班长以来面对的第一个难题，也是当时遇到最大的一个难题，班组成员不由自主打起了退堂鼓。面对挑战，符永杰并没有灰心，骨子里的坚韧与果敢驱使他不断提醒自己——个人业务再强、技术再过硬，也是远远不够的，还得大家行动起来才行。工作时间他总是第一个到场，带头在淋水中检查道轨上有无异物、液压支架绑扎是否牢固、绞车和信号等运输沿途设施设备是否完好可靠，看着工作服被淋湿的符永杰忙碌的身影，班组职工深受感染，默默比拼着工作质量和安全效果，提前5天完成了工作面回撤任务，为天祝煤业公司按期实现全年安全高效生产目标做出了贡献。

抓落实　强班组的"火车头"

符永杰常说："一名合格的班长，首先要严以律己，要求职工做到的，自己首先要做到。只有处处为人表率，用行动去影响大家、激励大家，才能真正得到职工的信赖和支持。"日常工作中，符永杰勇于担当、敢于负责，遇到困难从不推诿，始终把矿山当成自己的家，把工作面看成自己的责任田，全力保障职工的安全。

2017年4月份，生产一班正在工作面开展安全生产标准化建设和文明生产，在清理巷道行人侧150米处时，1块100厘米厚的片帮煤离层，随时都有可能脱落，符永杰当即疏散现场作业人员，小心翼翼地"敲帮问顶"后，才安排职工用大锤处理片帮煤，最终把安全隐患消除在了萌芽状态。

2017 年 7 月，天祝煤业公司部分职工因退出祁连山自然保护区而发生了群体上访事件。在特殊时期，生产一班职工人心浮动、思想不稳，个别职工要么围观，要么干脆不到单位上班，导致全队安全形势非常严峻，尤其是 3200 综采工作面正处在仰采和防治水的关键时期，若不及时维护工作面，导致排水受阻，就面临着工作面冒顶或被水淹的危险。关键时候，符永杰心急如焚，主动联系平时关系比较好、责任心较强的几位工友，反复与围堵区队、井口的职工群众讲道理、分析井下安全形势，想方设法进入井下工作面维修排水设施，确保了特殊阶段工作面的安全。符永杰心系井下安全的履职态度，得到了天祝煤业公司领导和全队职工的一致好评，临危受命被提拔为生产一班班长。

组织上的培养和工友们的信任更加坚定了符永杰扎根矿山、奋斗煤海的坚定信心，他暗自下定决心：一定要做负责任的班长，争当全班的排头兵。经历了上访事件的影响，班组个别职工的思想在短期内还转变不过来，总以各种理由请假或者旷工，最少的时候生产一班出勤的仅有 8 人。面对严峻形势，符永杰看在眼里，急在心上，经常在下班后来到职工宿舍或家中谈心、沟通，做职工思想工作，用真诚的态度和朴实的话语动员大家正常出勤，最终一个一个地打开了职工们思想上的症结，保证了职工正常出勤。

爱矿山 系工友的"柔情男"

担任班长以来，符永杰以矿为家、心系工友。他的工作没有上下班之分，只要需要，总是随叫随到。

生活中，符永杰是职工的"贴心人"，他和工友们相处的时间比和家人相处的时间还多，缘分和感情让他们紧紧绑在了一起，对待身边的工友他总是以诚相待，有什么困难总是鼎力相助。他常说："在煤矿这艰苦的环境中，能在一起工作，就如同战场上的战友。"有一次，当班一名职工张某脚受伤后，因无法正常出勤影响当月绩效工资，情绪不稳定。得知其妻患病、孩子幼小，家庭一时陷入困难的实际情况后，符永杰1个月内先后3次携带慰问品看望他，像亲人一样关心他的伤情，开导他不能为了绩效奖金不顾身体康复。深受感动的职工脚伤痊愈后不仅能够出满勤，而且工作责任心更强了，逐步成长为生产一班的一名生产骨干。

多年来，符永杰团结带领生产一班职工多次安全高效处理综采机、刮板输送机等设备故障，为综采一队安全高效生产提供了有力保障。大家都说，符永杰是天祝草原上一匹不用扬鞭自奋蹄的"骏马"，驰骋在煤海深处，他带的队伍在关键时刻能冲得上、打得赢，全班和谐的就像一家人。符永杰先后获得集团公司和天祝煤业公司先进生产工作者、劳动模范等多项荣誉称号。

来到矿井工作殊为不易，在煤海绽放光彩更为艰难。面对领导的表扬和大家的认可，符永杰总是憨厚地笑笑说："没什么，我只是做了自己应该做的。"朴实的话语，道出了一名采煤一线工作者爱岗敬业、无私奉献、心系职工的心声。日复一日，年复一年，符永杰秉承老老实实做人、踏踏实实干事的优良传统，勤勤恳恳、兢兢业业地履职尽责，用勤劳诠释着自己的人生价值，用信念一步一步实现着自己的梦想！

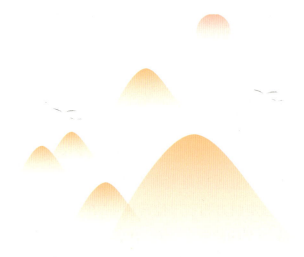

火样的青春火样的情

——2017年度集团公司劳模
窑街煤电集团天祝煤业有限责任公司掘进一队
朱军

朱军，男，汉族，1973年4月出生，中共党员，高中文化程度，2005年6月参加工作。2017年时任天祝煤业公司掘进一队生产一班班长。

湮没地底万年，它是一抹沉寂失落的冰冷黑色。经过烈火迸发，它是炽热跃动的生命之光。煤，可以甘于平淡地长久等待，也能够抓住时机粉身碎骨、牺牲自我、照耀他人。

这向死而生的精神着实让人感动，朱军为表达他对煤的敬畏之情，自2005年6月参加工作以来，便立下了扎根煤海、以矿为家、奉献矿山的决心，要将自己的青春和汗水奉献给他所挚爱的矿山。他先后多次荣获集团公司和天祝煤业公司安全生产及安全质量标准化先进个人、安全生产先进工作者、先进生产工作者等荣誉称号。

2017年，朱军任天祝煤业公司掘进一队生产一班班长，带领全班职工完成岩巷掘进进尺650多米，占全队总进尺的40%，安全上杜绝了轻伤及以上人身事故。

业精于勤

作为新时代的煤矿职工，朱军深刻意识到，仅凭现有的高中学历和在学校中的知识储备，已经无法适应和掌握现代化的掘进技术。

因此，他严格要求自己，主动学习，注重不断积累掘进业务知识，经常利用业余时间自学《掘进机司机》《井巷工程》《掘进机械》《煤巷锚杆支护理论与成套技术》《矿山机电》《煤矿安全规程》等专业书籍，努力提高业务技能水平和综合素质。

朱军大胆摸索，反思总结，在安全生产工作中进行实践，并检验对掘进工艺和掘进机械相关知识理论的学习成果。由他参与完成的《3200综采工作面大跨度切眼快速掘进技术研究》，荣获天祝煤业公司技术创新成果二等奖。他逐渐从一个掘进工作的"门外汉"变成了"行家里手"。

2014年5月，掘进技术出众的朱军被掘进一队选送，参加由天祝煤业公司举办的职工岗位技能大赛，以理论93分、实际操作95分的优异成绩，一举拿下掘进打眼工第1名，随后又在集团公司职工岗位技能大赛中取得第2名的优异成绩。朱军成为甘肃省"技术标兵"，他励志的事迹在天祝煤业公司一时被传为佳话。

在不断提高自己技能水平的同时，朱军毫无保留地将自己多年摸索总结出的掘进技术及操作经验分享传授，先后带出十余名操作技能娴熟的打眼工。他带出的徒弟张龙、马得武、董延福等人，后来走上副班长、班长等重要工作岗位，成为掘进一队的业务能手和安全生产骨干，分别获得天祝煤业公司和集团公司优秀班组长、"十佳"队长等荣誉称号。

真情保安

朱军始终坚持"安全第一"的方针和"不安全不生产"的原则，切实把安全生产工作当做头等大事。每次下井，他认真检查工作现场的安全状态，及时整改排查发现的各类安全隐患，督导工作面各岗位职工规范操作行为。

2015年1月，在1102工作面切眼掘进施工的一次交接班过程中，上一班在切眼断面处遗留1枚未处理的瞎炮。朱军发现后，一边组织班组职工撤出危险区域，一边和当班安检员、跟班队长、放炮工商讨处置方案，并向掘进一队值班队长和天祝煤业公司调度员分别作了汇报。在得到上级下达的指令后，组织职工认真落实瞎炮处置措施，最终按《规程》排除了瞎炮，消除了安全隐患。当天，因为处置瞎炮，工友们都较平时晚点1个多小时才下班，但大伙知道朱军这么做是为大家的安全着想，纷纷对他严守安全红线、尽心竭力抓好安全生产的工作态度称赞不已。

朱军一直秉持"安全质量标准化是矿井生命工程"的理念，认真落实天祝煤业公司安全质量标准化会议精神和工作要求，组织带领全班职工严格按照安全质量标准化要求和"七个一步到位"（点眼划线一步到位、打注锚杆一步到位、拉线喷浆一步到位、捣制水沟一步到位、铺设轨道一步到位、材料码放一步到位、管线敷设一步到位）掘进工作法进行施工作业，他长期养成随身携带钢卷尺、棉线绳子和扳手等工具的习惯，随时检查锚杆质量、巷道施工质量，落实锚杆预紧力是否符合要求、正在掘进施工的巷道是否符合设计标准。

2016年5月的一个夜班，生产一班的掘进打眼工小刘为了图省事、早下班，在工作面掘进作业时少打了几个周边眼，导致作业面炮眼间距过大、爆破后巷道成形差，造成工程质量不合格。生产技术部对这起人为造成的工程质量不合格事件进行了追查。为此，天祝煤业公司、掘进一队先后对朱军和小刘进行了严厉的通报批评与处理。考虑到小刘家庭条件比较困难，而且正在谈恋爱，朱军主动对小刘进行了经济上的帮助。事后，小刘非常后悔和自责，对他说："朱班长，是我连累了你。"朱军笑着对小刘讲："我知道你这段时间在处对象，心思有些不在工作上，但有了对象也要为人家姑娘负责，工作中可千万不能马虎大意。"从此以后，在朱军的影响和带动下，小刘在工作中脚踏实地、勤勤恳恳、表现突出，被掘进一队提拔为副班长。

示范带动

战场冲锋,班长总是冲在最前面的一个。自从朱军被提任为生产一班班长,他始终把每次入井当作一次冲锋。

在3229工作面运输顺槽掘进施工过程中,巷道底板涌水大,柱窝用铁锹掏不出来,当班十架棚都是朱军和工友蹲下身子用铲子和手一个柱窝一个柱窝地扒出来的。当时,他的十个手指全都磨破,渗出了鲜血。煤泥和着血水粘在手上,疼得他抓铁锹都觉得困难,但他仍咬牙坚持着带领工友们完成了当班的工作任务。

3229工作面运输顺槽顶板淋水大,绞柴朽失严重,维修工作受阻。朱军仔细察看完现场后,带领职工走进淋水区,由外向内铺设防水布逐架支护。不一会儿,汗水夹杂着淋水浸透了每个人的工作服,等他带领大伙完成工作任务升井后,被风一吹,冷得浑身直打哆嗦。

2017年6月,省煤监局来天祝煤业公司进行矿井体检,查出2060绞车绳道变形严重,要求于8月底必须维修完毕。接到工作任务后,朱军动员全班职工进行抢修会战,积极修订完善班组工程质量维修进度与月度工资挂钩考核制度,给自己和全班定工作目标、定工作任务、定保障措施,带头出全勤,团结带领生产一班仅用2个月就完成了原计划3个月的工作量。

2017年11月,在天祝煤业公司掘进二采区皮下施工时,由于巷道长,绞车绳无法及时跟进,朱军建议采取两头同时掘进的方式施工,有效解决了全队出渣困难的问题,为二采区皮下按期安全高效贯通打下了坚实基础。

几度风雨、几度春秋,几乎每次上班,朱军的身影总是第一个到窝头,最后一个离开。与他同班的工友开玩笑常说:"上班为我们'排雷',下班为我们'垫后'。"

在朱军的带领下,生产一班在掘进一队各生产班组中完成的进尺最多、安全质量最好,连续多次被天祝煤业公司授予"先进班组"荣誉称号。

成熟源于经验的沉积,荣誉来自知识与拼搏。多年来,在朱军身上体现的是不畏艰难、勇往直前的精神，体现的是扎根矿山、默默奉献的信念，他以煤为业、以矿为家、勇挑重担、冲锋在前，以实际行动履行着一名煤海矿工的诺言，诠释着对煤炭事业的热爱，像黑黝黝的"乌金"一样燃烧着自己，努力为矿山建设奉献着光和热！

平凡岗位"书写"魅力人生

——2017年度集团公司劳模
甘肃窑街固废物利用热电有限公司电气车间
冉御国

冉御国,男,汉族,1973年8月出生,中共党员,大专学历,1992年12月参加工作。2017年时任热电厂电气车间主任。

永不服输的"初生牛犊"

"做事不求尽如人意,但求无愧于心。"这是冉御国最喜欢的一句格言。他以恪尽职守、精益求精的态度对待工作,坚持从大处着眼、小处着手,凭着一股子韧劲和困难面前不低头的拼劲,以用心做好每一件事的实际行动演绎了最美"热电人"的敬业故事,用"无愧于心"阐述了自己的魅力人生。

2000年11月,冉御国调入窑街煤电集团劣质煤热电厂,当时他既没有丰富的专业知识,更谈不上综合管理能力,但有一股子永不服输的拼劲。实习期结束后，他选择在电气车间工作，因为这里有全厂最具挑战性的工作环境。他虚心向车间技术骨干和经验丰富的工友们请教，经常借阅车间各种设备的图纸、说明书等资料，反复研读《电气设备倒闸操作技术问答》《电气运行技术问答》等专业书籍，每一次设备检修，无论是不是他的班，他总是跟在现场，认真了解掌握车间各类电气设备的结构、性能和工作原理。他坚持理论学习紧密结合工作实际，在逐步了解掌握了全车间各个系统电气图纸的基础上，对车间出现的多个生产故障大胆提出自己的见解和解决方案。虽然他的办法不一定正确，有时还有一些大胆，但老师傅们感觉他说的还是有些道理，有时感觉理论上可行，只是从来没有试过。为此，他在车间老师傅的眼中成了"初生牛犊"。

工友心中的"牛主任"

有奋斗就会有收获。2017 年，冉御国被聘任为电气车间主任。进入不惑之年的他，多了一些成稳，多了一些干练，但他永不服输的劲头始终没有减。结合电气专业特点，他精心组织职工超前排查、全面彻底整改各类安全生产隐患问题，关键时刻盯守在作业现场，督导在一线，把精力放在打造安全"套餐"上，努力从源头上杜绝因电气原因引起装置的波动和非计划停电事故的发生。

电气车间的特殊性，要求每名工作人员必须熟知牢记《电气运行规程》《窑街热电厂事故处理预案》《孤网应急预案》等专业知识，掌握具体操作步骤。为有效提升电气车间职工的整体技能和操作水平，冉御国注重利用班前会、班后会、班组安全学习会等，见缝插针组织职工进行集体学习培训。他注重发挥自己的专业特长，经常"面对面""一对一"分期讲解车间各型电气设备运行原理、操作要点、常见故障处理方法等知识，毫无保留地将自己多年总结凝练的安全生产实践经验传授给身边的工友，着力把电气设备安全运行管理各项规章制度"刻"在职工的脑海中。结合电厂曾经发生的电气事故案例，他定期组织车间全体人员结合各自的岗位实际和作业标准讨论分析缘由、认真总结经验、深刻汲取教训，努力提高车间全体职工对实现安全发供电重要性和紧迫性的认识。在每年冬季培训中，他总是提前制定培训计划，有针对性地解决常见的故障和问题。春检前，他提前组织制定整改计划，并出谋划策，建言献计，提出自己的合理化建议，努力在春检过程中做到不留死角，有效保证了设备全年安全运行。冉御国以强烈的工作责任心和突出的工作业绩，在长期坚持勤学苦练的示范带动和手把手的"传、帮、带"下，电气车间职工的整体技能和操作水平有了显著提高，电气车间安全工作持续平稳运行，电气车间党支部获得集团公司党委"六好党支部"荣誉称号。工友们亲切地称他为"牛主任"。

一丝不苟的带头人

2017年9月，原动力公司管辖的海石湾变电所、上工业广场变电所、二坪台变电所正式移交电厂管理。这是电厂以前从未接触过的工作，也是一个全新的课题。供电方面的任务自然就落到了电气车间。接到任务后，冉御国带领车间班子成员加班延点反复跑现场，了解掌握人员和设备现状，组织职工全面彻底整改现场遗留的陈旧且不符合岗位实际的标识等安全隐患，对照图纸和说明书学习设备结构，反复论证并重新审定了各变电所一次系统图、应急预案、规章制度，把存在的每一个细小问题记录在册，历时一个多月，安全高效地完成了变电所移交工作。春检期间，冉御国对照移交时发现的问题，每天坚守在检修一线严把检修质量关。"二次接线部分必须进行清灰、紧固，对电流端子要细心检查，看是否有烧损现象。""注意一下，这个触头里的导电膏已经硬化了，必须清除，否则会影响高压开关接触效果，涂抹导电膏应该这样操作……"刚给检修人员交代完工作注意事项，他又爬梯子、钻柜子、手把手进行示范操作。他专注的神情和忙碌的身影被工友们用手机定格，虽然形象有点灰头土脸，但他却是工友们公认的"电气车间最美带头人"。冬季供暖关键时期，一次电缆沟由于热力管道泄漏产生积水，必须及时用泵抽出，才能确保电缆绝缘良好。为了尽快排除突发的安全隐患，冉御国率先进入电缆沟，蹚过积水和淤泥，穿过弥漫的蒸汽，在散发着难闻气味、狭窄低矮的电缆沟里躬身摸索前行，经过1个小时的地毯式排查，最终准确找到并标注了漏点位置。随后，他蹲守在现场组织职工进行补焊抢修作业，直到彻底解决了安全隐患为止。从电缆沟出来时，他浑身湿透的衣服裹满泥污，疲倦的脸上挂满汗水，但他始终没有一句怨言。

当青春融入了企业、融入了奉献，就有了沉甸甸的质感。值得的就用心去做，付出的是心安，收获的才能理得。面对组织和同事们的重托与信任，冉御国一心一意争做"热电工匠"，真正做到了干一行、爱一行、钻一行，用一名普通"热电人"的奉献在平凡的岗位上书写了属于他的魅力人生！

"铁军"中的尖兵

——2017年度集团公司劳模
窑街煤电集团有限公司矿山救护中心直属中队
陈良杰

陈良杰,男,汉族,1989年11月出生,中共党员,本科学历,助理工程师,2011年8月参加工作。2017年时任矿山救护中心直属中队技术员。

有时,耐心和等待,生活会给予你答案,正如你对空谷喊话,等一等就会得到绵长的回音。

陈良杰,一个学消防工程的本科生,选择来到矿山救护队,看似相近的专业,却有着本质的不同。在迷惘和彷徨中,他选择了等待和坚持,他成了"铁军"中的尖兵。

"秀才"到"兵营"

2011年8月,陈良杰从河南理工大学消防工程专业毕业,在一次校园招聘中,他选择来到窑街煤电集团公司矿山救护中心工作。刚刚走出学校,踏入社会，看着一台台从未接触过的矿山救援装备，面对与自己所学专业并不完全对口的矿山救援工作，他觉得这一切既新鲜又陌生。

矿山救护中心虽有消防中队，但更多的业务却是矿山救援。陈良杰有些茫然，甚至一度开始质疑自己的职业选择。作息铃声、出操、训练、负重跑……他仿佛来到了一个兵营。看着同事们挥汗如雨的训练场景和接到抢险任务迅速整装出发时的坚毅眼神，他不由得被矿山救护队员们忠诚坚守、爱岗敬业、执着奉献的精神深深感染。当一次次看到在救援行动中被解救出来的人员感激的眼神，他逐渐对矿山救护这份职业有了更深刻的了解，他决定留下来。

陈良杰像一个刚入伍的新兵，队列军训、体能训练、装备佩戴到应急救援知识与技能，一步步从头开始。他给自己定下了学习成长4年目标：1年掌握矿山救护仪器操作要领，2年掌握矿井通风防灭火专业知识，3年精通矿山救护专业知识，4年成为矿山救援业务骨干。

明确了奋斗目标，就有了努力的方向和动力。陈良杰白天跟着师傅在训练场上反复学习矿山救援业务知识以及装备操作技能，晚上通过书本认真自学矿井"一通三防"等方面的专业知识，坚持边干边学、以干促学、虚心求教。同时，在综合体能、仪器操作、一般技术操作等日常训练中，他都以高标准严格要求自己。在救护小队常规训练结束后，陈良杰经常给自己加量加压，努力提高自身综合素质和处置各类灾害事故的能力。矿山救护中心引进了一台"惰气泡沫灭火装置"，这种新型救援装备的灭火装置操作程序复杂，并且需在高温环境下作业，稍有不慎，就会因发泡不及时导致发泡网烧毁，影响救援工作的开展。针对这一难题，陈良杰认真学习操作说明，反复咨询请教厂家技术人员，结合集团公司救援实际反复推敲操作流程，并从操作细节上进一步推敲厂家制定的使用说明，最终拟定了切实可行的操作规程。在自己熟悉掌握操作规程后，他指导其他救护队员严格按照完善后的操作规程训练，使大家很快就掌握了新装备的正确使用方法，有效避免了高温环境下因操作不慎易导致惰气泡沫灭火装置发泡网烧毁的问题。通过坚持不懈的刻苦钻研，陈良杰在短短的4年时间里迅速成长为一名矿山救援技术方面的"行家里手"，这位大学生队员让矿山救护中心领导和同事们刮目相看。

救援实战初露锋芒

"练兵千日，用兵一时"，这是矿山救护队伍的显著特点。在各类抢险救灾工作中，陈良杰服从命令、听从指挥，每次都能够快速、准确、及时、有效地完成中队交办的各类急、难、险、重救护任务。几年下来，陈良杰先后参与处置金河煤矿"12·19"冒顶事故、海石湾煤矿"7·1"突发油气火灾事故、天祝旭东煤业公司"1·5"气体事故、兰州鑫冶盛矿业公司山体垮塌事故和三矿"3·24"顶板事故等重大灾害事故的抢险救援工作，特别是在海石湾煤矿"7·1"突发油气火灾事故抢险救援过程中，陈良杰和一同奋战的救护指战员们忍受着常人无法想象的艰难困苦与危险，在深入已经出现火情的海石湾煤矿主斜井建造密闭过程中，在倾角 25 度、斜长 780 米的巷道中爬上爬下运材料、钉支架、喷涂快速密闭材料。由于巷道温度高，他和队友们都是脱光了上衣背负呼吸器上高沿低悬空作业，跌倒了爬起来继续干、碰破了皮包扎下接着干。伴随着大家深入灾区蹒跚的脚步，温度也在节节攀升，26℃，35℃，55℃，几乎超越了人体所能承受的极限，他和队友们没有一个人叫苦，更没有一个人喊累……一步一步推进矿井缩封工作。在 1310 封堵火区过程中，他们刚进入几分钟，呼吸器内"蓝冰"就迅速融化、氧舱温度急剧上升，高温难耐，胸闷、气短，浑身热气蒸腾，陈良杰和队友们纷纷向自己的头部、胸部浇凉水降温，等到从灾区出来，大家就像洗了一场铭记终生的"桑拿浴"一样。矿井封闭注氮几个月，在严重缺氧的情况下，他同队友们冒着生命危险、背着沉重的呼吸器入井察看、取样、补打密闭、一步步缩小封闭区，在历时 108 天的缩封过程中，陈良杰和队友们一直奋战在抢险救灾一线，直到海石湾煤矿恢复安全生产。创造了国内矿井封闭到解封时间最短的纪录，救护中心被窑街煤电集团公司授予"救护铁军"称号，他和队友们都获得了表彰奖励。

竞技场上再展风采

"台上十分钟，台下十年功"，这是对戏剧演员的写照，对一名竞技场上的队员来说同样如此。2014 年 6 月，矿山救护中心开始筹建参加甘肃省第十届煤矿救援技术竞赛，陈良杰第一个主动报名参加。通过层层选拔，他如愿成为竞赛小队的一员。在封闭式强化训练期间，陈良杰加倍努力，积极备战，风雨无阻。每天天刚亮，他和队友们就开始了近乎"魔鬼式"的强化训练。从辅助热身训练、4.5 米爬绳、过独木桥、爬低巷，到换装背负 30 多斤重的呼吸器进行 1000 米负重跑等个人综合体能连续项目，每天这样的训练都要进行 4 至 5 轮。他和大家一样，背上、腿上、脚上多处磨出了血泡，汗水浸透了全身，手上也磨出了厚厚老茧，但陈良杰始终没有叫苦喊累，而是鼓励大家共同加油。

在一次体能训练中，陈良杰的背部磨掉了一大块皮、鲜血直流，他担心停训会跟不上大家的节奏，影响整体训练进度，在每次训练前他都自行用绷带缠住伤口，导致伤口常常还没结痂就又被绷带撕破，反反复复好长时间才得以痊愈。功夫不负有心人，在第十届甘肃省煤矿救援技术竞赛中，矿山救护中心取得团体第二名的好成绩，其中仅陈良杰一人就斩获呼吸器席位操作项目第二名、业务理论知识竞赛项目第三名、个人综合体能项目第三名等多个奖项。

在 2017 年甘肃省第一届矿山救援技术竞赛筹备过程中，由于新老队员更替，加上部分救护队员伤病在身，矿山救护中心人员短缺，给竞赛小队的筹建工作带来很大影响。面对困难,陈良杰带头报名参加，积极发挥竞赛小队"老队员"的传帮带作用，一方面主动给新队员做思想工作，动员他们踊跃报名参加；另一方面，处处给队友们加油、指导，带领大家一起进行艰苦的日常训练。最终，在这次大赛中，矿山救护中心代表队一举揽获了团体第二名以及单项奖中一半以上的奖项，陈良杰也不负众望，获得了呼吸器席位操作项目第一名、业务理论知识竞赛项目第二名、个人综合体能项目第四名、个人全能第一名的好成绩，展示了窑街煤电救护指战员扎实过硬的业务素质和勇争一流的竞技风采。

作为一名共产党员，多年来陈良杰靠着踏踏实实的工作作风和训练有素的救护本领，在一次次急难险重救援任务血与火的洗礼中，搭建起矿山救援的生命天梯，创造着守护生命的奇迹，用实际行动践行着一名救护指战员的人生价值！

2018 年，
初心如磐再出发

　　2018 年，是改革开放 40 周年、窑街煤电集团公司建企
60 周年。踏着如歌的行程，窑街煤电从漫长的岁月中一路
走来，走过了六十年不平凡的光辉岁月，踏上了高质量发展
的新征程。这一年，供给侧结构性改革持续推进，煤炭行业
正发生着深刻变化。全公司广大职工紧扣高质量发展时代主
题，始终发挥主力军作用，劈波斩浪，勇往直前，打响了安
全生产、深化改革、提质增效、环境治理、风险防控五大攻
坚战。奋进的脚步，回响着跨越前行的足音。

　　让我们铭记这一年职工队伍中的优秀代表，致敬 2018
年度窑街煤电集团劳动模范：

　　——海石湾煤矿郭国锋、王斌；三矿王永忠、张晓军；
金河煤矿张永平、马天保；天祝煤业公司赵兴德、朱军；铁
运公司杨翠年；劣质煤热电公司李毅。

矿井先进机电设备使用的"领跑人"

——2018年度集团公司劳模
窑街煤电集团有限公司海石湾煤矿机电一队
郭国锋

郭国锋,男,汉族,1978年5月出生,中共党员,本科学历,1999年3月参加工作。2018年时任海石湾煤矿机电一队队长。

学思践悟 勇立潮头

海石湾煤矿是窑街煤电集团有限公司的新矿井,也是主力矿井之一。说是新矿井,是因为不仅建矿时间短,而且新设备投入多、职工队伍相对年轻。新设备的投入和使用必然要求使用者要不断学习新知识,才能有效发挥新设备的全新功能。郭国锋就是这样一位勤学不怠的年轻职工代表。他从一名基层钳工干起,兢兢业业、勤奋好学,积极参加技术创新,逐步成长为一名机电队长,连续多年被集团公司和矿评为先进工作者、安全生产质量标准化先进个人、优秀区队长。

郭国锋深知在海石湾煤矿工作，仅凭吃苦精神是远远不够的，必须不断学习设备相关新知识、新工艺。每当新设备到货，在安装、调试、修理等环节，他总是不放过实践操作的机会，第一时间赶到现场，了解设备性能、工作原理及运转情况，结合所学的知识，不断提升快速解决设备问题的能力，及时记录和分析每次故障的原因以及处理流程，找出共性、总结经验，努力成为全队学习技术的带头人。每次厂家技术人员来矿，郭国锋总是跟前跟后，问这问那，时间长了，只要厂家技术人员来，矿领导首先想到的陪同人员就是他。遇到不懂的问题，郭国锋会打破砂锅问到底，非弄个水落石出不可。比如在井筒作业难度系数高、不安全因素多的主副立井缓冲托罐装置安装工作中，他请教厂家人员，查阅了大量资料，组织安装团队及厂家技术人员实地考察后，主持制定切实可行的施工方案，成为海石湾煤矿新设备安装调试工作不可或缺的一员。

学以致用　勇挑重担

机电一队在海石湾煤矿是一个点多面广的区队，电气设备种类多，技术含量高。对于一般机电维修工来说，保质保量安全完成检修任务就算是很敬业。但在郭国锋心中总是装着全矿百余台机电设备每天运转的情况，什么时候什么地点什么设备，运转情况如何，都了如指掌。投入使用的新设备、新工艺技术含量较高，对电气设备维护的技术水平要求也很高。郭国锋带领全队职工一起学技术，他分批组织全队电钳工参加全矿各个综采工作面和掘进工作面供电系统的安装、回收大型固定绞车及五大运转技术革新等工作，在有效提升全队电气设备维护保障能力的同时，安全高效地完成了上级下达的各项工作任务。特别是面临井下急、难、险、重任务时，他经常知难而上、带头加班延点一连几天吃住在矿上。在他舍"小家"、顾"大家"精神的感召下，全队职工上下同心、齐心协力坚守在各自的工作岗位，有效保障了全矿机电系统的正常运行。与此同时，郭国锋始终把成本管控放在第一位，坚持不懈开展"长变短、宽变窄、弯变直、粗变细"等材料回收复用和修旧利废活动，在保证安全的前提下，他组织全队把能修复的设备尽量修复，坚决不领新设备，不能修复或报废已经没有修复价值的设备拆了当配件使用，努力做到节材降耗，赢得了全矿上下的一致好评。

带头攻关　勇于创新

熟悉郭国锋的人都知道，他身上始终有一股子不服输的韧劲，在急难险重工作中，踏踏实实，任劳任怨，倾注了大量的心血和汗水。在确保安全的前提下，他始终把提高全队经济效益放在首位。他结合集团公司打造"两型三化矿井"目标要求，设计并组织改造了矿井很多不合理或不安全的设备。更换国家禁止使用的非阻燃型矿用电缆（井下中央变电所2趟进线电缆）时，海石湾煤矿安排机电队从副立井井筒下放电缆，由于时间紧、任务重，副立井井筒内作业危险系数高，安全管理难度大，他努力克服孩子刚出生、父亲常年住院等家庭困难，一连几天坚持盯守在工作现场，组织职工最终圆满完成了工作任务。

一采区绞车房安装前期，设备大件物料较多，无法正常运输，他多次蹲守现场勘察测绘，主持设计制作了专用运输车辆，解决了大件运输这一难题。绞车房绞车大件起吊就位阶段，在有现场跟班人员的情况下，他依旧到现场监督指导起吊卸车就位安全工作，确保了绞车安装安全正常进行。上工业广场副井绞车房的信号系统多年以来一直存在绞车工人物转换时易出错的现象，经常出现1785水平提升人员不小心将职工提到上广场的问题，已经影响了正常生产，他组织职工开展技术攻关，仔细研究查找问题，在信号柜旁安装语音报警系统反复模拟实验，最终解决了人物信号错乱的问题。主扇风机房变频室夏季温度较高，严重影响矿井主通风机的安全运行，他查阅相关资料，组织职工在变频室内向外安装符合技术要求的通风风道，有效降低了变频室内的温度，提高了通风系统的可靠性，确保了矿井通风机运行正常。压风机房内夏季温度较高，压风机在正常运行时经常因排气温度过高而出现停机现象，造成矿井供风不足，影响生产，他多次勘查现场，与机电运输部主管技术员研究解决对策，组织职工在压风机房房顶开设排气孔，有效降低了压风机房内温度，压风机排气温度达到标准值，确保了矿井供风系统可靠，减少了矿井的非伤亡影响。

郭国锋说，"我就是一名机电工，同队里的几十名职工一样，都是伴随着机电设备成长的。这么多年过去了，我也打心底喜欢这份工作……"就是这样，日复一日，从暖春到炎夏，从金秋到寒冬，他用平常心和责任心走过四季，用平凡诠释着劳模精神、劳动精神、工匠精神，用实际行动实现着他的人生价值。

千米井下耀眼的矿灯

——2018年度集团公司劳模
窑街煤电集团有限公司海石湾煤矿综采二队
王斌

王斌，男，汉族，1986年12月出生，高中文化程度，2012年2月参加工作。2018年时任海石湾煤矿综采二队检修班班长、电钳工、采煤机司机。

兵头将尾的平凡事

检查巡视、运输机运转、供水、送电、启动采煤机、破煤、停机，全程连贯，一气呵成，随着轰轰的采煤声，煤浪滚滚，留下整齐的煤帮、平直的底板，俨然一副老工人的派头。若不是熟悉的人，你怎么也不会想到这是一个刚参加工作没几年的毛头小伙子——王斌。

说起王斌，熟悉的人都知道他是一个细心人。2012年，通过招工来到海石湾煤矿的王斌，当了一名最普通的清煤工。每当工闲时，他总是用羡慕的目光看着老师傅们开采煤机的样子。这么笨重的设备在师傅们的手中变得那么听话，滚筒旋转、摇臂的晃动就像是人的手臂一样自如，显得那样的神奇。师傅们巡检时他最喜欢的事就是跟着看。"想学吗？""嗯！"一句简短的对话，让他与采煤机结下了不解之缘。从那时起，他便迷上了井下采煤设备，每天茶余饭后，他认真查阅研究各类设备操作说明书，积极参加队上组织的厂家技术培训，坚持记写学习笔记，向厂家工程技术人员虚心请教。通过长时间的理论和实践积累，他也如愿以偿成为了一名采煤机司机。王斌对工作面全套设备的运行原理、性能、参数等有了较为全面翔实的认识，快速成为综采二队第一个掌握工作面设备结构性能、安全操作原理等业务知识的检修班长。

井下机电设备管理一直是影响安全生产的最大变量。为了提高全班生产效率，王斌经常翻看随身记写的学习笔记，总结设备日常管理薄弱点、经常出问题的设备部件和位置。每次班前会上，他坚持作总结点评，指出当班需要重点检查和保养的设备，提醒检修班全体成员一定要做到防患于未然。每次入井，王斌总是第一个到达工作面，细致检查所有设备外观完好程度，待保养维护所有设备后再试运转一遍，查找安全隐患，每次下班他总是最后一个离开。只要综采工作面出现设备故障，只要接到队上的电话，他总是以最快速度赶赴井下现场。正是因为王斌不怕苦、不嫌累地带领全班职工苦干、实干，他带领的检修班出勤率始终排在全队首位，工效提高20%。

劳动模范的三件事

2018年，参加工作仅6年的王斌被评为窑街煤电集团公司劳动模范，这是他自己也没有想到的："曾经带过我的老师傅们在井下苦干了几十年也没当过劳模，怎么能轮到我呢？"用师傅们的话讲：青出于蓝胜于蓝，长江后浪推前浪，新设备的投入、新工艺的应用，淘汰落后产能，也在淘汰人，随着矿井智能化开采，就需要有文化的年轻人。

刚当上班长，他就想着："工友们信任我，我就要把班组带成无违章、无事故、效率高，质量好的班。"从此，安全、效率、质量就成了王斌常抓的三件事。他对工友们说得最多的就是，"我的责任就是把你们安全带到井下，安全带回来"。在他的心里，能让班里的职工兄弟生活上开开心心、生产中平平安安的，就是收入上再提高一些。正是这朴实平凡的想法，打动着工友们的心。

多年来，王斌待工友们如兄弟，他们心往一处想、劲往一处使，生活上互相关心、工作上互帮互助。在矿 6124-1 工作面采煤机时常出现摇臂无法调高的问题，王斌身先士卒，坚持每班观察掌握摇臂调高情况，总结摸索摇臂调高规律，经过反复尝试，问题终于得到了解决。2018 年 9 月，刚升井在队值班室反馈当班安全生产情况的王斌接到电话，得知采煤机转不起来的消息后他顾不上洗澡、吃饭，转头就奔向故障点。在现场安全检查工序完毕后，他立即全面检查摇臂，根据实践经验最终判断出是摇臂齿轮轴承损坏的问题。然而，工作面受冲击地压影响巷道鼓帮严重、运输条件差，更换新摇臂费时费力不说，还会直接导致当班无法正常生产。已经非常疲乏的王斌看在眼里、急在心头，坚持着用拔齿轮销轴的液压拆卸工具现场更换了齿轮轴承，使摇臂恢复了正常运转，减少故障影响时间近 20 多个小时。妻子心疼他，让他休息休息。王斌回应说："我是兄弟们的主心骨，要陪着大家干活，不要担心我，我年轻有劲，多干点不碍事的。"

在王斌的带动下，他所在的班成了海石湾煤矿出勤率最高、工效最高的班，工友们的收入也有了大幅度提高，他被评为劳动模范自然也是众望所归。

王斌是一个平凡的人，没有做出什么惊天动地的大事，也没有英雄人物闪耀的光芒，只是尽心尽力做好一名班长，也堪称千米井下最耀眼的一盏矿灯。

心系矿山的领头人

——2018年度集团公司劳动模范
窑街煤电集团有限公司三矿
王永忠

王永忠，男，汉族，1971年12月出生，中共党员，本科学历，工程师，1993年6月参加工作。2018年时任窑街煤电集团有限公司三矿矿长、党委副书记。

家庭的贫困让王永忠初中毕业就选择了报考中专，简单的社会关系让他选择了地方小煤矿，但当他踏入煤矿一线，就认定只要付出努力一定会有丰硕的成果。他暗下决心利用所学专业知识拥抱这片乌金世界，用脚步丈量人生，走出一片天地。他从一名青涩的学生成长为煤矿企业的领头人，从采掘队技术员、部室业务主管到副矿长、矿长，一路走来，始终坚持用心做好每一件事，踏踏实实走好每一步路。

尽管身为一矿之长，平日里忙得不可开交，但他从未在学习上有过放松。他常常对大家说，对待学习的态度，就是我们的人生高度，只有扎扎实实"学起来"，才能不断进步"强起来"。二十多年的风吹雨打、磨砺成长，培养了他不怕苦、不认输的坚韧性格。他自学完成了大专、本科学业，工作中无论多大的困难，他都认真钻研，一点一滴地去克服，用他的话说："没有解决不了的困难，只有不想解决问题的人。"

强化管理　安全闯出新路子

王永忠自担任三矿矿长后，大会小会总讲："安全管理问题在现场、根源在管理、责任在干部。"认识上的惯性思维、思想上的麻痹侥幸、管理上的路径依赖是当时三矿管理层比较普遍的问题。安全生产源头治理必须先从思想源头抓起。从此，他严格落实好各层级安全管理责任，健全完善"党政同责、一岗双责、齐抓共管、失职追责"的安全责任体系，将安全责任从矿班子人员延伸到区队、班组、岗位等最小生产单元，把责任细化分解落实到每个区队、班组、岗位和具体工种。坚持高标准、严要求，深入推进以安全风险分级管控、隐患排查治理及岗位达标、专业达标和企业达标为内容的安全生产标准化建设，坚持不做表面文章，不留死角和盲区，确保安全生产标准化工作动态达标、过程达标、软件达标。

安全是责任，责任看担当。王永忠按照"全面排查、科学评估、自主分级、分类管控"的原则，认真辨识评估分析重大安全风险，编制年度安全风险辨识评估报告，制定管控措施，实行闭合管理，有效提升了矿井防灾减灾救灾能力。深入开展形式多样的安全理念宣贯、事故案例分析和警示教育、安全生产月等安全文化活动，夯实了全员安全思想基础，确保了企业安全生产形势整体平稳发展。实现了自2016年"3·24"事故以来安全生产超1000天，持续保持了国家安全生产标准化一级矿井，荣膺2018年中国煤炭科学产能百强煤矿，荣获2016—2017年度煤炭工业特级安全高效矿井称号，煤炭产量创历史新高，矿区呈现欣欣向荣、拼搏进取的蓬勃景象，职工的获得感、幸福感、安全感显著增强。

着眼长远　系统布局更优化

针对矿井头面多、系统多、环节多、人员多和效率低等问题，王永忠按照"科学合理设计，优化生产布局，保证采掘接续，精心组织生产"的工作思路，坚持以"一优三减"为主导，经过细致认真研究分析后，精心组织、统筹安排，采取优化矿井生产接续设计布局，编制矿井采掘接续五年规划、年度作业计划，明确短期掘面接替、中期采面接替、长期采区接替布局谋划。2018 年，将七采区 5721、5723 两个工作面合并，每分层减少工作面设备安装、回收各 1 面次，实现无煤柱集中安全开采。大力实施"大接续攻坚""小接续正常"两大攻坚举措，大力推行"一矿两面"生产模式，减少采掘工作面，提高单产单进水平，合理控制矿井单班入井作业人数。煤巷积极推行"四六制"作业方式，保证了五、七采区"小接续"正常。综采工作面施行"一采一准"交替生产作业，实现了强冲击地压条件下和急倾斜褶曲特厚复杂构造条件下的旋转摆采，确保了安全生产接续正常化，进一步提高了矿井生产能力，保证了矿井稳产高产。

为了从根本上解决矿井通风存在的弊端，王永忠注重解决"保抽灭掘采"主要矛盾。2018 年，完成五采区回风系统改造，实现了五、七采区分区通风，以及 1350、1300 两个水平风量调整工作，巷道安全贯通 14 处，确保各采掘工作面风量稳定可靠，有效预防了摆采期间工作面发火隐患。

他积极开展机运系统提升运输电缆整治专项活动，完成 1400 架空人车安装调试运行工作。仅 2018 年一年，改造更换地面、井下 7 组简易道岔和 950 米轨道；改造更换五五主扇风机房的电气设备、六一变电所的电气设备，淘汰国家明令禁止和高耗能落后机电设备 133 台，使供电运输系统更加安全可靠。

他提出的矿科队三级管理人员齐抓共管工作措施，采掘、通灭、机运各系统高效协调运转，全年实现无火区矿井目标，较好地降低了开采强度，2018 年完成原煤产量 180 万吨，掘进总进尺完成 6063 米，开拓进尺完成 1456 米，有效降低了采掘接续紧张的矛盾。

科技先导　技改带来新动能

创新是企业发展的生命力。为此，王永忠制定了一系列工作措施，大力开展"改革创新发展年"活动，设置改革创新发展办公室，制定《三矿全面落实深化改革创新发展责任实施办法》《三矿改革创新奖惩管理办法》等制度考核评价体系。2018年，确定45项改革创新重点工作任务，分阶段、分步骤扎实稳步推进，形成通报、督查、评估、问责、激励长效机制。

扎实抓好"四化建设"。采取技术引进和自主创新相结合的方式，进一步更新淘汰落后的设备，投用现代化的新装备。积极推广应用远程诊断技术和远距离集中（自动）供液、供电技术，以及推广使用乳化液泵站自动控制装置，实现无人值守。其中采煤机瓦斯断电仪功能缺陷的改进应用、气水两相喷雾装置设计应用，创造价值100万以上，有效保证了改革创新项目的落地实施。

推动信息化建设。王永忠按照国家一级标准对三矿现有安全监测监控系统进行升级改造，积极构建网络、数据、信息化、微信公众平台，保持矿压"SOS"预测预警系统的先进性，实现数据实时监控、数字化视频监视及通讯联络，实施地质工作的信息化管理和OA无纸化办公系统应用，使调度值班人员能及时掌握出入井人员动态信息，实现了信息资源共享。

结合三矿的实际情况，实施井下机电设备智能监控，逐步将变电所、皮带运输、水泵房等推行自动化无人值守管理。引进集自动配比、搅拌、输送等功能的成套混凝土集中搅拌机，推广应用综采工作面可视化、智能化控制技术，使用采煤工作面端头支架及两巷超前支护液压支架，以及应用刮板输送机、转载机、带式输送机等煤流运输设备远程集中监控技术，实现煤流运输设备联控联动。

在岩巷中深孔爆破技术实验应用、矿压监测智能化系统应用等一些项目已经初步取得成效，进一步提高掘进工效，减少端头支护作业人员，将掘进工作面作业范围内单班各类作业人数控制在7人以内，实现了"少人则安、无人则安"的工作目标，完成了2018年集团公司下达的16项改革目标任务，以及锅炉清洁能源改造、煤泥水收集池工程、雨污分离、膏体充填开采、排矸系统改造、五采区开拓系统、七采区回风系统四个技改方案等重点工程项目，为优化矿井建设蹚出一条新路。

关爱职工 奋斗路上不停步

职工是企业的主人，企业的兴旺发达关系着每一位职工的幸福美好生活。面对企业发展人才资源配置、劳动用工管理的不均衡、质效低等问题，坚持以职工为中心的工作思想。王永忠始终把职工群众对美好生活的向往作为奋斗目标，积极开展劳动竞赛、创新创效、"五小"成果、岗位练兵、技术比武、导师带徒等行之有效的培、练、赛活动。2018 年，在参加集团公司技能大赛中三矿获得四个第一、五个第二、一个第三的好成绩，十名选手获得"甘肃省技术标兵"称号。

此外，他还深入推进企业文化建设，开展形式多样、寓教于乐的职工精神文化生活和安全文化建设活动，实施环境卫生常态化整治和无烟矿区创建，完成浴池吊篮安装工程，努力改善职工洗浴条件。为了给职工创造一个良好的工作环境，井上井下双轮驱动，实现了井下地面同创共建。以一线职工、困难职工等为重点群体，有针对性地提出 2018 年为职工办实事名录及解决对策，关心关爱职工，进一步深化为贫困职工解难事、办实事，用真情爱心为困难职工分忧解难。实施助困帮扶，走访慰问困难职工、党员、工病亡职工遗属 60 多户，为困难职工捐款 4 万元，发放困难补助、慰问金 7.1 万元，金秋助学 51 户 3.9 万元。实现全年人均收入达到 72642 元，同比增加 7953 元，增幅 12%，全年劳动工效 5.48 吨 / 工，职工收入实现了稳步增长。

其身正，不令则行。王永忠用自己的一言一行、一举一动，鼓舞了士气、带动了干部职工的干劲，践行了一名共产党员的誓言，也诠释了人生的价值，他将继续以奋斗者的姿态做智能化矿山建设的领路人，为三矿安全高质量发展贡献力量！

矿山开拓战线上的"领头雁"

——2018年度集团公司劳模
窑街煤电集团有限公司三矿岩巷二队
张晓军

张晓军，男，汉族，1976年1月出生，中共党员，大专学历，2001年9月参加工作，2018年时任三矿岩巷二队队长。

强化安全管理筑防线

安全是煤矿生产永恒的主题。自担任三矿岩巷二队队长以来，张晓军想得最多的始终是安全。他大胆创新，不断改进施工工艺，持续强化现场管理，带领全队职工摸索出了一套行之有效的岩巷掘进管理经验。

在安全管理中，人是最大的变量。要管好安全，首先要解决人的不安全行为。为提高职工安全意识和安全技能素质，他高度重视职工技术培训工作，注重利用班前会、学习会等平台组织职工学习岗位应知应会。同时，张晓军组织职工强化岗位危险源辨识，教育引导职工认清"三违"现象的危害性，有效强化了全队职工的红线意识和底线意识。针对不同施工区域，他结合现场实际，采取有针对性的培训措施。2018年，岩巷二队施工的1300运输大巷和1100中部回风下山是三矿重点防突区域，张晓军高度重视作业现场的顶板管理和隐患排查治理工作，要求跟班干部每班对工作面进行全面细致的检查，要求全队上下严格执行"一炮三检""三人连锁"放炮等制度和反向风门外放炮、停电撤人及放炮后等30分钟的规定，严格落实瓦检员、安检员、队干部共同进入工作面检查瓦斯，确认正常后其他人员才能进入工作面作业的规定。通过现场实操培训，有效提高了全队职工的风险防控意识。

在安全管理中，物的不安全状态，也是造成事故的一大因素。张晓军十分注重管理和维护局扇，坚持选派责任心强的风机工上岗作业，要求每班的风机工必须执行现场交接班制度，做到风筒吊挂平直、风筒延接及时、破口及时粘补、漏风及时处理，确保了防突现场施工的安全有序推进。

强化现场管理提效率

岩巷掘进是苦脏累的活，考验着职工的体质和毅力。多年来，张晓军始终围绕"安全生产"这一中心任务强化现场安全生产管理工作，着力调动职工的工作积极性和主动性。他主持完善全队各项管理办法和规章制度，坚持每月初就提前排好职工休假，合理安排职工休班，用队干部包保班组的办法保职工的出勤和安全生产，特别是在出勤岗位工不足时，他积极组织队干部、辅助工（风机工、电工）顶班作业，保证了每班必要的出勤人数。对于有特殊事由的职工，他要求写出书面请假申请，经队长批准后方可调班；同时，他主持出台相应的激励制度，推行按工计酬、按劳动强度计酬的工资分配机制。在激励制度的引导下，保证了全队职工均衡出勤。打眼工等劳动强度大、工作时间长的工种工资基本等同于副队长薪酬待遇，有效调动了各岗位职工出勤的积极性和主动性，大幅提高了全队的工作效率。

为解决队上技术工种不足的问题，张晓军注重在安全生产实践中培养打眼工、爆破工等全队紧缺技能人才，对能够独立操作机械设备、符合打眼工技能要求的职工，通过队委会集体考核、研究讨论给予一次性奖励，着力调动职工学技术的积极性和主动性。

张晓军还认真梳理反思全队原有的各项工作制度和工作方式，探索推行"当班掘进，当班成巷"工作方式和打眼工与小班人员混合作业方式，解决了传统流程下效率低下的问题，使工时利用更加合理，相对提高了岩巷掘进速度，有效提高了工作效率。

强化质量管理增效益

张晓军注重精细化管理，坚持从工程质量入手，主持建立完善了岩巷二队《质量标准化验收与奖罚制度》《巷道验收管理办法》等硬性规章制度，要求验收员严格把关工作面工程质量，动态检查验收，做到了分工明确、责任到人、奖罚分明，为掘进施工管理制度化、质量标准化提供了制度保障。他强化顶板管理，及时制定有效解决岩体松软、顶板破碎巷道掘进施工的安全保障措施，坚持从改变巷道支护方式、优化施工工艺上控制巷道成形。2018年，岩巷二队承担了1400人行下山（1350-1300段）扩掘、打底锚、挡牛腿、钢梁工作任务，因工期紧、任务重，现场25KW倒拉牛绞车提升运输安全隐患多，并且在变质岩中施工的顶板破碎，造成扩掘、支护非常困难。面对诸多不利因素，他带头紧盯施工现场，蹲守作业排除险情，迅速组织抽调工作经验丰富、责任心强的队干部盯守在施工现场，注重强化扩掘期间的人员协调和安全管理工作，保证了工程安全高效完成。他注重加大打眼工、放炮工等重点岗位的培训力度，努力使他们熟练掌握周边眼、掏槽眼、辅助眼的深度和角度及装药量等知识，有效杜绝了超挖、欠挖等现象，既降低了材料消耗，也提高了工程质量。

强化经营管理降成本

张晓军严抓全队班组核算工作，注重在精细管理、降低成本、提高工效上想办法、出实招，推动岩巷二队形成了考核规范、约束有力、分配合理的考核分配机制。他坚持将降本压力层层分解到每一名职工，着力调动全队职工参与降本增效活动的积极性，全队费用指标得到了有效控制。为了改变以往吃"大锅饭"的状况，在工资奖金分配过程中体现公平、公正、公开原则，更好地维护职工的切身利益，他在全队大力推行计分制，并根据工作现场巷道断面大小、围岩软硬、运输条件等因素，因地制宜下达劳动定额，组织职工每天在班组园地张榜公示明细，使职工全面掌握出一车碴、喷一车料、卸一车砂的分值，干什么活、拿多少钱，职工在当班完成工作后对自己当天的工资基本能做到心中有数。他注重发扬民主，每月组织班组长以上管理人员召开当月工资考核分配会议，研究制定分配方案并公示上墙，增加了工资奖金分配的透明度，积极推动职工收入与企业效益、岗位职责和劳动成果的紧密挂钩，2018 年，职工工效比上年同期提高 6.8%，更好地激发了全队职工的劳动热情。

张晓军通过推行全员素质提升、计分制分配、动态劳动定额分配等方式，有效激发了职工的工作积极性，他所带领的岩巷二队也成了三矿的"领头雁""排头兵"。

从工长、副队长、技术队长到队长，一路走来，张晓军用辛勤的汗水、丰富的实践经验和尽职尽责的工作态度为三矿矿井开拓做出了不可磨灭的贡献。如今，在乌金闪耀的矿山，他依旧在努力奔跑，继续为矿井开拓发挥"领头雁"作用，以新的业绩迎接新的未来！

不需扬鞭自奋蹄

——2018年度集团公司劳模
窑街煤电集团有限公司金河煤矿掘进二队
张永平

张永平,男,汉族,生于1985年1月,中共党员,大专学历,2008年6月参加工作。2018年时任金河煤矿掘进二队队长。

他是同一批80后中奋斗的代表,就像一匹俊俏的马,在黑褐色的草原上驰骋,不需扬鞭,因为他听到了远方马头琴的呼唤,奋蹄奔去。

自从2018年担任金河煤矿掘进二队队长以来,张永平认真学习宣传贯彻金河煤矿印发的各类文件精神,始终以全队安全生产工作为中心履职尽责,统筹推进经营管理、素质提升、文化建设等工作,抓管理、带队伍、严考核、提质效,团结带领全队职工积极进取、扎实工作、攻坚克难,有效推动了全队各项工作的稳步发展,较好地完成了矿上下达的各项安全生产任务。他以饱满的工作热情、扎实的工作作风、优异的成绩获得了矿领导和广大职工的普遍好评。这些成绩和荣誉，是他平时奋力拼搏、严管细抓的结晶。

管好队伍　从细处着眼

作为队长，张永平深知要想把一个生产区队管理好，除了自身素质要高、能力要强、格局要大、目标要高外，还要着力激发全队职工的劳动热情。工作中他求真务实、严以律己，始终坚持以人为本原则，发扬民主，凝聚集体智慧，紧紧依靠全队职工抓管理。

结合掘进工作的实际施工情况，张永平每天坚持深入工作面向职工讲解安全生产注意事项、设备操作要领，细心周密地安排每一班、每一道工序应该注意的事项。

他认真学习借鉴中煤塔山煤矿"人人都是班组长"全员管理模式的成功经验，按照"全员参与、全员管理、全员负责"的班组建设工作思路，以"有责""有权""有利"为抓手，以"无三违""无隐患""无事故"为目标，在全队生产班组中深入开展"人人都是班组长"，全员自主管理，厚植班组安全文化，注重发挥职工在全队安全管理实践中的主力军作用，努力发扬各岗位职工的特长，让职工轮流成为班组安全生产管理的主角，在换位思考、轮值管理中提高了职工的自信心和语言表达、逻辑思维、沟通协调、综合管理等能力。

保障安全　从点滴开始

在安全生产工作中，张永平始终以高度的责任心和强烈的责任感开展工作。他常说："安全隐患，常常隐藏在细节中。作为队长，职责到位，关键是抓细节、抓落实。"

张永平严格落实安全生产责任制和金河煤矿各项安全规章制度，坚持每月组织队干部总结分析工作面各类问题，组织职工超前排查安全隐患、落实各项安全措施，做到"先安全，后生产""不安全，不生产"。

他组织修改完善掘进二队《安全生产管理制度》《安全技术操作规程》《各岗位安全生产责任制》《各岗位安全风险辨识及管控措施》等规章制度，使全队安全管理工作做到有标准、有规范、有章可循。

在每年全矿"安全生产月"活动期间，张永平组织职工广泛参加安全宣誓、安全知识学习、写安全保证书和安全月签名等活动，努力增强职工安全意识，让全队职工在积极参与活动的同时进一步了解并掌握安全生产应知应会知识，有效提升了全队职工的安全意识和安全素养。

2018年6月份的一次施工中，当班职工对炮掘完之后的顶帮进行支护时，当发现帮锚杆打注角度不对，而且锚杆的预紧力达不到要求。盯守现场的张永平对当班班长进行了严厉的批评，要求重新打注帮锚杆，并且强调打注完之后一定要对帮锚杆进行预紧力测试，直到组织现场整改达标准后，他才离开工作现场。

在1530大巷扩掘维修时，由于1530大巷煤爆声频繁，易发生浆皮脱皮掉落伤人事故。张永平在每班班前会都要强调安全注意事项，而且在跟班时根据现场作业条件及时调整当班作业计划，采用锚杆、金属网片和"工"字钢棚同时支护的方法加强巷道支护，保证后续施工人员的安全，为最终全面完成扩掘维修工作任务打下了坚实的基础。

2018年以来，掘进二队杜绝了轻伤及以上人身事故，实现了安全生产目标。

提高效益 从质量抓起

张永平高度重视安全生产标准化工作，始终认为工程质量是全队搞好安全生产的基础，按期完成的生产任务和合格的工程质量是全队生存的根本。他自己带头严抓细管，还经常教育全队职工要认真抓好安全生产标准化工作。

2018年初，掘进二队按照金河煤矿安排的生产任务，张永平组织召开专项会议，明确生产目标，认真安排细化任务分工，要求全队干部严格落实监督检查制度，严格按照安全生产标准化标准，班班分解具体任务，认真落实跟班带班制度，并且和其他队干部一道从巷道成形、锚杆（索）间排距、锚杆（索）强度等关键节点和施工工序抓起，注重工程质量、巷道成型和锚杆、锚索打注角度和打注质量，杜绝了不按标准、盲目操作等违章行为，最终团结带领全队保质保量地按期完成了 17204–1 回风顺槽、16214–1 后期回风顺槽的贯通工作。

在张永平的影响和带动下，掘进二队全队职工开展安全生产标准化工作的热情被有效激发。2018 年 1 月至 11 月，全队工程质量优良率为 90% 以上、合格品率达到 99%，得到了领导和工友们的一致肯定。

从 2008 年进矿以来，张永平在平凡的工作岗位上兢兢业业、无私奉献。作为党员，他身先表率，创造了有目共睹的业绩，多次受到上级表彰和矿上的嘉奖。

在今后的工作中，张永平将继续以平实的工作作风深化区队管理，团结带领全队职工以饱满的工作热情，竭诚奉献、拼搏奋进，为金河煤矿安全生产稳步发展做出新的更大的贡献。

心中有标准　尺子量人心

——2018年度集团公司劳模
窑街煤电集团有限公司金河煤矿综采一队
马天保

马天保，男，汉族，生于1978年10月，初中文化程度，2009年8月参加工作。2018年时任金河煤矿综采一队验收员。

在煤海一线的弄潮儿马天保参加工作时只有初中文化程度，但他多年来发奋勤学，知己不足而改，知行合一，始终将煤炭质量的好坏放在心头，小心谨慎，不曾懈怠。

苦心人天不负

自参加工作以来，马天保一直摸爬滚打在生产一线。工作中他勤于学习、吃苦耐劳、努力拼搏，经过近9年的不懈努力，成长为综采一队一名优秀的验收员。9年的学习笔记图文并茂，密密麻麻的批注和所学的书籍各色勾画、道道折痕，展示着他对知识的渴求和孜孜不倦的付出。"书到用时方恨少"。他常说："我上学时都没这么用过功"。"苦心人天不负"，他在平凡的工作岗位上脚踏实地、默默无闻，用学习改变了人生，用辛勤汗水创造了不平凡的工作业绩。

作为一名文化程度不高的普通职工，马天保深知自身知识的贫乏。多年来，他特别注重提高自身文化素质和安全素养，时刻把"安全"二字铭记在心，并从内心深处体会到学习的重要性。生产中，细心的马天保总会多留心一些，把工作中看到的、听到的和不懂不会的问题记录下来，经常翻阅书籍、上网查询，反复琢磨、仔细分析。常年和生产设备打交道，他对设备的性能操作技巧一清二楚，对工作面采煤、挑顶、架棚、移溜子等每一道工序和标准熟记于心，坚持按章操作、按标准作业成为习惯，有效避免了图省力、图省事而违章作业的现象，从未发生过受伤和伤人事故。

他特别珍惜每次队上或矿上提供的培训机会，坚持认真听讲、专心记写学习笔记，不断强化安全生产理论知识的学习和安全生产实践经验的积累，努力提高自身业务水平和安全技能。马天保积极收集全队历年安全事故案例，在警醒自己的同时，结合生产实际适时教育警示工友。他勤于学习、经常思考安全生产与工程质量的辩证关系，经常与工友们畅谈"工程质量是预防事故发生的根本"这一观点。

治"已病"不如治"未病"

作为质量验收员，他不仅要对工程质量负责，其验收结果也与当班人员的工资收入息息相关，这是一项"得罪"人的活。马天宝深知工友们的辛苦，为了做到一步到位，减少返工活，一把尺子、一卷细绳是他每班必带的工具。马天保总是对每道工序按要求上尺画线，让工友按标准干，每天随身携带笔记本，一路走、一路记，从严从细验收、拉线上尺考核，严把质量验收关。刚开始从事验收员工作的时候，只要碰到事关安全、质量的问题，马天保立马变"黑脸"，时不时和工友们争论，甚至有人说他把质量验收当成了自己家的事情，私下称他就是一块"石头"。听到这些，他淡然一笑："与其发生事故问题后追责，不如把事故消灭在萌芽状态，安全质量就是验收员要坚守的底线！"

2018年，在面对综采一队回采17204-1工作面过断层破碎带时，顶板破碎、移架困难，马天保发现这段支架移架步距不符合安全标准，要求操作综采支架的工友现场整改。可是马上就要到下班的时刻了，疲乏的工友们正准备收拾随身物品下班，因此嫌他多事便不予理睬。马天保默不作声自己动手移架，边干边反复检查调整支架距离。看到这里，工友们顿时觉得过意不去，和他一同再次开始移架，直到工作面全部的综采支架移为一条直线后才下班。

马天保就是这样始终诚信验收工程质量，坚决反对弄虚作假行为，严格按照《煤矿安全规程》《作业规程》、新版《采煤工作面安全生产质量标准化》的要求，对顶板支护、施工质量把关，确保了两道超前支柱间排距、支撑力、迎山角、采面支架中心距、支架仰俯角、支架初撑力等安全质量始终达标。经他验收的综采一队回采的16213-2、17204-1、16114、16214-1工作面均达到安全生产标准化一级，他本人也连续多年被评为金河煤矿先进生产工作者。

一把"尺子"量到底

马天保深知工程质量考核验收直接关乎后期工作的安全。自从事验收员工作以来，他认真对待每一次验收过程，坚持标准与诚信，遵守自己诚信做人的承诺，在班组中树立了良好表率。

他常说："我拿尺子验收质量，工友心中也有一把'尺子'在考量我"。他真诚对待工友，自觉遵守纪律，按时完成各项任务。"干就干精品、争就争第一"既是他的座右铭，也是他开展本职工作的标准。他常对工友们说："我们来矿上班，上有父母下有妻儿，亲人们时刻牵挂着我们，家庭幸福系于我们的一举一动，下井干活就得讲安全，没有安全挣再多钱也是白搭！所以大家一定要养成良好的工作习惯，这比金子还重要"。"干活前首先要排查隐患，设备和工器具的完好情况必须要检查，施工中不能手忙脚乱，要按程序干、按措施干，千万不能干冒险的活，不能图懒省事，否则后患无穷！"与此同时，马天保经常将自己掌握的液压支架、刮板输送机等重要设备的工作原理和核心技术手把手教给身边的工友。在他的带领下，工友们熟悉了综采工艺，工作起来得心应手，各生产班组职工的安全生产意识和安全素质稳步提高，"三违"发生率也大大降低。

多年的工作经历练就了马天保一身的"好武艺"，他根据自己多年积累的经验，在综采一队率先探索提出了"三要"（每班要记分、扣罚要上单、公布要及时）验收工作法，对矿井综采工作面的验收工作起到了较好的推动作用。马天保始终怀着一颗忠于职守、严谨执着的心，每天用随身携带的钢尺，坚持一把尺子量到底，既坚持公平，又保证质量，被身边的工友誉为质量验收的一把"铁尺子"。

在追求完美的道路上，没有终点。展望未来，马天保将一如既往坚守安全生产第一线，坚持高标准、严要求，讲真话、办实事，不求轰轰烈烈，唯求踏踏实实，和他的工友们为企业实现高质量发展目标作出不懈努力！

实干不负逐梦人

——2018年度集团公司劳模
窑街煤电集团天祝煤业有限责任公司综采一队
赵兴德

赵兴德，男，汉族，生于1983年10月，高中文化程度，2010年10月参加工作，2018年时任天祝煤业公司综采一队生产一班班长。

大道至简，实干为要。不弃微末，不舍寸功。实干，才是个人履行初心的最好承诺，是养成个人气质的内涵底蕴。不驰于空想，不骛于虚声，不被外物所侵扰，不因名利生烦忧，一生干好一件事，用有限的青春和无限的汗水谱写人生拼搏进取的新篇章。

工作十几年的赵兴德自然明白，实干离不开担当。离开实干，再漂亮的保证只是空洞的口号，担当根本毫无用武之地。没有担当，拈轻怕重，逃避矛盾问题，实干也没有什么实际意义。

知识成就梦想

赵兴德虽然学历不高，但他心灵手巧，遇事爱琢磨。随着煤炭产业的高质量发展，采煤工艺日新月异，设备的更新换代突飞猛进，他深刻意识到，作为新时代的煤矿工人，采煤绝不是简单繁重的体力活，更多的是技术能力。

为了适应当前煤矿新的发展形势，做好现场安全生产工作，赵兴德认真学习采煤理论和各项机械设备操作技能，不间断地钻研探索新技术，注重积累采煤新知识，努力提高自身业务能力。通过不断的学习、实践和总结，逐渐练就了一身过硬本领。无论是工作面回采工艺，还是各种综采新设备的操作使用，几乎没有能难住他的问题，技术过硬的他逐渐得到了同事们和公司的认可。2018 年，他被聘任为天祝煤业公司综采一队生产一班班长。

细节决定成败

2018 年 10 月 15 日夜班，赵兴德在 2105 工作面制作回撤通道时，45#、46# 支架架前顶板突然出现离层的现象，锚固十分困难且费时费力。工作现场的职工为了赶任务图省事，劝他说："打几根锚杆提住就算了，回撤支架时再维修。"赵兴德经过认真观察后说："不管什么时候回撤，安全隐患绝不能留下，必须处理好，锚杆必须锚固到顶板上。"边说边动手开始处理。然而在施工过程中，赵兴德发现，直接用锚杆锚固顶板，会导致巷道超高，工作面回撤支架时，液压支架无法接顶，还需要码木垛，那将会把整体情况变得既困难又危险。如果使用锚索悬挂木垛支撑顶板，就不用再码木垛了。赵兴德立刻把自己的想法告诉跟班的技术员和值班队长，大家听完都很赞同。在他的建议下，综采一队最终采取锚索钢托梁悬挂木垛支护顶板的方法，不仅消除了回撤支架的安全隐患，而且按期保质保量地完成了工作面回撤通道施工任务。

赵兴德始终牢记，工程质量是安全工作的基础，是一个区队的生命工程。

对标《煤矿安全生产标准化基本要求及评分方法（试行）》及天祝煤业公司相关管理制度，他积极配合，为生产一班每名职工分岗位整理发放集岗位责任、工作流程、风险管控、应急处置、行为规范、应知应会为一体的便携卡，把安全工作延伸到工作中的每个环节、每个时段、每个角落，努力不留死角、盲点和空档，有效杜绝了各类安全事故的发生，确保工作面动态达标。

管理产生效益

80 后的赵兴德平时也爱看看电视，玩玩手机，但在工作中他有着超出同龄人的成熟和老练。他活学活用集团公司及天祝煤业公司推行的各项管理措施，注重结合全班人员的优势发挥最大效益。

赵兴德坚持以"人人都是班组长"全员自主管理班组模式为重要抓手，严格落实轮值班委、职工之间竞赛机制，以开好每一次班前会为切入点，每月进行安全生产、任务完成、工效指标等多项评比，组织评选月度优秀轮值班组长、星级员工，认真落实班组成本核算管理办法，有效激活职工参与班组日常管理工作的热情和潜能。这些举措，不但增强了职工的安全自保互保意识，还在全班营造出上下互动、共同发力的班组建设良好氛围，进一步提高了班组自主管理能力。

2018 年，赵兴德所带领的生产一班"三违"人数同比下降 21%，杜绝了轻伤及以上人身事故，节支降耗 33 万元，实现原煤产量 42.3 万吨，完成天祝煤业公司全年计划的 43%。

关心赢得尊重

赵兴德常说："一名合格的班长，首先应该严格要求自己，要求别人做到的，自己要先做到。只有处处为人表率，用实际行动去影响大家、激励大家，才能真正得到职工的信赖和支持。"

自 2010 年 10 月参加工作以来，他对自己事事高标准、严要求，勇于担当，敢于负责，遇到困难从不推诿，始终把每一项任务当成考验，把工作面看作自己的责任田。

2018年2月7日的中班，在1205工作面设备安装调试过程中，溜子不能正常运转，上一个班却出不了煤，何来的效益？想到这大家都十分着急。赵兴德二话不说，一次次从上出口跑到下出口查溜槽、刮板、接连环，移架子、调平直，一道道工序、一个个部件逐个检查，最终将设备调试正常。出井后，已经是次日凌晨4点多，赵兴德的眼睛布满血丝，疲惫不堪。浴池工老王笑呵呵递来一支烟说："赵班长，又辛苦了！""兄弟们都等着出煤呢！出不了煤，大家的收入就会降低……"他擦了擦汗说道，脸上露出开心的笑容。

还有一次情况更糟糕。当时3229工作面回采至停采线100米时，工作面顶板极易破碎，设备又老化严重，使得回采推进十分困难，导致出工不出活。不少职工因此想打退堂鼓，暂时不出勤。赵兴德看在眼里，急在心里。他耐心动员职工："煤层地质条件是自然形成的，我们没有选择，但问题总会有办法解决。"他竭力和区队技术骨干研究解决出现的难题，找到了改进工作的方法，不但降低了劳动强度，顺利完成了回采任务，而且使职工的收入得到了保障。

平时，赵兴德经常冲在前、干在前，以身作则影响带动班组职工正常出勤、干满点，团结带领生产一班顺利完成队上下达的各项生产任务。一次，他在作业时不小心被铁丝划破左小腿，血流不止。他用牙将内衣撕下一条布，将伤口简单包扎后继续工作。下班途中，大家看到赵兴德走路一拐一瘸，才知道他被刮伤的事。升井后，工友送他去医院检查清洗伤口，医生特意嘱咐要休息几天，可第二天，他又准时出现在工作岗位。面对工友们的询问，他只是微笑着说："轻伤不下火线嘛！"

团结生成力量

无论工作，还是生活，赵兴德都想方设法照顾职工。他虽是班长，更像家长。老龄职工体力弱，但安全生产实践经验丰富，办事沉稳可靠，他会及时调整其到技术岗位。新职工初来乍到，不明情况，他处处关爱，引导他们熟悉井下工作现场环境，快速掌握操作要领，不断提升自保互保能力。工作中，他总是根据每个人的体质和技术能力合理搭配，努力将全班人的工作效能发挥到最佳。虽然有时也会有人埋怨，认为他分配工作讲人情，但脏活累活他总是冲在前，工友们也就没意见了。时间久了，这种"人情"逐渐得到了同事们的认同，大家普遍认为这种"人情"更像是一家人之间的感情。

面对领导的表扬和大家的认可，憨厚的赵兴德总是笑着说："一个篱笆三个桩，一个好汉三个帮。没有大家一起帮忙，我什么也干不成。"灿烂的笑容，平凡朴实的话语，道出了一名采煤一线基层工作者扎根矿山、履职尽责的心声。赵兴德以实际行动诠释着爱岗敬业、无私奉献的矿工情操，在平凡的工作岗位上一如既往地默默奉献，继续创造着更好的业绩。

掘进窝头的硬汉子

——2018年度集团公司劳模
窑街煤电集团天祝煤业有限责任公司掘进一队
朱军

朱军，男，汉族，1973年4月出生，中共党员，高中文化程度，2005年6月参加工作。2018年时任天祝煤业公司掘进一队分管安全生产的副队长。

掘进，掘进！遇软过软，遇硬穿硬！困难挡不住，艰险何所惧，地层变化阻挡不了他前进的脚步，脚下的路向地心延伸……

地层深处的钢铁汉子，用矿工最硬的骨头开拓出了一个个工作面，用钢铁般的意志展示"开采光明、传承文明"的企业使命。

与朱军共事，感受最深的是他身上的三股劲：干工作的那股狠劲、干事创业的那股韧劲、对待职工的那股柔劲。

班组管理的硬招

从一名农协工一步步成长为生产班班长、独当一面的副队长，朱军凭着勤学苦练、爱岗奉献的执着和热情，在煤海深处机械轰鸣的火热掘进窝头，练就了一身过硬的掘进本领。

朱军把班组建设作为有效提高全队职工技能素质的重要抓手，以"进尺夺第一、班组无三违"为目标，组织各生产班组深入开展"掘进单进进尺争先竞赛"、"掘进专业技能提升竞赛"和"职工身边无三违"劳动竞赛活动，有效激发了职工全员、全方位、全过程参与班组管理的积极性和主动性，在全队营造了"人人都是生产者、人人都是管理者"的自主管理浓厚氛围。

2018年，掘进一队职工在2320车场（岩巷）创造了单头单月掘进90米进尺的掘进一队历史最好成绩，年掘进进尺超计划292米，为企业额外创造经济效益170多万元。截至2018年12月底，朱军分管包保的六班安全生产周期达到1778天，2017年、2018年连续两年被集团公司评为优秀班组。吃苦耐劳、以身作则、业绩突出的朱军连续两年被评为窑街煤电集团公司劳动模范，是天祝煤业公司职工中的一面旗帜。

落实制度的硬剑

作为分管掘进一队安全生产的副队长，朱军坚持"生命至上、安全第一"的安全发展理念，以强烈的责任感和使命感履职尽责抓安全。他参与修订完善并在现场管理中严格督导落实掘进一队安全与质量并重管理办法等制度，积极引导全队职工深刻认识窑街煤电集团公司、天祝煤业公司、掘进一队分别制定出台安全生产管理制度的重要性，在潜移默化中教育职工树牢安全生产红线意识，在全队落实安全制度上，不论是队干部、班组长还是职工都一视同仁，绝不留情、不讲情面。

朱军坚持每天参加班前会，在全面细致安排工作任务的同时，结合各生产班实际，分析讲解当班的隐患及排查方法，努力做到"五个坚持"（坚持把规范安全生产操作行为放在首位；坚持进入工作现场勤于检查；坚持在职工工作的各区域巡回督促；坚持认真落实交接班制度；坚持班组重要岗位人员必须在现场交接班），有效规范了职工的安全生产操作行为。在他的严抓细管下，掘进一队职工积极学习、落实各项安全生产制度，严格按规程措施作业，全队构建形成了有章可循、有规可依、违规必究的刚性约束体系。

在日常安全管理工作中，朱军是个有心劲儿的实干家。他大力推行"一步到位"工作法和"四精管理"（精深思考、精准定位、精细安排、精实整改每一条隐患）工作法，有效降低了全队各类安全隐患的重复出现率，进一步提升了掘进一队安全管理执行力、管控力，推动全队安全工作迈上了新台阶。自2015年以来，掘进一队杜绝了轻伤及以上人身事故，实现了安全生产。2018年，国家安监总局在窑街煤电集团公司安全生产标准化达标验收时对天祝煤业公司掘进一队"一步到位"工作法和"四精管理"现场安全管理工作法给予了高度评价。

技术革新的硬功

创新是企业发展的源动力。按照机械化、自动化、智能化、信息化矿山建设新要求，朱军立足岗位大胆创新，注重优化复杂地质条件下掘进工作面及掘进工艺，努力提高工效和施工质量。

2018年5月，在天祝煤业公司2105煤仓掘进期间，煤仓所在围岩硬度大，导致单班掘进进度慢，加之工期紧、任务重，为了安全高效地完成掘进工作任务，朱军凭着多年在掘进工作面摸爬滚打积累的经验，依据工作面实际和配套原理，大胆提出了放弃"反井钻机继续掘进"工艺，采取"从下向上深孔爆破贯通"的工艺。为了有效保障施工安全，朱军又结合掘进工作面实际设计了专用小型罐笼，有效预防了顶板掉矸伤人事故的发生，并提前13天完成了原计划30天的工作任务，大大节省了人力成本，缩短了工期，为天祝煤业公司的生产接续、安全生产有序衔接做出了积极贡献。

朱军组织施工的2320车场、2105煤仓、2365车场，多次被评为天祝煤业公司精品工程及最优工作面。他认真落实全员层层承包经营改革举措，积极参与编写掘进一队《工资承包实施方案》《班组成本核算管理办法》等制度，组织各班组将每月安全质量、生产任务、材料成本、电费消耗、人员工资等按比例进行承包，划小核算单元，推动全队形成了职工人人肩上有指标的承包经营管理机制。2018 年，掘进一队岩巷每米成本下降了 120 元，全队人均收入由 2017 年的 9.9 万元提高到 2018 年的 12.6 万元。

一个硬汉的柔情

寒来暑往，岁月春秋。朱军以矿为家，用自己的一言一行、一举一动带动着全队职工共同奋进。家中的大事小事全部交给了妻子，一心扑在工作上。

每当职工生活遇到困难时，朱军就组织全队职工积极踊跃捐款，想方设法解决职工的燃眉之急。队上一名职工患急病去世，当他得知其妻常年患病、孩子还小、家境贫困的情况后，一边组织带领本队职工积极处理善后事宜，一边带头捐款 1000 元，并号召全队职工向困难职工家庭伸出援助之手、筹集爱心捐款 6050 元，第一时间送去了掘进一队大家庭的关心和慰问；一名职工的妻子突发疾病瘫痪在床，花光了家里所有的积蓄，2 个孩子正在读大学，家庭极度困难。朱军得知这一情况，第一时间走进这名职工家中送出 1000 元慰问金，努力帮助该职工渡过难关。无论队上哪位职工家中有事，朱军都会伸出热情的援助之手：职工孩子考上大学，他会登门祝贺；职工家中遇有红白事，大家总会看到他跑前跑后的忙碌身影。

2018 年 7 月，朱军在外读书的儿子突然患重病在急救，当时正值 2101 工作面掘进任务紧张时，他仅照顾儿子脱离危险期就马上含泪返回了工作岗位，毅然决然地将在外地照顾孩子的重担交给了家人……

"把简单的事做好了就不简单，把平凡的事做好了就不平凡。"朱军就是这样，用自己辛勤的汗水、过硬的技术、丰富的实践经验和真挚感人的奉献之心坚守在生产一线，默默无闻地付出，用坚定信念和实际行动，不断攀登新高峰！

爱的持久 爱的执着

——2018年度集团公司劳模
窑街煤电集团有限公司铁路运输公司汽车运输队
杨翠年

杨翠年，男，汉族，1977年11月出生，中共党员，高中文化程度，1996年3月参加工作。2018年时任铁运公司汽车运输队维修班副班长。

"成大事不在于力量大小，而在于坚持多久。"世上所有的坚持，都是因为爱。杨翠年的一次选择，让他爱上了汽车修理，从汽车到运输、装载机械，从设备现场到公路救援，一声令下，背起行装就出发，他用20多年的坚持，用青春咏唱着爱的奉献。

徘徊与选择

1996年3月，富有理想、朝气蓬勃的杨翠年怀着对美好生活的憧憬，迈进了铁运公司汽车修理厂的大门，成了一名汽车修理工。刚接触工作的他，每天蹲在地沟里、爬在汽车下，跟汽油、柴油密切接触，经常是一脸汗水、满身油泥、手洗不干净，每天累得腰酸腿疼，苦脏累不说，连身时髦的衣服也没法穿，几个和他同期学艺的工友都想方设法调走了，身边的几个好友也一直劝他去学开车或者改行。巨大的反差和失落感让杨翠年一度开始怀疑自己——真是要一辈子干汽车修理吗？他逐渐萌生了调换工种的想法。当他把想法告诉父母后，却遭到父亲严厉的训斥。父亲板着面孔说："你以为干工作就像住旅店那么随便，想来就来、想走就走。嫌汽车修理工苦，哪个工作不苦？井下职工苦不苦？每天起五更、爬半夜，顶着星辰上班、披着月光回家苦不苦？你刚干了两天就觉得苦，想换工作，那怎么可以。年轻人要干一行爱一行，不能遇到困难就放弃。"

杨翠年从小就很听话，父亲对他也最是疼爱，从小到大从没有这样严厉地训斥过他。父亲这样板着面孔的严厉训斥，使他感到很委屈，一句话没说，忍着眼泪回到自己的房间。那天晚上，杨翠年躺在床上翻来覆去怎么也睡不着，父亲严厉的话语，不时在耳边回响，周围老师傅们一身油污的样子和谈笑风生的面孔不时在他眼前转换，是苦？是乐？他在反复地思索着、认真地思考着。父亲的话虽然不多，但深刻透彻，深深地触动着他的心。"是啊！青春不能在清闲、懒散中流失，而应在紧张、繁忙中度过，在艰苦的工作岗位上磨砺，从而实现自己的人生价值、展现自己的青春年华。"最终他选择了听父亲的话，从此，便暗暗下定决心：要像父亲一样，像周围的老师傅们一样，做一名爱岗敬业的修理工，在这个平凡的岗位上实现自己的人生价值。

坚持到热爱

"有志者立长志，无志者常立志。"杨翠年的一次选择确定了他一生的追求。一套扳手、一把锤子、一套工作服组成了他的行装，一干就是23年，他爱上了汽车修理这份职业。

杨翠年始终坚持在学习中进步、在锻炼中成长，脚踏实地、兢兢业业，默默无闻地在精益求精中追逐梦想，把自己最好的青春年华奉献给了汽车维修事业，先后多次获得铁运公司安全生产先进工作者、优秀班组长、优秀共产党员等荣誉称号。

2010 年 6 月，他光荣地加入了中国共产党。此后，他更加努力了。工作不怕苦、不怕累、不怕脏，以身作则履职尽责，无论白天黑夜还是刮风下雨，无论春夏秋冬还是雨雪霜冻，无论遇到多么急、难、险、重的维修任务，他都随叫随到，哪里有事就奔向哪里。

2017 年 12 月的一个晚上，杨翠年接到夜班车辆离合失灵、急需维修的任务后，二话不说便奔向现场。为了不影响车辆的正常运行，他从晚上十点多一直干到次日凌晨两点多，腿僵硬了就原地跑跑接着干、手脚冻僵了就使劲搓搓接着干……像这样的事情，他自己也记不清有多少次了。

维修工的工作是繁杂的，但他从来没有喊苦叫冤。一直以来，杨翠年始终把修理工作看作是实现自己理想和人生价值的平台，把苦、脏、累作为磨刀石，在艰苦的环境中磨砺自己的斗志、坚定自己的信念，以吃苦耐劳、无私奉献的实际行动诠释着一名优秀共产党员的可贵品质。

热爱到执着

"君子敏于行而讷于言。"憨厚质朴、不善言辞的杨翠年在 23 年汽车维修生涯中深深体会到汽车修理工作是一项特殊的服务工作，体现在用最短的时间排除故障，用最扎实的技术保证维修质量。在日常工作中，杨翠年注重学以致用，每次接到装载机、推土机等各类重型器械大修理任务后，他和工友们一道上手，不怕累、不怕苦、不怕脏，全身心地投身于维修工作中。随着时代的变迁，市面上的常见车型由以前的解放牌、东风牌汽车为主到进口车型增多，车辆构造由简单到复杂，修理难度由易变难。杨翠年深知随着时代的变化与发展，唯有充分利用工作间隙和业余时间不断加强学习、提高技能，才能不被时代所淘汰。一方面，他结合工作实际需要和各种车型的性能特点，认真查阅各类车辆的随车手册，利用业余时间上网查询相关资料，广泛了解、掌握工作中各种车型的构造、性能特点等知识，着力在学懂原理、掌握各种故障处理方法上下功夫。另一方面，遇到各类技术问题和困难，他就虚心请教周围有经验的老师傅，想方设法提高自身的业务知识和理论水平。功夫不负有心人，通过持续深入的学习和不断的实践，杨翠年坚持修旧利废、注重利用各类旧零配件有效降低修理成本，在保证经手汽车修理质量的同时提高了维修效率，修理技术水平得到了很大的提高，受到单位领导和同事们的一致肯定和好评。

小家与大家

每个人都有自己的家庭，在家庭与事业发生矛盾的时候，如何正确对待、正确处理，这是一个严峻的考验。杨翠年一直认为：作为一名共产党员，必须正确处理家庭和事业的关系，他始终以事业为重，全身心地投入工作。刚参加工作那几年，他没有孩子，家庭负担小，可随着时间的推移，转眼就到了上有老、下有小的阶段。孩子上学需要有人接送，父母上了岁数需要有人照料。然而他爱人是一名煤矿手选工，经常上小班顾不了家。杨翠年既要照顾家庭又要干工作，两副重担压在了他的肩上。每当家庭与事业发生矛盾冲突时，他总是以事业为重，只要单位有抢修任务，不管是深更半夜，还是工余时间，杨翠年都会第一时间赶到现场；无论是内修任务，还是外修任务，他都会热情接受、积极承担。孩子上小学时，他为了手头的工作，时常把孩子一个人锁在家里做作业，自己加班加点忙工作。在一个雨天的下午，正当大家换衣服准备下班时，三矿推土机发生故障，停在煤台上严重影响到了正常生产。接到任务时，杨翠年想到自己既是一名共产党员，又是班长，就主动让其他同志先下班回家，自己则穿上工作服冒雨赶到抢修现场。当推土机排除故障、顺利发动工作时已是晚上 12 点多了。回到家里，孩子一边给杨翠年拿拖鞋，一边满含眼泪哭着说："爸爸，妈妈上夜班，我自己在家害怕，以后你能不能早点回家？"他红着眼眶摸着孩子的脸动情地说："孩子别哭，爸爸工作忙，不能不完成工作任务，爸爸必须得去。"他爱人有时心疼地对杨翠年说："你干工作我不反对，可也得顾及自己的身体和我们的家啊！"杨翠年回答说："家里我确实操心少，但干工作就得吃苦，不吃苦干不好工作，我是党员不努力干行吗？我能顶得住，你放心吧！"

"不经一番寒彻骨，哪得梅花扑鼻香。"在20多年汽车修理工作实践中，杨翠年始终以一名优秀共产党员的标准要求自己，在平凡的工作岗位上默默实现着自己的人生价值。"在平凡普通的工作中干得出彩，干到极致"，这就是杨翠年追求的工匠精神！他以百尺竿头更进一步决心，践行着一名共产党员入党时的誓言，不管组织交给的任务多么艰难、多么繁重，总是勇往直前、担当作为，他将始终这样坚持……

电气设备安全运行的守护者

——2018年度集团公司劳模
甘肃窑街固废物利用热电有限公司检修车间
李毅

李毅，男，汉族，1978年1月出生，中共党员，本科学历,1997年5月参加工作。2018年时任热电公司检修车间主任。

把工作当作事业的人

奋斗成就梦想，实干铸就辉煌。自1997年5月参加工作起，李毅就与发供电设备结下了不解之缘。"把工作当任务就决定了一生的平庸，把工作当事业才能取得成功。"李毅就是把工作当事业做的。在做学徒工时，他时常手忙脚乱，然而每次工作中出错，师傅不仅没有责怪他，反而时常微笑着鼓励他慢慢来、别着急。面对自己知识储备的欠缺、工作中有劲使不上的尴尬，李毅暗暗下定决心，要干就干最好，要做就做最优，一定要干出个名堂来。此后，李毅抱定"要比别人多付出三分的汗水、五分的勇气、七分的毅力、十二分的艰辛"的决心，在工作之余认真查阅翻看机械制图，以及锅炉设备检修、汽机辅机检修、化学设备检修等专业书籍和相关资料，反复研读学习发电机组运行理论，熟读背诵运行规程，虚心向聘请的检修专家请教各类设备检修方法，潜心钻研检修技术，努力全方位了解掌握热电公司工艺流程和设备检修工艺，迅速从同期参加工作的众多青年职工中脱颖而出，成了热电公司众所周知的技术骨干、业务能手，车间的一些技术难题遇到他总能迎刃而解。李毅勤练基本功，认真钻研技艺，以熟练的技术、勤勉的工作赢得了热电公司上下的一致肯定，先后获得热电公司"先进生产工作者""优秀班组长""优秀共产党员"和2018年集团公司"劳动模范"等荣誉称号。

把责任扛在肩上的人

李毅所在的检修车间担负着热电公司热控、电检、管阀及转动机械的检修重任。自从被聘任为检修车间主任，他更加注重以身作则，更加注重团队精神，以更加勤勉务实、敬业奉献的工作劲头，扎实过硬的技术和良好的团队管理能力，团结带领全车间职工多次圆满完成急难险重检修任务和辅助工程，经常连续数月奋战在检修一线。他紧盯每一个细节，经他维修过的设备从没有因检修质量问题而影响设备运行。近几年随着设备运行年限的增加，检修任务日趋繁重，加之班组职工多、涉及专业广、工作性质各不相同，组织协调工作难度不断增大。为有效解决检修工作中遇到的突出问题，李毅积极探索管理创新之路，大胆借鉴同类先进企业经验，推行车间内部管理改革，在车间各班组大力推行"设备包机制""检修质量问责制""业绩考核奖惩制"等管理举措，组织动员职工修旧利废，着力推动全车间实现节支降耗、降本增效工作目标。通过严格有效的管理，检修车间工效显著提升、检修质量稳步提升。

把困难留给自己的人

多年来，李毅在工作中务实创新、锐意进取、以身作则，带领车间职工常维护、勤保养各类运行设备，有力保障了热电公司各型设备的正常运行。

遇到技术难题和抢修任务时，他总是第一个主动请战。

2017年6月1#炉停炉检修，二次启动时，出现过热器管、旋风筒联箱管多处管道拉裂，渗漏点超过6处，锅炉被迫延迟启动。故障就是命令，时间就是效益。李毅在全面详细了解现场情况后，立刻组织制定抢修方案，紧急成立了以自己为组长的突击小组，连续3天组织职工在烟灰弥漫、空间狭小的故障点半跪半爬、不分昼夜抢修，先后更换受损管道12根。抢修期间，李毅每天睡不了几个小时，早晨上班时眼睛里一直都带着血丝。他在现场一守就是十几个小时，工友们劝他休息一会儿再干，不要累垮了身体，但李毅却说："守在现场，心里踏实。"在他的影响带动下，参与抢修任务的职工团结协作、攻坚克难，提前1天完成了抢修工作，为热电公司顺利完成全年发电任务争取到了宝贵的时间。

锅炉螺杆空压机结构精密、制作工艺复杂，长期运行致使主机转子磨损严重、间隙增大，导致主机排气压力低、震动，最终迫使设备停止了运行。若返原厂维修至少需要3个月左右的时间，且维修费用巨大。面对这一难题，李毅自告奋勇承接了维修任务。为了节约成本、攻克技术难题，他带头学习、深入研究主机结构原理，连续十几天住在办公室，通过查阅资料，反复测量验算论证尺寸记录数据，结合设备日常安全生产运行情况和多年积累的技术管理经验，大胆拟定了拆除维修、更换磨损件的检修方案。在多次数据测量和反复试验中，检修后的各项性能指标完全达到了技术要求，经试车一次成功，确保了设备的安全稳定运行，节约维修费用1万元。

2018年，5#锅炉引风机长期振动，严重影响锅炉正常运行。热电公司技术部门请专业人员进行消缺，但振动一直无法消除。面对这一难题，李毅再次迎难而上，通过查找资料、潜心琢磨、虚心向兄弟单位技术人员请教，会同热电公司技术人员大胆对引风机开展了"三点法"找动平衡工作，经过多次的摸索实验，最终有效解决了锅炉引风机的振动问题，彻底消除了多年的安全隐患。

把职工放在首位的人

李毅常说："一起共事是缘分，一个团队就是一个大家庭。"日常生活中，检修车间职工及家属有病他必到，职工家庭婚丧嫁娶他必帮，职工思想有波动他必谈。一次，车间一名职工的父亲不幸患中风住院，在此期间该职工的母亲又不幸出了车祸。面对突如其来的打击，该职工一时没了主意，情绪非常低落。得知这一情况，李毅第一时间向单位领导汇报了相关情况，并主动在工作之余帮助该职工照料入院治疗的双亲。在他的感召和带动下，车间其他职工积极行动、主动轮流陪床照顾病人，给这名职工送去了检修车间大家庭的关怀和温暖。对职工生活的关怀、工作上的关心指导，使大家以心换心，形成了兄弟般的情谊，成就了亲如一家的团队。

李毅的经历没有惊心动魄的故事，也没有色彩斑斓的传奇，只有默默无闻的奉献。正是这么的朴实而担责、勤勉而敬业，使他在平凡的岗位上创造了不平凡的成绩。在他的带领下，强化学习、主动钻研业务知识在检修车间职工中已蔚然成风，车间的凝聚力、向心力不断增强，他就像一位"守护者"，时刻为车间电气设备的安全运行保驾护航！

2019 年，
又踏层峰望眼开

　　2019 年，神州大地涌动着喜庆祖国七十华诞的滚滚热潮，窑街煤电千里矿区处处洋溢着在岗位担当、为祖国奋斗的爱党爱国爱企爱岗情怀。面对企业高质量发展的时代考验，面对在 2020 年全面建成小康社会的历史考验，面对煤电产业整合上市的改革考验，全公司广大职工坚定不移听党话、感党恩、跟党走，提振精气神，唱响主旋律，凝聚正能量，紧盯目标，发愤图强，使企业初步走出了一条生产安全、效益良好、环境优美、矿区和谐、职工幸福的高质量发展之路。

　　让我们铭记这一年职工队伍中的优秀代表，致敬 2019 年度窑街煤电集团劳动模范：

　　——海石湾煤矿石福全、魏福斌；三矿徐小锋、梁永宁；金河煤矿左存智、郭自林；天祝煤业公司鲜旭红、符永杰；铁运公司闫永明。

掘进窝头的"黑包公"

——2019年度集团公司劳模
窑街煤电集团有限公司海石湾煤矿掘进一队
石福全

石福全，男，汉族，1974年4月出生，高中文化程度，2006年3月参加工作。2019年时任海石湾煤矿掘进一队生产二班班长。

出了名的"大嗓门"

"这是谁干的，重来。"一听到这个声音，工友们不用回头就知道是石班长来了。这个石班长就是海石湾煤矿掘进一队生产二班班长石福全。每当出现质量问题，石福全的声音总是高八度。

石福全2006年来到海石湾煤矿成了一名掘进工。他高中毕业在外打拼了十几年，虽也经历了不少锻炼，但更多的还是坎坷和无奈。32岁才到海石湾煤矿，在同期工友中已属年龄大的了，同期工友都称他为"石哥"。

工友们家中婚丧嫁娶这些事都愿意找"石哥"商量。一方面是他的社会阅历广，另一方面也是他有想法、有眼色，出谋划策总是能说到点子上，安排事情也能做到井井有条，久而久之，有些工友虽然年龄比他大，也会尊称他为"石哥"。石福全也乐于帮工友们的忙，谁的家中有困难，他总是自告奋勇，还真有个当哥的样。

这位"石哥"干起工作来可一点也不含糊，只要是工作有质量问题，立即就会扯开嗓门训斥。工友们出于对他的尊重，从不顶撞，规规矩矩，该返工的返工，该重做的重做，毫无怨言。

"石哥"成了"老班长"

掘进工作还真是苦累的活，打眼、放炮、装碴、支护，每天在粉尘中工作，又脏又累。这位"大哥"每次到掘进窝头总是走在最前面，敲帮问顶，检查气体、排查隐患样样在行。

掘进工作最苦最累的活就是打眼了，随着风钻的震动，工人整个身体都在抖动，还伴有刺耳的噪音和飞扬的粉尘。同时，打眼也是一项技术活，风和水的配比都有讲究：风大了、水小了，粉尘太大；水大了、风小了，打眼又没劲。"石哥"可是一个爱琢磨的人，他总是能把风和水调节到最合适的状态，打眼也就自然比别人要快，质量也高。

在掘进窝头摸爬滚打十几年，石福全所在的班人员调动了好几茬，班上来了复转军人，参过军的人都知道，军龄长的、当兵早的都习惯被称为"老班长"，石福全也就慢慢成了大家口中的"老班长"。之后，因为在工友中的威望高，工作能力强，他被选为班长，也就成了名副其实的"老班长"。

"老班长"眼光可不老，随着井下设备的更新换代，石福全把目光盯在了综掘机上。他自费购买《煤矿综掘机操作技术》《电工基础》等专业书籍，利用业余时间不断加强学习，在作业现场总是不停地向工友们讨教实际操作经验。凭着一股子钻劲和韧劲，他熟练掌握了综掘机的各种性能，同时具备了多项专业工种的操作技能，成长为全队安全生产的"多面手"。

抓工程质量的"黑包公"

煤矿掘进工作不同于其他工程，所掘出的巷道短期内要服务一个工作面，长期则要服务整个矿井，工程质量必须经得起时间的检验。自担任班长以来，石福全一直以一丝不苟的工作态度抓质量促生产，并紧密结合全队质量验收标准考核办法，经常向队长、专业技术员请教探讨巷道成型的经验和技术标准，努力提高专业技能操作水平，特别是发现问题能及时与当班验收员、跟班队干部沟通，有效促进了全队质量标准化工作扎实有效地开展。在生产现场，他抓质量始终本着"一点也不能差，差一点也不行"的原则，施工质量不合格的工程坚决推倒重来。石福全常说："只有把质量抓上去，安全才有保障。作为一班之长，只抓进尺不顾安全那是蛮干，不为职工人身安全负责就是罪人。"当他在检查支护质量时，发现支护工为图省事没有严格落实制定的强化支护措施，存在锚杆间距过大、支护不成行和巷顶、夹窝锚杆预紧力不够等诸多问题时，石福全当即"黑"下了脸，嗓门提得老高，严厉地批评了后巷支护工和质量验收员，并要求重新补打锚索和预紧。批评归批评，石福全总是拿起工具带头动手干，一边干一边讲顶板破碎、支护不到位的危害。他对工程质量一丝不苟的态度和亲力亲为的工作作风使现场职工深受教育，起到了"发生一起、教育一片"的作用。在6125进风顺槽掘进期间，面对围岩破碎、巷道成型差、支护困难等不利因素，石福全反复调整综掘机截割角度和进刀深度并要求职工及时加强支护，他带领生产二班完成的施工质量和安全生产标准化工作在海石湾煤矿煤巷掘进各班组中始终名列前茅。

在他的影响和带动下，生产二班职工同心同德，心往一处想，劲往一处使，创造了掘进一队单班最大进尺3.6米、单班月进尺90米的记录，为全队实现持续安全稳产、高效目标打下了坚实的基础。

星光不负赶路人，青春不负追梦人。石福全，扎根掘进窝头13载，踏实肯干，执着奉献，在平凡的岗位上实现着人生价值。如今，在乌金闪耀的天地间，他仍在继续努力奔跑，用一腔热血，书写着对矿山无限的热爱！

矿灯照亮求索路

——2019年度集团公司劳模
窑街煤电集团有限公司海石湾煤矿综掘一队
魏福斌

魏福斌，男，汉族，1977年1月出生，中共党员，高中文化程度，2008年11月参加工作。2019年时任海石湾煤矿综掘一队队长。

坚守来自那份珍惜

2008年，而立之年的魏福斌成为海石湾煤矿的一名农协工，从农民到工人，一份稳定的收入也许是许多农协工最初的想法。但在魏福斌的心中，对这份工作是充满了珍惜和热情的——在千米深井下，他一干就是11年。魏福斌见证了一座现代化矿井的成长，他自己也从一名普通职工成长为综掘一队的队长。在获得赞美、掌声、荣誉的同时，他更加坚定了扎根煤海，自强不息的信念。

最初来到海石湾煤矿，魏福斌不仅要努力克服新的生活环境带来的各种不适，还要面对理想与现实之间的心理落差，看到一同招进来的几位工友下完第一个井或上了几个班后就收拾行李不辞而别，他也有了再找条出路的念头。在一段时间反复的思想斗争中，每每想起老父亲那句"出门就要能吃苦，干就干出个样来"的送别话语，魏福斌最终下定决心要在煤矿一线干出个样来。从此，"三勤"（勤学、勤问、勤实践）和"四不怕"（不怕苦、不怕累、不怕难、不怕险）成了魏福斌的座右铭。就这样，遇到工作面不熟悉的机械设备，他就经常利用业余时间看书籍、找资料，了解设备的结构性能、工作原理；碰到不熟悉的操作程序，他就仔细观察师傅的操作流程，虚心请教操作要点和常见故障排除方法；工作中他时常眼看、心记，一有机会便会"缠"着师傅问这问那，反复琢磨实践。功夫不负有心人，工作中吃苦耐劳、勤于琢磨的他逐渐得到了队领导和工友们的一致肯定和赞许，参加工作第二年就在同期入职的职工中脱颖而出，担任了班组长，并且一步步成长为一名脚踏实地、任劳任怨、严抓细管、不断进取的副队长、队长，先后获得海石湾煤矿"先进生产工作者""优秀班组长""安全先进个人"和集团公司"'十佳'队长"等荣誉称号。

执着坚守的"老黄牛"

条件越是艰苦，就越能检验一名基层党员干部的党性。2019 年，面对 6215 工作面切眼坡度大、断面大、全泥灰岩掘进等困难条件，魏福斌每天都坚持跟班作业。一次，刚下中班跨进家门就接到值班队长电话，得知井下综掘机油泵出现问题，导致综掘机无法正常运转，他立即赶到队上，检修班人员已经下班，为了不影响检修班次日的工作进度，魏福斌马上带维修器具再次深入现场反复查找问题、分析论证、拆装更换，排除综掘机油泵故障，出井后已经是次日清晨，满身油污、疲惫不堪，周围人难以理解。有人说他是"老黄牛""工作狂"，有人会有意无意地告诫他"工作要悠着干，累坏了身体划不来""井下的工作累，要学会扯门，过得去就行了，不必太认真"。面对这些"奉劝",魏福斌一直不为所动。他说:"一定要踏实做事,安安全全干好每一天的活,才能不辜负父亲的教诲。不能因为取得一点成绩而沾沾自喜、骄傲自满,不能把它当作炫耀和居功自傲的资本,更不能就此满足现状、止步不前,当队长就要有队长的样。"

职工的"全能队长"

针对掘进工作面锚杆、托板等物料运输保供战线长、工作任务量大的现状,围绕全队安全管理工作,魏福斌秉持制度化、科学化、规范化、人性化的管理理念,注重增强班组凝聚力和执行力,在全队大力创建"三无"(安全无事故、生产无隐患、职工无"三违")班组,每次班前会,他总是要讲"三无",矿工们背后都称他为"全能队长"。

为了提高工作效率,魏福斌主持完善了全队各个主要工种的管理制度,制定了详细的考核细则,组织各生产班组广泛开展劳动竞赛。2019年,综掘一队分别在6215进风顺槽,6215回风顺槽,6215切眼,6215安装施工联络巷,6115一号,二号油气探测巷等合计掘进2100余米,保质保量地完成了矿下达的生产任务。

为了强化质量标准化管理,魏福斌坚持"宁可停产、停工,绝不在工序上违章冒险蛮干"的原则,主持制定并大力推行管理人员安全、质量经济处罚制度,组织全队职工分批分期学习《安全质量标准化标准》、"三大规程"等知识,不断加大动态安全质量标准化达标工作力度,督导各生产班组作业人员严格按照安全质量标准进行作业、全队管理人员现场严格检查考核,推动生产现场作业工序正规化管理,坚持以工序化管理确保工程质量。

他主持制定保勤制度,要求职工必须按照轮休排班休息,组织奖励出勤正常的职工,组织队干部、班组长分别对月出勤达不到要求的职工进行思想教育,坚持带领队班子成员家访慰问帮扶,与职工家属沟通交流,有效调动了职工的出勤积极性和主动性,避免了职工因长时间连续上班疲劳作业导致的零星安全事故，获得了全队职工的支持和认可。

在机电设备管理上，针对掘进工作面生产战线长、大型设备多、推进速度快、检修任务重、施工受现场地质条件变化影响大的实际情况，魏福斌大力推行综掘队机电设备维修包机制度，坚持把多点分散布置的各型机电设备分类承包到班组、个人，设备完好率考核指标与承包单位和包保人工资奖金挂钩，严格奖罚兑现，有效提升了工作面设备开机率。

在机电设备使用上，魏福斌督导职工严格按照规程操作，加重处罚因抢进尺而忽视设备小故障、强行运行造成非伤亡影响的不良行为和因操作不当造成设备故障的责任事故。他坚持"节约就是成本，节约就是效益"的理念，组织职工持续开展节支降耗、挖潜增效等活动，有效增强了全队职工节约挖潜的主动性和积极性。2019年，在他的精心组织和严格管控下，综掘一队材料消耗控制在全年指标以内，全面完成了海石湾煤矿下达的各项指标任务。

奋斗没有终点，只有起点；没有最好，只有更好。魏福斌用一份珍惜、一份坚守在煤海深处，以勤学善思、吃苦耐劳、敬业奉献的实际行动和扎根矿山的信念不断求索人生的真谛，这无不渗透着他自参加工作以来的每一滴心血和汗水，无不折射出他多年来对工作的热爱和付出。

奋斗在煤海一线的尖兵

——2019年度集团公司劳模
窑街煤电集团有限公司三矿综采队
徐小峰

　　徐小峰，男，汉族，1986年7月出生，中共党员，高中文化程度，2010年1月参加工作。2019年时任三矿综采队生产二班班长。

　　海尔集团创始人张瑞敏曾说，"把简单的事做好就不简单，把平凡的事做好就不平凡"。

　　徐小峰，一个采煤队的班长。他平时最爱唱的一首歌是《祖国不会忘记》："在茫茫的人海里，我是哪一个，在奔腾的浪花里，我是哪一朵……"他用实际行动诠释着奋斗在煤海一线时"我是哪一个"。

安全生产的"标兵"

　　参加工作以来，徐小峰扎根一线，在千米井下努力工作，默默奉献，走出了年轻人在生产一线成长成才的闪亮足迹。徐小峰是在窑街矿区长大的，从小耳濡目染，对煤矿安全有着特殊的认识。他机灵好学，钻研上进，对工作面移溜、拉架、机组割煤、端头支护、架棚、掐接溜子等工作样样留心观察，遇到不熟练或不清楚的问题就虚心求教经验丰富的师傅，反复琢磨实践，直到捋顺、学会、弄懂。经过长期的反复学习实践，徐小峰掌握了综采生产工艺和操作要点，成长为三矿综采队的一名优秀班组长。

日常工作中，只要是矿上组织的学习、研讨活动，无论是上班还是休班，他都想方设法积极参加。与此同时，他带头学习宣传执行煤矿三大规程的规定，认真组织全班职工学习贯彻《安全生产法》《中华人民共和国劳动法》等法律法规，在潜移默化中引导全班职工树牢终身学习的意识。自三矿全面推行"人人都是班组长"全员自主管理模式以来，他督导全班职工按章作业，增强了职工自保互保联保意识，提高了生产二班的全员自主管理能力；他根据班组人员履职能力、思想认识、学识水平等状况，时常组织职工开展安全生产、工程质量达标学习讨论和安全大评比活动，对大家评出的星级职工给予20分的奖励，并在班组园地张榜公示，通过选树全班职工公认的先进典型，起到以点带面的良好作用，有效调动了班组职工学习、工作的积极性与主动性。

徐小峰积极了解掌握班组职工的思想动态，重点监管情绪不佳人员，在尽可能合理安排工作任务的同时不忘亲切关爱职工，坚持对违章蛮干、不听指挥的人员做到动之以情、晓之以理，有效凝聚了班组合力；遇有职工家庭婚丧嫁娶等事宜，他总是第一时间组织全班职工登门拜访并给予力所能及的帮助，让职工感受到了集体的温暖，在全班营造了和谐氛围。

在工作面现场，徐小峰坚持把自己的工作技能和实践经验毫无保留地传授给学习意愿强的工友，注重培养新工人的良好职业习惯，规范他们的操作行为。在他的言传身教和谆谆劝导下，全班职工的整体安全素质稳步提高，不少职工逐渐从不会干的新手快速成长为技术娴熟的操作能手。在他的带领下，班组职工安全意识持续提升，生产二班"三违"发生率大大降低，自

2019 年以来，全班实现了安全零事故、零伤亡。

冲锋在前的"尖刀"

作为班组长，徐小峰深感肩上的责任重大，时时处处以身作则，要求别人做到的，自己首先做到。2019 年，在回采 5721-8 工作面时，面对工作面矿压防治任务重、零星出架频繁和生产任务重等困难，他坚持带头出满勤、干满点，更换各型设备抢在先，拆皮带、并溜子冲在前。当工作面回采至停采线 50 米时，工作面顶板破碎、巷道变形严重、回风压力大、回风巷高度仅有 1.3 米左右，加上设备老化严重，导致回采推进十分困难。面对困难局面，他焦急得如热锅上的蚂蚁，工作中遇到的困难和问题不停地在脑海中翻滚。为了快速解决这一难题，徐小峰动员全班职工齐心协力保安全、抢进度。他结合班组成员的技能特点细化分工和工作流程，每班安排 2 名经验丰富的老工人带领年轻工友到回风巷下底进行维修，组织重点岗位人员在工作面尽可能提高工效和施工质量，确保了重点工作任务安全有序推进。

徐小峰认为工作面是矿井安全生产的"主战场"，工作重点应该始终放在现场管理上。他带头狠抓质量标准化工作，在工作现场他苦活、脏活、累活抢着干，带头排隐患、堵漏洞。工作面哪里有危险、哪里有困难，他就干在哪里。徐小峰坚持"小隐患不过人，一般隐患不过班"的原则，根据岗位性质及人员状况实际，在工作安排分工时采取以老带新、以强带弱"两组合"（即将操作技能好的与差的，工作经验丰富的与新调入人员分为一组；将安全意识较强的与较为薄弱的，性格急躁的与沉着稳重的分为一组）的搭配方式，在全面优化组合人员的基础上，组织职工全面整改现场排查出的各类问题，并第一时间向上级汇报解决不了的问题，积极为全队落实各项措施标准、解决工作面出现的各类问题创造良好条件。

他结合矿、队两级实际情况，狠抓班组精细化管理，认真组织开展班组标准化建设，积极制定班组管理制度，优化班组管理，通过严格的施工管理、严肃的奖罚制度、严实的隐患排查，推动了全班工程质量的稳步提升。围绕安全生产、经营管理等中心任务，徐小峰注重发挥班组青工多的优势，组织职工广泛开展技术创新、质量创优、素质提升、提质增效等评比活动，通过深挖内部潜力把节支增收、成本核算等纳入日常考核工作中，严格实行定岗定员考核制度，坚持把安全、质量、产量、材料消耗和劳动纪律等指标分解到岗位并落实到人头，实行每班考核、按月汇总，考核结果与工资和奖金的兑现挂钩，增强了全班职工的工作积极性和主动性，有效提高了劳动工效，助力全队全面完成了矿下达的安全生产等各项指标任务。

集聚人心的"标杆"

徐小峰常说："作为班组长，一定要想方设法凝聚集体的智慧和力量。我要始终干在前面，给大家做出榜样。只有表率作用发挥好了，才能带动其他同志干好各项工作，才能真正把班组管理好，这样的集体才能够永葆活力，才能够适应现代企业发展的要求。"队上安排的任务，他从来不打折扣、不讨价还价，工友们都说这小伙有股子"牛"劲，只知道干活，不知道休息。在井下艰苦的工作环境中，从未因事因病旷过工，一心扑在工作中，从未因家庭琐事误过工。他在生活中关心体贴职工，组织全班职工积极帮助生活遇到困难的职工，得到了大家的一致好评。

他带头严格遵守安全技术措施，在急难险重工作任务中挺身而出，团结带动班组成员奋勇拼搏、砥砺奋进。2019 年，综采队回采的七采区 5721 工作面煤层赋存条件极其复杂，煤层受地应力作用弯曲变形、直立倒转，断层、褶曲构造频繁，经常出现工作面前部运输机头下窜、支架下滑挤死无法正常开采的现象。在大转角开采的现场管理过程中，他严格控制开帮进度，要求验收员班班拉线上尺，坚决杜绝机头上窜下滑现象，始终保持前部机头搭接合理，确保了 5721 工作面摆采成功和正常有序回采，受到全队上下的一致好评。2019 年，生产二班共生产原煤 45.5 万吨，材料消耗严格控制在矿、队下达指标以内，节约材料成本 3 万余元，机电设备完好率始终保持在 98% 以上，实现了安全"双零"目标，各项生产任务指标均按期超额完成。

徐小峰勤奋苦干的工作作风、奋勇争先的工作态度、成果丰硕的工作业绩得到了全队上下的一致肯定和赞许，多次被评为三矿安全生产先进个人和集团公司安全质量标准化先进个人、优秀共产党员、"十佳"班组长等荣誉称号。

徐小峰就是这样，以一个班组长的朴素情怀和一个时代青年的火热朝气，以高度的责任感和使命感，积极投身在平凡而又不平凡的岗位上，用责任担当为矿井安全生产默默奉献、保驾护航！

平凡坚守铸就不凡人生

——2019年度集团公司劳模
窑街煤电集团有限公司三矿安装回收队
梁永宁

梁永宁，男，汉族，1972年3月出生，中共党员，大专学历，助理工程师，1998年10月参加工作。2019年时任三矿安装回收队队长。

"人的意志，不能受压力而软弱，就当天天站得笔直、轩昂的，但不是骄傲的，这就是我的人生。"梁永宁坚守制度底线，以刀刃向内的勇气，带出安全生产的尖刀队。每一步是平凡的，但每一步都是坚实的。

自罚罚出了向心力

三矿回收安装队承担的是工作面的回收和安装工作，煤矿设备涉及大件安装、起吊、运输等工作，人的身体与几十吨的设备哪怕是轻微的碰撞也会造成严重的伤害，来不得半点马虎。

"制度是基础，落实是关键。"梁永宁自担任队长后，就认识到，从集团公司到三矿，各项制度是健全的，操作规程也是完善的，关键在于落实。他常说："不抓落实，再严格的管理制度也是空话。"他根据自己以往的工作经验，结合各类安全事故教训，系统列出安全工作重点和工作面存在的薄弱环节，并根据生产任务和作业条件变化及时调整本队安全管理重点，主持制定了全队考核奖惩办法，使全队的安全管理有章可循、有规可依。梁永宁与各生产班组及每名职工签订安全生产责任书，在全队构建形成了风险同担、责任共负的安全监管机制，使全队职工人人肩上有责任、心中有压力。在制度的执行上，他坚持原则，敢于动真碰硬，不论是队干部、班组长还是普通职工，只要谁违反了队上的制度，他绝不徇私情、讲情面。2019年，在5723-7工作面安装中，针对安装回收队的工程质量问题，梁永宁组织职工在现场进行全面整改，并按队上的规定严肃追究了跟班队干部、带班工长和验收员的责任，在对他们进行处罚的同时，在全队同步开展警示教育活动，达到了处罚一批、教育一片、带动全队的作用。同年，在5721-7工作面挂网回收中，他帮助工人上木料，由于一时疏忽，架上了一根不合格木料，被验收员检查发现后，梁永宁立即更换整改。虽然事情不大，但他还是按照队上的制度规定给自己罚了款，并在全队会议上做出了深刻检查。他对自己的处罚让全队职工心服口服。在他的严抓细管下，安装回收队安全管理水平有了大幅提高，质量标准化工作每月都能达标，职工收入也有了明显提高，干安全活、标准活、放心活的习惯逐步在全队职工中养成。

抓细节抓出了高质量

梁永宁是一个细心人，他善于总结安装回收队各类违章和事故的教训，也熟知每道工序的隐患风险点，积极组织职工采取一系列的应对措施，全力保障安全和工程质量。针对工作中的"不安全人"，他积极推行班组长带头分片包干定点、定人、定责制，加强对每班安全质量的管理，坚持对"不安全人"实行班组长、跟班队长一对一帮扶；针对施工质量不高的问题，他认真督促落实"四个一"（每月一评比、一总结、一奖励、一处罚）制度，坚持每月考核评比，推动工程质量由点向面、从静态达标向动态达标转变；针对职工主动性不强的问题，他坚持以星级员工评选活动为抓手，组织每月评选奖励星级员工，并与效益工资挂钩考核，有效调动了全队职工履职尽责的积极性和主动性；他狠抓班前会各工种安全隐患分析及防范措施的培训，要求全队上下认真做好各岗位规范操作确认和安全操作知识现场询问工作，严格督导各岗位职工全面熟悉本岗位安全风险及安全防范措施，确保安全操作；针对安全生产中的薄弱环节，他组织队干部全面排查治理安全隐患，认真抓好定岗定责、规范操作，落实岗位责任、人员责任，努力提升工作现场安全管理水平，着力推动操作标准规范化。仅 2019 年，该队安装回收工作面 6 面次，实现安全无事故，各水平大巷达标工作多次被三矿评定为精品工程，受到了全矿上下的一致肯定和好评。

梁永宁常说："干任何工作就怕只说不做。既然组织信任我，把一个集体交给我，我一定要担负起这个责任，从自身做起，自觉发挥党员表率带动作用。"为了更好地提升施工现场精细化管理能力，更好地适应当前煤矿新的发展形势，梁永宁勤奋学习专业技术理论知识，努力提高现场操作技能，积极与技术队长、技术员、班组长一起讨论编制技术措施，从来不敢有丝毫松懈和马虎。为了适应新技术、新装备的安装回收工作需要，他坚持"以技术技能保质量、以规范操作保安全"的工作理念，认真组织技术过硬、管理经验丰富的人员现场指导、现场培训、结对帮扶，并在工作现场不定期开展技术比武、岗位练兵、技术竞赛等素质提升活动，努力提升全队各岗位职工操作技能和工作效率，促进了全队职工整体技能素质的提高，为全队安全生产等工作有序推进、顺利完成全年各项目标任务奠定了坚实的基础。

关心职工结下了兄弟情

梁永宁是一个从井下生产一线成长起来的干部，他十分了解基层职工的想法。只有安全搞好了，质量提高了，职工收入也就提高了，工作积极性也会相应提高。他始终保持密切联系职工群众和全心全意为职工群众服务的工作作风，每逢跟班都始终走在前头，带头认真检查工作面顶板、支护、支架及各机械设备完好状况，认真仔细检查各水平大巷达标工作，果断处理现场排查出的事故隐患和有可能发生的事故苗头，坚持把事故隐患消灭在萌芽状态。他坚持以求真务实的精神和坦诚相待的态度对待每一个人和每一项工作，关注了解掌握职工思想动态，耐心解释职工关心的热点、难点问题及职工一时不能理解的问题，主动帮助解决职工生活中遇到的困难和烦心事，对待职工像亲兄弟一般，得到了职工的信赖和尊重。"工作上是队长，生活上像家人"，这是全队职工对梁永宁的评价。在他任安装回收队队长期间，安装回收队每年圆满完成各项工作任务，安全上杜绝了轻伤及以上人身事故，材料消耗控制在矿下达指标以内，工程质量优良品率为96%以上。带领三矿安装回收队全体职工攻坚克难、砥砺奋进的梁永宁先后被评为集团公司"十佳"队长、优秀党员，连续三年获得三矿劳动模范等荣誉称号。

奋斗的道路没有终点。在荣誉和成绩面前，梁永宁没有丝毫松懈。随着矿井向地层深处延伸，他将更加坚定地团结带领安装回收队全体职工开拓进取、砥砺奋进，用平凡的坚守为三矿高质量发展做出更大的贡献。

责任和拼搏是成就梦想的途径

——2019年度集团公司劳模
窑街煤电集团有限公司金河煤矿综采一队
左存智

左存智，男，汉族，生于1983年3月，中共党员，本科学历，2003年4月参加工作。2019年时任金河煤矿综采一队队长。

时光的长河消融了无数个浑圆的落日、升腾的月亮。可左存智的人生底色，却以责任与拼搏变得厚重。他自参加工作便不停息地奋斗，困难是他的垫脚石，努力是他前进的助推器。

心中有"数"才能手中有"术"

参加工作16年来，左存智经历了开采设备突飞猛进、采煤工艺日新月异的变化。不论是在金河煤矿生产技术部还是在综采一队、综采二队工作，他深切地体会到了知识的力量，也激发了他对知识的渴求和学习的动力。

立足岗位学。2003年，左存智被金河煤矿招录从事一线采煤工作，面对庞大而笨重的设备，让这些庞然大物听从指挥、运转自如是摆在他面前的第一个挑战。他坚持在井下一线进行实际操练，下班后向老工人请教采煤工艺等相关知识。功夫不负有心人，左存智很快就成长为队里的生产骨干。2006年，他勤学好问的精神得到矿上的赞扬，被推荐到西安科技大学脱产学习三年并获得了大专学历；2015年，左存智又通过自学，获得采矿工程本科学历。

追着技术跑。在带头参加集团公司和金河煤矿举办的各类培训及抓好全队职工"21+1"学习的同时，左存智克服"工学"矛盾，坚持挤出时间开展自学，系统学习了习近平总书记关于安全生产的系列重要讲话精神和中央、省市有关煤炭行业发展的相关指导意见，掌握煤炭行业未来发展趋势，认真跟进学习智能化采煤技术，跟进了解掌握国内外煤炭行业的发展前景和采掘一线的大数据、智能化发展现状，为智能化开采积累知识和经验。

带着问题攻。左存智始终坚持理论联系实际的学风，牢固树立服务意识，认真践行"一线工作法"，始终把学习的落脚点放在指导安全生产实践、提高履职尽责能力上，坚持带着工作学、带着问题学，围绕工作面开采难度指数高的实际和智能化设备与实操职工素质不匹配等全队重点工作中存在的难点问题，深入一线开展调查研究，广泛征求职工意见建议，竭力协调帮助职工解决实际困难和问题，注重把发现问题、研究问题和解决问题贯穿到学习的全过程，努力做到理论学习有目的、实际操作有方向，自身技术能力提升了，指导全队工作也就变得得心应手。

责任 制度 创新三部曲

多年来，左存智始终坚持学习在一线、工作在一线、示范引领在一线，团结带领综采一队全体职工勠力同心、攻坚克难，紧紧围绕安全高效生产目标任务砥砺奋进，较好地完成了矿下达的各项安全生产任务，他总结的成功经验就是责任、制度、创新三部曲。

责任就是担当。综采一队承担着金河煤矿原煤生产的重要任务，作为队长的左存智深感责任重大。他深知唯有确保月月安全高效、保质保量地完成矿下达的各项任务，才能不负组织的重托和职工的信任。2019 年，16214-1 工作面回采结束、17204-2 工作面还未圈定，采煤工作面脱节 45 天、欠产 9 万吨，17204-2 工作面又处在地质构造带、破岩开采，推进慢、难度大。他制定针对性措施严细管理、狠抓全队作风建设，动员全队职工迎难而上、积极投工投产，首次创造了该矿综采一队月产 15.5 万吨煤炭的历史最高纪录，有效补齐了工作面脱节造成的欠产任务。

制度就要长"牙"。担任队长以来，左存智深知安全关乎职工的生命，时刻把安全放在一切工作的首位。平日里他想得最多、思考最多的问题是安全生产，讲得最多、要求最多、强调落实的还是安全生产。在落实安全管理制度中没有人情可讲。有一次，一名职工安全防范工作没有到位就急于生产，他发现后立即责令其停止作业，要求他办班培训，并全额扣减了违章作业职工所在班组的月度安全奖。一人违章全班受罚，这名职工一开始想不通，在他耐心细致地讲解后，终于认识到了"三违"行为不仅会造成个人的伤害，也会给当班职工的安全造成威胁。这个班自保互保意识增强了，并成了全队习惯性"三违"行为的坚决抵制者。

左存智大力推行"人人都是班组长"全员自主管理模式，组织全队职工深入开展以"比安全、比质量、比效益、比技能、比纪律"和"管理创新、培训创新、技术创新、理念创新、服务创新"的"五比五创新"竞赛活动，有效传导压力，激发了全队职工的劳动热情。通过持续强化班组建设推行"人人都是班组长"全员自主管理模式，全队职工实现了"操作零违章"、"安全无事故"，累计实现安全生产 2700 多天。

创新就能创效。2019 年，在 17204-1 工作面回风俯采时坡度达 22 度，左存智根据工作面实际情况，结合所学知识采用摆采的方法，组织全队安全顺利地回采至停采线位置。17204-1 工作面设备回撤前，面对回风坡度 22 度、进风坡度 10 度的大坡度回撤与运输，如何保障安全是一大难题。左存智通过反复勘查现场、组织技术验证，再集思广益，组织技术人员讨论切实可行的回撤方法，制定了一套以进风下底形成平巷段 35 米的回撤方案，组织职工轮番下底、挑顶、扩帮维修、打戗柱。在全队职工共同努力下，创造了综采一队工作面回撤时间最短、速度最快、用工最少、安全最好、成本最低的历史纪录。

凭着脚踏实地、苦干实干加巧干的作风，左存智得到了矿领导的充分肯定和全队上下的一致认可，先后获得集团公司 2017 年度技术创新二等奖、五四青年奖章荣誉称号，多次被金河煤矿评为安全生产先进个人。

一言一行显品行

"共产党员，一言一行都要对得起鲜艳的党旗。"这是左存智的承诺，也是对他自己的成全。多年来，在集团公司、矿两级党委的正确领导下，左存智认真落实金河煤矿各项管理制度和纪律要求，全面落实区队第一责任人管理职责，严以律己、以身作则，注重把制度纪律与综采技术有机结合，把工作责任贯穿于作决策、强举措、抓落实、促工作的全过程。他带头认真贯彻落实中央"八项规定"精神和《中国共产党廉洁自律准则》，自觉坚持民主集中制原则，凡涉及工资、奖罚、评先等影响职工切身利益的事项，都要经过综采一队会议集体讨论研究决定；他积极配合开展廉政风险防控工作、职工纪律作风整治活动，使广大职工从思想上守法遵纪、在行为上防微杜渐，促进了干部职工作风的转变，推动全队上下形成了风气正、干劲足、精神好、面貌新的良好局面。

同时，他根据工作面条件降本增效，组织全队技术人员积极开展技术创新，并将创新成果应用到井下安全生产，极大地提高了生产效率、降低了生产成本。

辛勤的耕耘，获得丰硕的成果。左存智带领的综采一队荣获 2018 年全国第五届煤炭工业协会先进集体荣誉称号，2019年被中华全国总工会授予"全国工人先锋号"。

左存智就是这样，用自己的一言一行影响着一片人、感召着一片人，鼓舞着一片人。他在金河煤矿这块热土上，默默地工作着，勤恳地奉献着。他曾许下诺言，做一名不负众望的共产党员。不忘初心，践行使命，他做到了！

漫漫坚守路 默默奉献情

——2019年度集团公司劳模
窑街煤电集团有限公司金河煤矿掘进二队
郭自林

郭自林，男，汉族，生于1971年2月，中专学历，2008年6月参加工作。2019年时任金河煤矿掘进二队生产一班班长。

等待，风吹白云去了又来，成功还没到来。等待会让常人焦虑，痛苦，陷入一种莫名的虚无中。但郭自林好像有不同于常人的耐力，他能日复一日地坚守岗位，默默的奉献坚守，在反反复复中锤炼自身，坚信自己终能在平凡中大放异彩。

锤炼自身 热心培育团队

职工的安全素养和职业素质是体现一支队伍综合实力的重要指标。

作为班长的郭自林对此更是深有感触，自参加工作以来，他认真学习各项安全生产管理制度和掘进队质量验收考核管理办法、规程措施等资料，坚持业余时间查找翻看并记写综掘机、掘进机构造和操作原理等资料，努力提高自己的理论水平和在井下工作现场解决实际问题的能力，为提升班组现场管理能力打下了良好基础。

郭自林一直把人才培养作为提升班组综合竞争力的根本。以"人尽其才，才尽其用"为根本出发点，将不同类型的职工分配到最适合的工作岗位上，促使班组各岗位职工做到配置均衡、联保最佳、协调最好。针对班组职工理论知识相对匮乏的现象，为使他们能够更快、更全面地吸收掌握井巷掘进专业知识，强化安全意识，他每周专门制定培训计划，主动将自己所学技艺传授给每一位爱学习、想进步的职工。他始终认为只有将学习成为常态化，工作才能进入状态。

在自身不断学习的同时，郭自林积极组织开展"学习型班组"创建工作，动员全班职工依托每日一题、每周一课、每月一考、每季一评和星级员工评选等学习教育平台，认真学习煤矿各类安全规程、应知应会、安全确认、风险预控等知识，并利用工作之余给工友们讲解技巧、灌输理论，在井下现场演示实践操作。另外，他大力倡导职工参加矿组织的各级、各类培训工作、技术比武、竞赛活动等。长时间的熏陶后，班组职工综合素质得到了明显提升。

谦和坦诚 细心换得安全

工作、生活中无论是哪个环节出了差错，郭自林总能以谦和的态度去对待、沟通、解决，凡事都能做到坦诚以待。他用诚心、公心树立了榜样。"坦诚、细致"是认识他的人对他的评价。

郭自林始终坚持"安全第一、预防为主、综合治理"的安全生产方针，坚持以有效防范安全生产事故为目标，以推动落实岗位安全生产责任制为核心，以不断提升职工岗位技能素质为基础，以健全完善班组安全管理制度为重点，努力提升班组现场管理水平，着力提升学习型、安全型、效益型班组建设质效。

在日常工作中，郭自林带领工友们全面分解作业流程，从打眼、打锚杆、喷浆、支护到清理浮尘，每道工序都严格按照作业规程施工，发现问题现场整改，从根本上消灭不合格品。他常说："制度、措施每个人都明白，关键在于用心、细心，才能让我们放心。"在生活中，郭自林爱护工友、尊重同事，能够及时了解职工的思想动态，着力让班组成员放下思想包袱，专心工作，确保了班组安全生产的顺利开展。

为了响应全矿为国庆七十周年献礼多打进尺的倡议，郭自林坚持出满勤，放弃了休息日，在保证安全的前提下带领班组职工保安全、抓生产、快掘进，一次次超额完成生产任务，2019年连续3个月取得掘进二队生产班组综合评比第一名的好成绩，创造了单班进尺5.4米、月进尺120米的全队历史记录，得到了全队上下的一致肯定。2015年至2018年，郭自林先后被集团公司、金河煤矿评为"安全先进个人""先进生产工作者"。

担当奉献　诚心凝聚合力

要想带出一支好队伍，必须首先增强班组职工凝聚力和战斗力。作为班长，困难面前必须冲锋在前、做好表率。郭自林时刻用严谨的工作态度激励着全班职工，无论是施工巷道，还是打锚杆、打锚索、打支架、注浆等，总能看到他同班组职工共同克服困难、攻克难关的场景。

郭自林严格落实作业现场施工安全技术措施，坚持综掘机电设备的超前维护和班中检查，提升综掘设备运行的安全性和可靠性，通过认真学习研究掘进二队质量验收标准考核办法，积极与队长、技术员、验收员和工友一同探讨巷道成型和工程质量的管理经验与技术标准，及时沟通汇报，并着力解决当班存在的安全生产问题等举措，扎实有效的推进了全队质量标准化工作。他坚持上尺上线确保掘进工程质量和施工进度，带领全班职工上标准岗、干标准活，着力打造"精品工程"。

他坚持精细化管理施工材料，组织职工广泛开展修旧利废、回收复用等节支降耗活动，推动全班实现了提质增效工作目标。

他坚持以质量保安全、向安全要效益，带头执行跟班带班制度，带领全班职工严格落实安全监护和巷道支护施工措施，有效杜绝了不合格工程和返工现象。

他组织全班职工深入开展劳动竞赛和"评优评差"活动，注重发挥身边典型的示范带动作用，影响带动职工向身边的先进看齐，营造了人人争当先进的浓厚氛围，感染着全队上下形成了全员抓安全、保进尺、比质量、讲节约的良好习惯。

多年来，郭自林就是以这样真诚无私的工作态度换来了广大职工的信任和拥护，以能钻研、乐助人的行为准则，以诚心换人心，为班组建设作出了积极的贡献，以坚持默默耕耘、艰苦奋斗精神，感染着身边的工友。

11年的掘进工作生涯，既锤炼了郭自林坚韧不拔、永不服输的性格，也使他深深地爱上了开路先锋的掘进工作，无论多苦多累，都从未动摇过他的决心，一直奋战在千米井下，用双手紧握钢钎，在平凡的日夜中坚守着一个不平凡的岗位，用看似简单的坚持验证着一名煤矿工人坚守与坚韧！

总揽全局谋发展　决战决胜创一流

——2019年度集团公司劳模
窑街煤电集团天祝煤业有限责任公司
鲜旭红

鲜旭红，男，汉族，1966年11月出生，中共党员，在职硕士研究生学历，高级工程师，1987年7月参加工作。2019年时任天祝煤业公司党委书记、董事长。

亿万年前的自然变迁，形成了祁连山下镶嵌着的一颗璀璨明珠——天祝煤田。鲜旭红2019年任天祝煤业公司党委书记、董事长后，做的第一件事就是把企业未来的发展和一千多名职工的希望担在自己的肩上，他率领该公司职工在改革与创新中主动作为，总揽全局谋发展。通过严抓细管，天祝煤业公司实现了安全"零伤亡"，圆满完成了90万吨生产任务，创下了一个又一个辉煌业绩，不仅使天祝煤业公司捧得了一个又一个荣誉，他本人也连续获得集团公司各类先进荣誉称号。

注重党建引领促发展

领导就是服务，职务就是奉献，权利就是责任。作为党委书记，鲜旭红注重加强企业党建工作，认真履行全面从严治党政治责任，切实发挥党组织把方向、管大局、保落实的领导核心和政治核心作用，坚持以党建引领企业发展，强力推进党的建设与企业中心工作深度融合，为推动企业各项工作提供了坚强保证。

鲜旭红团结带领天祝煤业公司各级组织、全体共产党员和广大职工群众，在面对发展、民生、安全"三大考验"中掌舵领航，在企业重大决策上坚持民主集中制，始终把党委会研究讨论"三重一大"事项作为前置程序，定期研究部署党的建设和党风廉政建设工作，对省委巡视组提出的整改问题和整改意见专题研讨制定措施方案，组织完成了生态环境修复整治，2019年研究"三重一大"事项126项，切实把党的领导融入公司治理各个环节，为天祝煤业公司创新发展指明了前进之路。

他高度重视多层次、全方位加强干部队伍建设和技能人才培育工作，指导制定企业人才培养规划，全面布局干部队伍，严格规范干部选拔任用程序，大胆选人用人，对新选拔的干部定期跟踪考核，5名科级干部被集团公司提拔为中层副职管理人员，侯武明等11名职工荣获集团公司和甘肃省"技术标兵"称号，总工程师赵忠被中国煤炭工业协会评为第六批煤炭行业技能大师，发挥了党委在选人用人上的领导和把关作用。

他带头严格执行领导班子成员主体责任和"一岗双责"的职责，落实领导干部包保责任制，与各党支部签订党建、党风廉政建设、信访维稳、综合治理目标责任书，通过严抓细管，2019年天祝煤业公司党员干部和职工群众没有发生违纪违法和集体上访问题，保持了矿区和谐稳定。

全面打赢安全翻身仗

2018年，天祝煤业公司先后发生"4·24"和"8·21"安全事故，安全形势非常严峻。鲜旭红上任后，面对矿井安全生产的被动局面和各种困难，他深感责任重大。

技高人胆大，降魔须真功。在做出前瞻性分析预测后，鲜旭红带头和班子成员一道深刻剖析存在的问题，研究制定工作思路。针对部分干部职工安全意识不强、工作落实不力等问题，研究提出了大力开展以查思想、查隐患、查作风，严标准、严整顿、严追责为主要内容的"三查三严"安全整治行动，大力推进"三位一体"安全生产标准化、"人人都是班组长"班组全员自主管理和"一优三减""四化"建设，在安全管理方面做了大量工作。通过不懈努力，天祝煤业公司安全生产标准化工作于2019年10月份顺利通过国家一级达标验收。2019年11月25日，天祝煤业公司取消了"零点班"，全年实现了"零伤亡"目标，全面打赢了安全生产翻身仗。

生态环境治理结硕果

祁连山保护区是我国重要的生态功能区、西北地区重要生态安全屏障和黄河水源涵养地。天祝煤业公司地处甘肃省祁连山保护区天祝县境内，生态环境治理工作对企业至关重要。

鲜旭红始终秉持环境安全与生产安全同等重要的理念，切实担负起环境保护的政治责任，大力推动实施环保工程，亲力亲为督促完成二台子储煤场封闭工程、锅炉烟囱防腐处理和新建矿井水处理站等工程，并组织办理了排污许可证。2019年，组织拆除危旧住房6605㎡，对车娄沟风井广场等已拆除区域植树绿化，共植树19350棵，绿化面积32.77万㎡；在矿区内组织种植各类树木924棵，牡丹、玫瑰290株，绿化面积2200㎡，涉及祁连山环境整治整改的10条问题全部整改，矿区生态环境问题整改工作得到省、市、县相关部门的肯定，2019年7月份通过了甘肃省生态环境厅的验收。同时，他亲自挂帅整治矿区工作生活环境，加大浴池、地面车间和矿区环境卫生整治力度，组织职工规整码放工业厂区设备设施，要求划区域、分颜色规范停放私家车辆，全面提升了矿区文明形象。

职工幸福指数逐步提升

鲜旭红经常说："作为矿井负责人，对上、对下都要负责，管好矿井，把矿井做好做强，这是对上负责，不辜负集团公司党组织的信任；关心职工利益，解决职工困难，这是对下负责，不辜负职工群众的期望。"他着眼于矿区职工群众所需所盼所想的民生问题，努力为职工群众办实事、办好事，赢得了职工群众的广泛好评。

2019年，天祝煤业公司在岗职工人均收入同比增长16.5%，全面提升了职工的获得感、幸福感；他组织为在岗职工配发地面工作服，进一步提升了职工精神面貌和企业整体形象；推动建成回民食堂，解决了回族职工的就餐问题；组织在办公、生活区域增设网络设备，实现无线wifi全覆盖，方便全公司职工利用网络学习新知识；组织在区队联建楼开设文体活动室，为职工下班后休闲娱乐提供场所，进一步丰富了职工文化生活；组织妥善安置二四零、菜籽湾居住区职工家属396户，彻底改善了职工家属的居住条件；组织维修职工食堂、天矿分院、天乐小区屋面4841㎡，有效解决了房屋漏雨的问题；他关爱职工，组织改造维修浴池吊篮系统，坚持24小时不间断清洗职工工作服，确保了职工每班都能穿上干净衣服入井；积极开展困难帮扶、金秋助学活动，组织走访慰问困难职工93户，慰问劳模和先进代表5人，送去了企业的温暖和关怀；春节期间组织为在职职工、退休职工、工病亡遗属、一至六级伤残职工发放慰问品、慰问金共计182.65万元，让全体职工共享企业发展成果。

鲜旭红，这位有着独特人格魅力的西北汉子，把满腔的热情都融入了矿井，孜孜不倦追求着辉煌的人生。在新的征程中，他将继续带领天煤人以崭新的姿态、坚韧不拔的毅力、追求卓越的精神，凝心聚力、迎难而上、砥砺奋进、实干作为，用奋斗抒写企业高质量发展的新篇章，努力开创天祝煤业公司的美好未来！

行成于思　天道酬勤

——2019年度集团公司劳模
窑街煤电集团天祝煤业有限责任公司综采一队
符永杰

符永杰，男，汉族，1976年1月出生，初中文化程度，2005年3月参加工作。2019年时任天祝煤业公司综采一队生产一班班长。

奇迹，唯有奋斗造就；奇迹，呼唤勇者前行。符永杰，一名初中文化程度的工人，凭借满腔热情，不断学习，勤于思考，成为天祝煤业公司的技术骨干、生产一线的带头人，解决了一个又一个的生产技术难题，带出多名技术骨干，虽称不上惊天奇迹，但他的业绩不得不令人赞叹！

学有所思　思有得

多年来，符永杰勤于在生产实践中用心观察思考，结合安全生产实际问题抓理论知识学习，注重在持续学习中历练本领，在反复实践中增长才干，练就了较强的业务水平和啃"硬骨头"的攻坚能力。符永杰虽然文化程度不高，但在业务学习上如饥似渴、不知疲倦。他非常注重学习技能和理论知识，除了平时参加区队学习外，还坚持利用工余时间自学机械化采煤工艺、综采设备操作维修保养技能和煤矿安全生产标准化管理体系等知识，努力提高自身综合素质。遇到设备故障等技术性问题，总是虚心请教实践经验丰富的老职工寻找答案；下班后，他经常通过手机和电脑上网查找设备构造和工作原理，努力学习掌握综采设备检修技能。这些年，经符永杰"治好"的各型设备累计达上百件，职工们都亲切地称他为"符大拿""技术硬杠杠"。

符永杰每年出勤均在 350 天以上，特别是自 2019 年担任生产一班班长以来，只要工作需要，他一直都随叫随到。经常是下班路上就被队上的电话叫回去，刚端起饭碗又接到队上的紧急电话，脱衣上床刚入睡又被队上紧急召回。除了带头提升个人综合素养外，他坚持在班前会、学习会上常态化组织职工学习煤矿安全生产管理法规制度，并为职工讲解综采工艺、设备维护等方面的知识，努力提高班组整体业务水平。近年来，符永杰带领的生产一班中很多人快速成长为生产骨干，并被调往其他生产班组的重要岗位，为综采一队保持安全生产持续稳定提供了坚实的技能人才支撑，受到了全队上下的一致好评。自参加工作以来，符永杰秉承勤劳朴实、敢于担当、爱岗敬业、无私奉献的工作作风，在井下一线连续工作 10 余个年头，多次被窑街煤电集团公司和天祝煤业公司分别授予"安全先进个人""先进生产者""劳动模范""'十佳'班组长"等荣誉称号。

言出必行 行必果

综采一队作为天祝煤业公司原煤生产的主力军，承担着全矿主要原煤生产任务。2019 年 8 月 26 日，2101 工作面初采以来，工作面条件情况复杂，在推进过程中面临加减支架、掐接前部刮板输送机等高风险工序。为了扎实做好职工的安全保障工作、顺利完成生产任务，符永杰把现场安全风险辨识和隐患排查、整改工作作为工作重点，团结带领生产一班职工与其他生产班组紧密配合、相互协作，及时根据工作面条件变化调整支架数量和掐接刮板输送机溜槽，在保证安全的情况下顺利完成生产任务，有效缓解了天祝煤业公司原煤生产任务紧张的局面。

2019 年，在面对 1205 工作面出现断层，转向摆采，过穿层破碎带及小窑透巷段等难题时，符永杰积极参与制定《1205 工作面过断层专项安全技术措施》《1205 工作面顶板管理专项安全技术措施》《1205 工作面防止漏顶及倒架的专项安全技术措施》《1205 工作面转向摆采及过大断面的专项安全技术措施》《1205 工作面过穿层破碎带及小窑透巷段的专项安全技术措施》等一系列专项技术措施，并结合全班职工技能素质实际，总结提出并严格落实工作现场安全管理"四要"工作法（一要每天开好班前会，安排好自保、互保工作，使职工在安全生产工作中对自己和他人负责；二要完善班组各项管理制度，认真落实各岗位的安全生产责任制，通过强化现场管理、层层抓安全操作规程责任落实，营造人人抓安全、人人保安全、人人管安全的良好氛围；三要以现场安全风险辨识、隐患排查整改为重点，紧盯现场抓整改，全班各岗位始终以现场为阵地，做到"严、细、实"，各项安全工作做到有目标、有安排、有措施、有落实，紧盯顶板、工作面、回收、防片帮等关键工序和重点岗位的管理，努力改善作业环境；四要加大反"三违"力度，对工作中易出现违章操作的职工，经批评教育不改者，给予相应的处罚，努力全面及时清除各类安全隐患，有效遏止"三违"现象的发生），带领生产一班安全高效地完成了队上下达的工作任务。2019 年，符永杰带领的生产一班杜绝了轻伤及以上人身事故，实现了安全、产量、效益三丰收。

精抓细管　管必严

符永杰十分强调精细化管理理念，注重把精细化管理理念落实到工作流程、岗位实践中，坚持把支架初撑力、工作面防片帮漏顶工作作为关键环节来抓，严格对照"快、够、匀、正、直、稳、严、净"8 字标准操作支架，坚持用侧护板及时处理出现的退山和迎山过大支架，使支架垂直于顶底板，符合迎山的要求，使整个工作面支架有效支护顶帮，努力使工作面始终按照"三直两平两畅通"标准向前推进。

符永杰强化机电设备管理，组织全班职工定岗定员、分片包干落实设备注油、机组检修、支架管理、皮带和运输机检修、两道文明生产、两巷超前支护及维修等7道工序，通过严格考核、奖罚兑现，做到了机电设备检查维护保养全方位、全覆盖、不留死角，有效提升了班组安全管理保障水平。

符永杰注意到，采煤机在全速行进的情况下因落煤量过大，不仅会造成皮带上口的溜煤眼满仓，还会导致转载机电路系统频繁跳闸，这中间造成的停机影响少则几分钟，多则一个多小时，反而影响产量。通过反复检查采煤机割煤速度与转载机过煤量、人员协作等各方面工作，他发现采煤机全速行进的方式并不能实现稳产高产。找到症结所在后，他便用心琢磨思考如何调整设备操作和优化各工序环节的有序衔接。他向队上提出在生产过程中采取采煤机前滚筒挑顶煤、后滚筒抬高连割带扫进行割煤的合理化建议。综采一队采纳实施后，采煤机不但可以在工作面操作自如，转载机和溜煤眼也很少再出现故障和问题，全队单班产量从此再也没受过此类问题的影响。

一个人的价值不是看他一生中能做多少惊天动地的事情，而是看他在平凡的岗位上如何把自己分内的事做实、做细、做好。如何算爱岗敬业？怎样才是干好本职？符永杰以勤劳朴实、敢于担当、爱岗敬业、无私奉献的一贯表现向他挚爱的矿山交出了一份合格的答卷。

愿做小草装点春的颜色

——2019年度集团公司劳模
窑街煤电集团有限公司铁路运输公司运转段
闫永明

闫永明，男，汉族，1978年10月出生，中共党员，本科学历，2001年9月参加工作，助理工程师，2019年时任铁运公司运转段副段长。

闫永明酷爱小草，情有独钟。熟悉他的人都说他极普通，看一眼不会留下什么印象。一位老工人说，他留给我的印象是话很少，除了干活还是干活，比我们干得还勤还苦。

我们释然了，在闫永明与小草之间，我们找到了一种和谐、一种共鸣——朴实无华，韧劲十足。

点滴积累　积石成山

时间回到2001年9月，正是风华正茂、花样年华的闫永明怀着献身矿山的雄心壮志，来到了铁运公司。那时候，他在日常紧张繁忙的工作之余，总是寡言少语、若有所思。

几年中，闫永明脚踏实地、认真负责、业绩突出，一步步从养路工成长为连结员、调车长、助理值班员、值班员、车站调度员、调度室调度员、运转段副段长。每到一个岗位，闫永明都注重强化业务技术的学习，他总爱到各个生产岗位转一转，结合所学知识，熟悉各项工艺，厚厚的学习笔记，密密麻麻地标注和随手勾画的图线，记写着他业务学习中的心得体会和技术的研究与探索。

在目睹了十几年间铁路货车从滑动轴承到滚动轴承，从弓形杆制动到组合式制动，货车装载能力从 30 吨、50 吨到 60 吨、70 吨、80 吨，空重车自动调整装置、闸瓦间隙自动调整装置等一系列新变化，闫永明深刻认识到，自己在学校系统学习的 50 吨货车现在已经被淘汰到主型货车之外，原来所学的知识已远远不能适应当前的工作，如果不及时更新知识，就不能了解掌握现有机车哪些部位易出现故障，哪些部位要重点检查，就无法更好地达到检修的目的。因此，他十分珍惜每次接受新技术培训的机会，努力学习掌握机械设备构造原理、新技术实际操作技能等知识，主动求教学习不会不懂的问题，直到把不明白的知识弄懂，为统筹开展各项工作打下了良好基础。

厚积薄发 主动作为

斗转星移，时光匆匆跨入 2019 年，闫永明被任命为安全副段长，此时的他视野更广，工作劲头更足。在新的岗位上，闫永明严格落实安全生产岗位责任制，坚持以"铁的制度、铁面无私、铁腕管理"的工作作风，督导各个班组、各个岗位、各个环节落实企业安全生产、经营管理等规章制度和作业标准，对全段的安全生产工作做到了心中有数。

铁路行车是多工种、多部门联合协同作业的工作。作为运转段负责安全工作的副段长，安全意识、业务技能素质早已深深烙印在闫永明的脑海中。在安全生产工作中，他坚持以现场管理为重点，以强化职工教育培训、不断提升职工技能素质为抓手,通过加强职工安全思想教育,教育职工牢固树立"安全第一,预防为主"的思想意识,引导职工从"要我安全"转变为"我要安全""我能安全"。他针对各岗位工种的特点和实际,组织制定有针对性的培训计划和内容,强化职工技能培训、提高职工业务能力,在不断提高职工安全意识和岗位履职能力的同时,努力提升职工的安全生产标准化作业水平、应急处置和自保、互保能力,教育引导职工从思想上、行为上提高控制不安全因素的能力,从源头上保证了安全生产工作的顺利进行。

针对运转段现场作业点多、线长、面广、作业人员分散的特点,闫永明始终把工作重心放在现场关键环节的流程管控上,注重通过检查和盯控现场发现运输生产过程中的各类问题和隐患,组织职工严格按照"闭环式"管理的要求进行整改。他统筹推进各岗位风险辨识管控、隐患排查治理和安全生产标准化达标工作,狠反"三违",有效提升了运转段安全生产标准化作业水平,杜绝了各类行车事故的发生。根据铁运公司层层承包及定编定岗要求,结合铁运公司货运量及运转段工作实际,闫永明优化了分管的行车运转五个班组劳动力组织架构,整合货运员、货列检员工作岗位,积极推动运转段岗位承包减人提效的有序推进,实现了资源优化配置工作目标。

在集团公司全面深入推行"人人都是班组长"全员自主管理班组模式建设中,闫永明勇挑重担,积极担任运转段班组建设主要负责人,通过认真学习、取长补短、总结反思、树立典型,有效激发了班组职工的主人翁意识。在铁运公司举办的班组全员自主管理例会分享竞赛活动中,他带领运转一班以创新的理念、良好的精神面貌取得了第二名的优异成绩,极大地鼓舞了其他班组职工持续深入落实全员自主管理模式的积极性和主动性。

默默无闻 奋斗不息

闫永明像一匹疾驰的骏马,追星赶月永不停步。2019年7月,铁运公司全面改造原信号系统,由于点多面广、施工难度大、原信号系统联锁失效、列车进路道岔需人工加锁、施工期间货运量突然增加等多重不利因素,严重威胁着铁路运输的安全。

针对信号系统改造对铁路行车造成的影响，闫永明二话没说，带领运转段相关人员制定周密细致的行车办法和措施，督导大家严格落实安全生产主体责任，激励施工作业人员在信号系统改造施工期间不分昼夜坚守在作业现场。在集配站原信号系统处于瘫痪状态的58天内，为争取时间，响应公司《安全生产预警信息》，确保信号系统瘫痪期间的行车安全，他主动放弃节假日休息时间，吃住、值守在行车中心和施工现场，常常是"两头伴着星星"。在炎热的酷暑，闫永明身上的汗渍浸湿了衣衫，经常胡子拉碴、头发凌乱、两眼充血，但他从未叫过苦、喊过累。

由于天天值守、盯控在现场，闫永明没有在儿子升学考试的关键时期尽心陪伴，他的妻子也因为操心幼女、照顾家人起居、奔波于单位与家之间，对他颇有怨言。但他还是一边笑着应承一边全心扑在工作上，直到信号系统改造施工结束，并延续到了抑尘站建造项目、延续到了集配站通信系统升级改造项目……

"我对人生和事业的许多感悟都是在工作经历中获得的，人活着就得有目标，只有瞄准目标，坚持从小事踏踏实实做起，才可能成就一番事业。"这就是闫永明对人生的感悟。19年来，他时刻以一名共产党员的标准严格要求自己，坚持用奋发进取、乐于助人的实际行动影响和带动周围的工友们履职担当、爱岗敬业，先后获得集团公司"技术标兵"、铁运公司"劳动模范""优秀共产党员"等荣誉称号。

这绝不是终结。

闫永明，普普通通地走了过来，做的是些普通事，但却尽显伟大。他情系工友、献身事业的优秀品德，吃苦耐劳、求真务实的良好作风，勇于创新、砥砺奋进的开拓精神，像一条奔腾不息的奋进之河，但他又显得很平常、不事声张，一如随处可见的青青小草，默默地装点春的绚丽……

2020年，
年年后浪推前浪

　　2020年，是全面建成小康社会和"十三五"规划的收官之年、"十四五"规划的谋划之年。面对突如其来的新冠疫情，窑街煤电集团公司党委发挥领导核心和政治核心作用，凝心汇智，引领全公司广大职工有效应对疫情冲击、市场波动等诸多不利因素，释放出效力，聚合出内力，彰显出威力，推动企业在高质量发展的道路上阔步前行。广大职工豪情满怀，充满自信。

　　让我们铭记这一年职工队伍中的优秀代表，致敬2020年度窑街煤电集团劳动模范：

　　——海石湾煤矿张田录、乔国成、王小平；三矿王永忠、东小军；金河煤矿李作忠、凌振华；天祝煤业公司马英、马斌；油页岩公司王荣；派仕得公司张海林；绿锦公司甄世阳。

扎根煤海做奉献　勇挑重任攀高峰

——2020年度集团公司劳模
窑街煤电集团有限公司海石湾煤矿
张田录

张田录，男，汉族，1982年8月出生，中共党员，本科学历，高级工程师，2001年7月参加工作。2020年时任海石湾煤矿矿长、党委副书记。

艰难方显勇毅，磨砺始得玉成。2020年，正值春节，全国新冠肺炎疫情暴发，并迅速在全国蔓延，人们在恐慌中足不出户，一场没有硝烟的战争不宣而战。煤矿这样的人员密集型企业，煤炭保供的压力、防疫物资的匮乏、复工复产的艰难都是严峻的考验……

危难之处方显英雄本色。张田录作为海石湾煤矿的当家人，率领全矿职工众志成城，努力克服疫情影响。他统筹疫情防控和安全生产，组织多方筹措口罩、测温枪、消毒液，运用OA、陇政钉网络办公，想方设法组织畅通物资供应、煤炭销售绿色通道，在全面决胜小康路上交出了合格的答卷。

统筹兼顾抓保供　安全生产正常推进

作为海石湾煤矿安全生产第一责任人，张田录始终牢固树立以人为本、生命至上的理念，严格贯彻落实上级及集团公司疫情防控和安全生产指示精神，在那段特殊的日子里，他号召班子成员带上换洗衣服，吃住在矿上。他坚持下井带班检查，和矿领导、部室、区队三级管理人员 24 小时值班、跟班。

多措并举，精准防控，打赢疫情防控阻击战。春节期间，在职工请假探亲人员多、返矿后又要隔离的特殊情况下，张田录一方面推行保勤激励制度，同时鼓励机关职工支援井下一线，并在职工单身楼设置集中隔离点，组织返矿人员集中隔离，着力降低交叉感染的风险，尽可能让返矿职工尽快回到工作岗位。防疫物资采购、职工食堂就餐、办公区域消毒、生产物资采购、煤炭外运等事务，他都一一过问、件件督促落实。经过 2 个多月的奋战，全矿职工无一人感染，打赢了疫情防控阻击战，海石湾煤矿圆满完成了春节期间的煤炭保供任务。

科技创新，精准施策，实现安全生产"零死亡"。张田录始终盯紧重大灾害治理，通过采取开采保护层卸压＋穿层、顺层钻孔抽采＋顶板高位定向钻孔的抽采方式，使瓦斯治理超前于冲击地压防治，降低了复合灾害风险，形成了具有海石湾煤矿特色的瓦斯治理和冲击地压"双防"体系，实现了矿井安全生产；坚持把安全生产标准化管理体系建设与安全生产深度融合，深入推进"双控"机制建设，在全员参与上聚合力、在动态达标上抓细节、在作业标准上强执行、在责任落实上严考核、在硬件软件上齐发力，矿井一举通过国家安全生产标准化管理体系一级标准考核验收，开创了海石湾煤矿安全生产标准化达标创建史上的先河。自 2019 年 11 月以来，海石湾煤矿实现了安全生产"零死亡"。

科学管理保生产　发展势头更加强劲

张田录是一个有思想、善于思考的人。在煤炭市场持续下行及矿井生产接续紧张的不利局面下，以确保均衡生产、提质增效为目标，从完善精细化管理、优化人才队伍建设、加强科技创新等方面入手，为矿井可持续发展奠定了坚实基础。

优化生产工艺，理顺矿井采掘接续。通过对全矿矿压数据分析、总结，优化支护参数，选取适用性支护材料节支降耗；将掘进队伍拆大建小，缩小管辖范围，完善激励机制，规范施工工序，确保了锚网支护质量合格，最大限度减少巷道维修工程；致力于矿井各大系统优化、理顺矿井采掘接续。通过调整油页岩工作面回采顺序、增加煤二层工作面倾向长度、调整生产布局，形成一、二采区交替生产的布局。顺利完成海矿第一个倾斜长度190m油页岩工作面和第一个倾斜长度200m煤二层工作面安全回采。全年生产原煤181.66万吨、油页岩100.2万吨，原煤生产实现建矿后的第一次达产。完成掘进进尺7066米，矿井生产接续基本理顺。

坚持科技兴矿，提升矿井装备水平。强力推进机械化换人、自动化减人，以先进标杆引领"采、掘、机、运、通"五大主导工艺的变革方向，推进机运系统变电所、水泵房和"一通三防"地面车间集中控制，使18处岗位人员由守岗变为巡岗，减少岗位人员24人；按照国家防冲工作要求，在6224-1工作面购置安装ZF12000/23/42型四立柱支撑掩护式放顶煤支架，配套使用液压支架电液控系统，建成了集团公司首个半自动化综采工作面，改善了作业环境，进一步提升了矿井安全保障能力。

开展技术攻关，激发企业创新活力。建立健全以企业为主体、市场为导向、产学研相结合的技术创新体系，加强技术人才培养，严格技能人才聘用管理机制，聘任首席技能专家4人、技术专家1人，在全矿营造了尊重技能人才、鼓励创新创造的良好氛围，激发了广大职工学习技术、钻研技术的积极性；2020年，组织开展15个工种、194人参加的职工岗位技能大赛，74名技术能手参加了集团公司职工岗位技能大赛，其中16人取得集团公司岗位技能大赛前三名的好成绩。涌现出全国煤炭行业职业技能竞赛"陕煤杯"综采维修电工三等奖获得者矿首席技能专家谢勇。张田录还深入挖掘和展示海矿职工在群众性技术创新活动中涌现出的新思路、新尝试、新成果，激励鼓舞广大职工在安全生产、经营管理、改革发展中的首创精神，引导职工在企业创新发展中发挥主力军作用，完成了油页岩运输系统远程集中自动化控制应用技术研究、海石湾煤矿瓦斯抽采新技术探索研究与应用等 9 项科技创新项目，解决了一系列影响安全生产的疑难杂症，为矿井安全生产、原煤运输起到了保障性作用。

精打细算降成本　经营效益稳步提升

面对疫情影响经济下行趋势，张田录始终把增产增效、提质增效、降本增效作为主要抓手，确定了以全员承包考核、零星工程市场化管理、岗位业绩贡献决定薪酬的经营管理思路，对各部室、区队执行契约化承包工资，对生产任务、安全、安全生产标准化、材料配件消耗等进行承包，零星工程单独核算的薪酬分配机制，全年职工人均收入 8 万元，较上年同比涨幅 10%；推行全面预算管理，抓实契约化经营承包考核，加强修旧利废管控，千方百计降本增效，在月度生产作业计划中给区队下达修旧利废、回收复用及自制加工指标，对职工个人自觉回收废旧材料的予以奖励，对控制材料成本、降低消耗起到了很好的作用。同时，狠抓产品源头管理，定期召开产品质量例会，分析影响煤质的因素，联合各职能部室，协调解决影响煤质的问题，结合工作面赋存情况，详细制定出有针对性的煤质保证措施，并监督严格执行，保证煤炭质量。通过层层分解指标，逐级落实责任，严格考核兑现，2020 年原煤成本控制在 235.29 元／吨，企业利润实现 6.7 亿元。

倾情为民谋福祉　聚力打造和谐矿区

在抓好安全生产工作的同时，张田录心系职工群众冷暖疾苦，积极践行以人民为中心的发展思想，引导带领矿领导、机关部室管理人员深入基层区队宣讲形势任务，听取职工群众对安全生产、经营管理、和谐矿区创建等方面的意见建议，充分汇集民智，激发广大职工对企业的认同感、归属感和自豪感。在矿区绿化美化亮化工程建设基础上，筹措资金，改造装修了区队办公楼、职工公寓楼，不断改进食堂饭菜质量和洗衣房服务质量，把职工兄弟当亲人，极大改善了职工生产生活环境，惠及了职工，温暖了人心。适时组织开展文艺汇演、职工运动会、安全书画摄影展、安全家书征集、安全宣讲进区队、女职工助力安全宣教等安全文化主题活动，使矿区环境面貌和职工精神面貌焕然一新。

以身作则讲大局 营造干事创业环境

自担任海石湾煤矿矿长、党委副书记以来，张田录深感责任重大，带头树立大局意识，讲团结、重友谊，以打造"四好班子"为奋斗目标，自觉维护班子集体威信，严格执行"三重一大"决策制度，营造了民主、平等、和谐、团结的氛围，切实发挥了领导班子的集体作用，提升了班子团队的执行力、凝聚力和战斗力，发挥了"头雁"效应，为广大干部职工做出了表率，打造了全矿团结协作、风清气正的工作环境。在职工队伍培养方面，他坚持党管人才的原则，加强人才梯队建设，优化"管理、技术、技能"三支人才队伍，坚持党管干部原则和逢岗必聘的原则，鲜明树立注重实干的用人导向，为造就一支来源广泛、结构合理、素质优良的干部队伍奠定了扎实基础。他高度重视大学生职工培养工作，对全矿大学生职工全面摸底，了解人才供需现状，召开座谈交流会，把面临的发展形势讲清讲透，把吃苦上进、基础扎实、德能兼备的高校毕业生纳入后备干部队伍梯队，放到重要岗位历练，鼓舞大学生职工立足工作岗位，矢志奋斗。

作为海石湾煤矿矿井第一责任人，张田录始终以攻坚克难、奋发图强的勇气，带领全矿干部职工勇毅前行。虽然在过去的努力中取得了一定成绩，但与他心中的目标还相距甚远。在智能化矿井建设的道路上，张田录信念坚定，他将以更将昂扬向上的精神状态，主动作为，为海石湾煤矿的建设发展，为窑街煤电集团公司再创辉煌而努力奋斗。

奋战煤海的"掘金人"

——2020年度集团公司劳模
窑街煤电集团有限公司海石湾煤矿生产技术部
乔国成

乔国成,男,汉族,1979年3月出生,中共党员,大专学历,2001年9月参加工作。2020年时任海石湾煤矿生产技术部副部长兼综采二队队长。

煤,普通寻常的外表,既没有金银那样闪亮耀眼的光泽,也没有珠宝玉石华丽昂贵的身价,但却是生活中不可或缺的物品,而专门负责开采挖掘它们的,是一个平凡而响亮的工种——矿工。这些人成年累月和煤炭打交道,天天弄得"满面尘灰烟火色,两鬓苍苍十指黑",却毫无怨言,甘之如饴。

这其中的乐趣到底在哪里呢?让乔国成来慢慢告诉你吧!

2001年9月,乔国成刚刚走出大学,拿到大专毕业证,进入海石湾煤矿工作。他从一名普通综采队新工人,逐步成长为一名优秀的班长、副队长、队长、副部长,并于2020年任海石湾煤矿生产技术部副部长兼综采二队队长。

前后二十年的时间里，乔国成始终严格要求自己，认真学习、刻苦努力，吃别人不愿意吃的苦，受别人不愿意受的累。历经不同的工作岗位，他自始至终默默地奉献着。

坚定信念担使命

在乔国成心里"生命至上、安全第一"的发展理念根深蒂固。他坚持深入工作现场，发现问题、总结经验，确保大部分时间，工作面安全生产不受任何影响。坚定的信念，对他的日常管理工作起了积极的推动作用。

乔国成常在队职工会议上说："当前我们工作中存在的突出问题，不在于人员素质不高，不在于技术水平低，也不在于管理制度不够严谨完善，而在于士气，在于拼搏精神，只有斗志昂扬才能不断前进，才能有所改变。"

这是他的肺腑之言，也是对自身使命担当的自白，更是对全队职工的美好希冀。他相信，煤矿工人肩上担负着神圣使命。当光明来临的时候，可以嘹亮自豪地告诉后来者，他们当年是在怎样艰苦的环境下，谱写出了绝地反击的壮丽篇章。

攻坚克难保生产

乔国成是一位知识型的管理人才，熟悉他的职工都知道。他刚担任综采二队队长时，队管理基础薄弱，是当时海石湾煤矿管理水平较差的区队之一。虽然受命于"危难之际"，但他没有畏惧，始终坚信"只要我比别人付出的多，求真务实，团结同志，就一定能带出一个好队伍。"通过强化全队管理人员作风建设，进一步细化完善并严格落实安全生产管理办法、设备现场管理办法、工资分配等办法，在不到 2 个月的时间里，全队各项工作逐渐步入正轨，排名居于全矿前列。全队职工精神面貌也焕然一新，得到了上级领导和全队职工的一致好评。

2018 年，回采 6214 油页岩工作面时，当时处于仰采状态下的工作面坡度达到了 16°，工作面回采不仅要破岩，还要爬坡，采煤机割不动白砂岩，严重制约了工作面的正常回采和推进，特别是在工作面煤帮出现一层 1.5m 左右的岩石。面对多重困难和挑战，乔国成迎难而上，接连几天盯守在现场，经过仔细观察和反复论证后，组织职工对工作面进行下底。最终，推进工作面逐步进入岩石下部。这不仅减少了煤帮松动爆破作业次数，节约了成本，而且也减少了采煤机割岩石的工程量以及对设备的损耗，开创了采煤工作面钻底过岩石的先例，为全矿今后过岩石开采提供了宝贵的实践经验。

2018 年 10 月 5 日，一声剧烈的"煤爆声"导致 6124-1 工作面发生了矿山压力显现事故。当时，工作面的所有人员都有不同程度的受伤，这使他深刻认识到冲击地压事故的破坏性和危害性。针对这一不利局面，乔国成组织全队职工分批学习冲击地压防治知识，全面落实矿压防治各项措施，连续 12 天跟着生产班，每天同入井、同出井。6124-1 综放工作面当月安全生产原煤创历史新高，让综采二队的全体职工重新找回了履职尽责的信心，坚定了全体职工安全高产高效实现"双赢"目标的决心，得到了全矿上下的一致好评。

实干争先创佳绩

在二十年的工作实践中，乔国成品过采矿人的艰辛之苦，也尝到收获的喜悦之甜。他勤于钻研、积极上进、大胆实践，始终坚持"安全和效益结伴而行，事故与损失同时发生，安全为了生产，生产必须安全"的管理理念。

乔国成利用自身的专业知识，想方设法解决综采工作面的安装、初采初放、过断层、过联络巷、过拐点、仰采俯采等一系列技术问题，团结带领综采二队一次又一次刷新着创造的安全生产纪录：第一次采大倾角工作面，第一次年产量超过 150 万吨，第一次全年零伤亡，第一次月原煤生产突破 18 万吨。

2020 年，在乔国成的带领下，综采二队全年未发生一起轻伤及以上事故，职工"三违"人数也创历年来最低，安全高效地完成了 180 万吨原煤生产任务，并顺利通过了国家一级标准化验收，为海石湾煤矿原煤生产和安全生产标准化建设有序推进做出了不懈努力。

锐意进取育团队

乔国成认为，管理出效益，在同样的条件下，唯有强化管理才能创造出更好的效益。

区队管理的关键，在于管理好班组，搞好班组建设始终是区队管理最重要的任务。通过认真学习塔山煤矿"人人都是班组长"全员自主管理先进经验，全程参加窑街煤电集团公司和海石湾煤矿组织的班组建设主题培训活动，在总结反思自己多年安全生产管理实践经验的基础上，他更加深刻地认识到，一个人强，不代表团队强；团队强，才能塑造英雄。

为了借鉴成熟管理经验、强化班组建设，每次参加培训时，乔国成都认真记写学习笔记和心得体会，回到工作岗位会第一时间组织班组长参加学习讨论，在潜移默化中坚持把学习到的新理念、新知识一点一滴地融入全队建设中。

在他平易近人的言传身教、不厌其烦的讲解指导下，综采二队有序推进"人人都是班组长"全员自主管理，涌现出了许多先进个人和先进集体。

与煤为伍，向煤学习，翻越一个个采面，开凿一片片煤海，守望漆黑、孕育光明，身在平凡、成就伟大。质朴平淡，同样可以收获不一样的精彩。这就是新时代的"掘金人"。

井巷深处的"开拓者"

——2020年度集团公司劳模
窑街煤电集团有限公司海石湾煤矿掘进三队
王小平

王小平，男，东乡族，1981年10月出生，中共党员，大专学历，2007年9月参加工作。2020年时任海石湾煤矿掘进三队生产一班班长。

"三本一账"激活力

班长还算不上什么"官"，在过去也就被称为"工头"。可王小平并不把班长当"工头"看，管一个班组也要管出个道道来。他总结提炼的"五精"（精细管人、精细管心、精细管事、精细管物、精细管岗）管理工作法就与众不同，在海石湾煤矿得到推广。之后，他先后在班组主持建立了生产一班《工程质量验收管理办法》《材料消耗管理办法》《机电设备管理办法》《安全生产管理办法》《工资分配办法》等规章制度以及各工种安全生产岗位责任制，全面认真、详细完整地记录班组综合管理台账和班组生产经营各项原始数据资料的"三本一账"，为全队各生产班组之间日对比、旬评比、月考核提供了可靠的依据。王小平坚持用严格的制度约束人、用经济杠杆调动人，他实行安全生产目标责任制和考核制，将每月、每班工作任务分解到全班每名职工身上，让每一项工作都有人负责、有人抓、有人管，有效维护了职工的切身利益，使全班各项管理工作趋于规范化、标准化。

"安全寄语"保安全

"安全生产大于天，按章作业记心间。""在家我是顶梁柱，在矿我是安全员。""在岗一个班，安全八小时。""把好胜利的舵，扬起安全的帆。"这些安全寄语来自海石湾煤矿掘进三队职工，也正是在王小平的倡导下，征集一线职工的安全寄语。王小平的心中一直有一个想法，只有工作中不忘安全，才能杜绝"三违"、防范事故。这些寄语成为每个班前会的誓词，也是他认真对待全班安全生产工作的铮铮誓言。在岩巷掘进工作中，围绕提升耙岩机、风钻等岩巷掘进设备运行的安全性、可靠性，王小平严格落实施工安全技术措施，每班组织打眼工等岗位工检查、保养、维护掘进机械设备，做到文明生产、安全生产。2020年，他带领生产一班先后完成1100运输大巷开口任务、一采区油页岩集中运输下山、一采区专用回风下山的掘进及皮带安装等重点工作，优质高效地完成了掘进三队下达的各项生产任务和经营指标，全班杜绝了轻伤及以上人身事故和重大非伤亡事故。

"星级班组"见成效

掘进三队生产一班是海石湾煤矿主力岩巷掘进队生产班组的排头兵，担负着全队40%的掘进任务。为了建强班组、锻造能征善战的团队，王小平严格要求自己和班组成员，按照《作业规程》规定开展正规循环作业，开展每一项工作前均执行安全确认工序，狠抓掘进工程质量和工程进度，注重打造班组"精品工程"。2020 年，生产一班完成掘进进尺 450 米，工程质量优良品率 100%。

王小平坚持班班上尺上线，严格落实施工安全监护和巷道支护措施，带领生产一班职工上标准岗、干标准活。加强施工材料精细化管理，组织动员全班职工深入开展修旧利废、回收复用等竞赛活动，全年班组材料消耗始终控制在应耗以内、节约材料费 18.75 万元。他在海石湾煤矿"人人都是班组长"活动中表现突出，为生产一班的全员自主管理起到了支撑和表率作用。2020 年，全班人均月收入突破 7400 元，班组全员工效达 0.58 米 / 工，在集团公司各岩巷掘进队班组中处于领先水平。

在王小平的带领下，2019 年，掘进三队生产一班先后荣获海石湾煤矿"星级班组""标杆班组"，窑街煤电集团公司"全员自主化管理班组竞赛一等奖"等荣誉称号。

强将带出英雄汉

"强将手下无弱兵。"王小平既是一名优秀的班长，也是一名强将。带出一个好班是王小平一直在思索琢磨的课题。长期的井下一线安全生产管理实践，他深深感悟到班组长只有成为工友的表率，指挥才能有说服力；喊破嗓子，不如干出样子。工作现场，他总是苦活、累活抢着干，难活、急活带头干，工作中、生活上耐心沟通、关心帮助工友，积极协调解决各类困难，为全班职工做出了示范。除参加矿"导师带徒""安全大讲堂"等培训外，王小平还在班组职工中坚持不懈地推行实战型"手指口述"操作法，灵活开展岗位练兵、技术比武，对新入职职工，王小平在工作面、井下候车室、人车、出入井的路上不厌其烦的讲解操作要点、技能经验，及时反馈班中问题、交流心得，保证班组队伍技术技能"接力"。仅 2020 年一年，生产一班举办集中培训 12 次，在全队营造了"比、学、赶、超"努力提升技能素质的良好氛围，1 名职工取得了电工中级工等级证书，在海石湾煤矿和集团公司举办的职工岗位技能大赛中，他所在的班选派 5 名职工参赛，包揽了喷浆工第一、二名。

　　这是一名冲锋陷阵的强将、一个敢打硬仗的班组。王小平用自己的行动在井巷深处留下的是优良工程，在海石湾煤矿掘进史上留下了辉煌的一笔，也为自己谱写了无悔的青春之歌！

实干担当抒风华

——2020年度集团公司劳模
窑街煤电集团有限公司三矿
王永忠

王永忠，男，汉族，1971年12月出生，中共党员，本科学历，高级工程师，注册安全工程师，1993年6月参加工作。2020年时任三矿矿长、党委副书记。

　　人生是一场旅行，一路逐梦，一路前行。回眸走过路，弯弯曲曲，脚步蹒跚，却没有一刻的停留驻足。和煤打交道的27年，他把奋斗的足迹深深地印在了煤海深处的巷道，从一名中专生到矿长的成长之路，在别人眼里也许是成功人士，而在王永忠的心中，奋斗没有终点，每一次成功都将是一个新的起点。

　　在矿长、劳模、优秀共产党员的光环下，王永忠没有一丝的满足和骄傲。在新一轮国企改革的浪潮中，他在接续奋斗，续写着奋斗者赞歌！

抓好班子带出优秀团队

　　在煤矿工作27年，每一起事故都在他心里留下深深的印记。作为矿长、党委副书记，每一名矿工的安全都是一分沉甸甸的责任。他牢固树立安全发展理念，着力夯实安全管理基础，始终坚持以打造党建引领型、安全高效型、创新标准型、绿色环保型、幸福和谐型"五型"煤矿为己任，根据自己工作性质以及企业安全发展现实，不断创新工作方法，学习借鉴其他兄弟企业的成功经验，坚持及时掌握学习煤矿安全生产新政策、新要求、新技术和新动态，通过专业学习，对安全生产工作有了更加深入的认识，促使自己更好正确履行职责，积极发挥管理职能。同时注重发挥班子的整体作用，结合三矿安全生产工作实际，平时注重和班子成员沟通交流，充分发挥班子的集体智慧和力量，团结一心，各负其责。三矿领导班子多年被集团公司考评为优秀好班子。

在职工队伍建设方面，针对不同业务板块人员情况，王永忠通过加强工作配合、开展活动交流等强化思想融合，把各方面人员的思想认识凝聚起来，共同为完成各项任务做贡献。针对企业出现的专业技术人员队伍不稳定的情况，他通过评聘技术专家等途径想方设法提高技术骨干待遇，修订完善激励制度，鼓励年轻技术人员参加各类注册工程师考证，为保证矿井安全生产提供了坚实的思想保障。

对标一流建设智慧矿山

面对矿井开采深度加大、瓦斯治理难、地质条件复杂多变等诸多因素，破解发展难题，实现矿井减人提效，达到少人则安、无人则安的奋斗目标成为当务之急。在2020年初，王永忠主持召开全矿职工大会，提出"不推行智能化建设，我们迟早会被时代淘汰"的要求，吹响了三矿智能化建设的冲锋号，在他的带领下，全体干部职工向着统一的目标发起冲刺。他组织职工认真学习全国煤矿智能化建设的先进经验，提高全矿职工对智能化开采采煤方式的认识，让职工充分认识到由以往"人工控制"改为"远程控制为主，人工干预为辅"是当今煤矿开采的发展之路，使支架工、机组司机这些最脏、最苦、最累的岗位从"操作手"变身"指挥官"的必然形势。

积极主动对标世界一流企业，带领三矿班子成员和全体干部职工统筹推进安全生产、承包经营、深化改革、党的建设、民生改善等重点工作，狠抓"一优三减四化"建设，坚持以优化采掘设计为前提和保障，以减水平、减头面、减人员为根本目标，正确解决矿井"保抽灭掘采"主要矛盾，优化通防、生产、机运"三大系统"，创建大调度、大指挥、大协调、大督办、大信息"五大格局"，聚力生产计划、优化设计、生产组织、技术革新、瓦斯治理、机运管理"六大攻坚"，有效提升了矿井系统运转能力；积极推行"机械化换人、自动化减人、信息化、智能化替人"，努力推进矿井向"系统智能化，智能系统化"发展，实现了供电、排水、运输（皮带）、通风、压风、瓦斯抽采等系统智能化无人值守。

全面导入卓越绩效管理模式，坚持"管理、装备、素质、系统"并重，大力推进以"一提双优"（提升机械化、自动化、信息化、智能化水平，优化生产系统、优化通风系统）为核心的"硬件"建设和"五位一体"（自主管理文化塑造、综合素质提升、安全标准化、风险分级管控、隐患排查治理）为核心的"软件"建设，最大限度实现井下"少人化、无人化"作业，努力朝着"四化"矿井目标迈进。实现了产量、质量、效益的同步提升，有效提升了全矿整体管理水平。2020年矿井获得了中煤协会联合认证（北京）中心颁发的质量/环境/职业健康安全管理体系认证证书。

王永忠主持的"三下"急倾斜特厚煤层膏体充填开采技术研究为省内第一个绿色开采技术开发项目，该项目将解放"三下"压煤1622万吨，延长矿井服务年限5.5年。该项目在对地表沉陷起到控制作用，将实现矸石零排放、减少地面环境污染、减少开采对地下水和生态环境破坏的同时，还将缓解防冲、防突压力，实现矿井绿色环保安全开采。

他主持的主运煤系统改造，使矿井原煤运输能力提升6倍。项目运行后，能产生相当可观的经济效益。他主持的洗煤厂项目增加了原煤品种，拓展了客户群体，并按照客户需求配煤，实现了经济效益最大化。

他还先后主持完成改革创新项目共计150多项，完成了《急倾斜复杂构造煤层分层保护范围及顶煤可放性技术研究》《皮带斜井七采区瓦斯地质规律研究》《复杂地质条件下综放工作面安全开采关键技术研究》《窑街三矿冲击地压软岩巷道锚杆支护工艺参数优化技术研究》《窑煤三矿"三下"急倾斜煤层膏体充填开采》等 7 项科研项目；膏体充填开采、人车运行系统、主运煤系统和排矸系统、五采区开拓系统、七采区回风系统等技改方案，以及"窑街矿区特厚煤层开采冲击地压机理及综合防治技术"取得显著效果，获得2020 年度中国职业安全健康协会科学技术二等奖；"一种用于急倾斜煤层综放开采底煤的卸压方法"获国家发明专利。

改革创新 推动企业发展

思路一变天地宽。王永忠不但善于管理，更勇于技术创新，他持续深化"三项制度"改革，健全管理人员公开选聘、竞争上岗机制，规范选人用人程序，严格定量定向考核，注重考核结果应用，切实形成管理人员能上能下的良性机制。

完善、改进全员层层经营承包、积分制考核运行机制，落实各级经营承包者的主体责任，重点落实计件承包、岗位承包、专项工程承包、零星工作承包四项承包。合理确定工资指导分配线，坚持"保底、扩中、限高"的收入分配原则，实现一岗多能、一岗多责，切实做到职工收入能增能减。加强定额管理，建立岗位写实制度，健全监督检查、考核奖惩机制。

他注重预算、协调、考核主要环节管控，狠抓提质增效，全面推行零基预算管理，紧紧抓住工资、材料两项承包，构建"分、算、得"智慧经营模式，严格控制材料消耗，优化资源配置，完善内部控制，防范经营风险，构建形成了运营顺畅的预算管理体系，全面实现了常规经营向智慧经营转变、财务核算向经营预算转变。

严格落实矿井、采掘工作面限员规定。严格控制地面井辅人员，地面服务实现内外部劳务市场化、契约化管理。他实施标杆班组创建、班组长培养、全员素质提升三大工程，带领培养了一支具有勇于拼搏、敢于担当、团结协作、克难制胜的卓越团队。

身体力行做出表率示范

作为三矿行政第一责任人，王永忠深知只有自己的工作作风过硬才能带动广大干部职工干好工作。他力行"天下大事必作于细，天下难事必做于恒"的信念，各项大事难事主动担当作为，说干就干，雷厉风行，干净利落，并且一抓到底，直到问题解决为止。在安全生产经营等重点工作上，都是亲力亲为，带头抓落实。所有重大难点工程措施、技术方案以及比较繁杂棘手的事务，坚持精深、精准、精细、精实的"四精"理念，按照有针对性、操作性、实用性和科学化的标准，深入研究，精心谋划，统筹安排，做到心中有数。

以矿为家在王永忠的身上得到了充分体现，在同事眼中他就是"工作狂"。他每天起早贪黑，早出晚归，工作十多个小时，双休和节假日也不例外。2018 年 6 月，他身患带状疱疹，医生让他住院治疗，他放心不下矿上的安全，每天晚上换药白天上班。孩子高考他顾不上陪，孩子上大学没顾上送，用他妻子的话说："在矿精神百倍，回家倒头就睡"。他力求把工作上的每件事情做满意才得以安心，真正做到了以上率下，以身作则。

他坚决贯彻以人民为中心的思想，主抓兴办实事，落实民生工程，强化民生保障，注重环保工作，美化亮化矿区环境。改造职工"两堂一舍"，严格落实疫情防控工作，突出抓好职工群众最迫切的民生难题。绿化矿区面积 4 万平方米以上，矿区绿化覆盖率达到 85%。自 2017 年以来，王永忠带领三矿全体干部职工每年完成集团公司下达的原煤产量任务，年均实现利润 1.7 亿元以上，职工人均收入逐年以 10% 的速度增长，为三矿创造了自建矿以来安全生产 1200 天的最长安全生产周期，成为当年甘肃省唯一荣膺中国煤炭科学产能百强矿井的煤矿，切实让广大职工在共建共享中增强了获得感、幸福感、安全感，促进了矿区的和谐稳定发展。

王永忠以实际行动坚守着矿井安全开采的责任和使命，一桩桩一件件事，像一串串晶莹剔透的珍珠，闪耀着他鲜活的人格魅力，他用自己的实际行动带领着、感动着每一个三矿人。

矿山"安全脊梁"的守护者

——2020年度集团公司劳模
窑街煤电集团有限公司三矿综采队
东小军

　　东小军，男，汉族，1982年12月出生，中共党员，本科学历，工程师。2010年8月参加工作。2020年时任三矿综采队队长。

　　安全帽、矿灯、工作服、自救器、长筒雨靴，着装打扮整齐划一，从上到下全副武装，像一群无所畏惧的勇士，他们面色平静、表情如常，步伐坚定地走进千米深处的地下巷道……

　　如今已经四十不惑的东小军，依然每天在竭尽全力做好安全生产管理工作，为全队职工提供安全保障。

扎根煤海　青春无悔

　　三矿是东小军梦想开始的地方，在这里他迈出从"学生娃"到新时代矿工角色转换的第一步。尽管来之前早已做好了充分的思想准备，但煤矿井下艰苦的工作条件还是让他大吃一惊。每当因为工作原因心情低落时，他就暗暗激励自己，既然已经做出了选择，无论如何也要坚持下去。

在井下艰苦工作环境中摸爬滚打的经历，不仅磨砺了东小军坚韧的性格和意志，而且让他积累了丰富的一线工作经验。他一步一个脚印，从综采队液压支架工做起，到后来的放煤工、端头支护工、副队长、队长，用无悔青春绘就一幅奋斗画卷，为矿山添上一抹瑰丽的色彩。

为了抓好现场安全生产管理工作，更好地适应当前煤矿智能化发展的趋势，东小军在熟练掌握综采放顶煤工艺和各岗位操作要点的基础上，系统学习专业技术理论和现场操作技能，坚持刻苦学习新知识、钻研新技术、掌握新业务，通过不断的理论学习、实践总结，努力提高安全生产管理能力和经验。

2020年5月，在5521工作面新安装ZF12000/20/30支撑掩护式综采支架过程中，面对井巷断面小等复杂的地质条件、职工技术能力欠缺、安装技术复杂等众多不利因素，作为队长的东小军深知责任重大、任务艰巨，他没有动过退缩的念头，勇敢挑起重担。在短短15天的时间里，东小军带头积极参加矿组织的新支架操作技术培训活动，并从参加培训之日起就带领职工边学、边干、边摸索，通过将设备拆成一件一件运输，再一件一件地组装成庞大沉重的综采设备，努力全面了解熟悉构造组成。

在安装第一副端头支架时，东小军在井下整整待了两天两夜，汗水浸透了浑身的衣物，饥渴让他浑身无力，难以支持，但他始终没有停下来休息一会儿，也没有一句怨言，最终通过理论学习和现场实践相结合的方式，他掌握了从设备操作到生产工艺的全部技术和管理经验。在东小军的带领下，综采队提前10天圆满完成了5521工作面的安装工作，有力保障了矿井生产的正常推进。

履职尽责 守护安全

东小军始终以对全队职工生命安全负责的责任感和使命感，狠抓各项安全制度措施的落实和现场管理。针对井下地质条件变化大、安全隐患多等实际情况，他总结提出了"三多一提"（多走一步，多看一眼，多说一句，关键时刻提醒一句）工作法，主持修订并完善了综采队安全隐患排查处理制度，组织职工每班开工前进行"四位一体"安全风险辨识和事故隐患排查治理，落实"工作程序零疏忽、工程质量零差错、岗位操作零失误"管理措施，并组织职工对全队管理的各型设备做到"定期维护保养、挂牌管理、责任到人"。

他结合全队安全生产实际，推行采区主管、跟班副队长和班组长"三大员"层级管理，要求分片包干、各把一关、责任到人、失职追责，在综采队形成了逐级联动、齐抓共管的良好局面。

东小军秉持"工程质量是安全工作的基础，是一个区队的生命工程"工作理念，对标《煤矿安全生产标准化基本要求及评分方法（试行）》，注重在创建精品工程上统一全队上下的思想认识，坚持把安全检查延伸到工作面的各个作业环节、工作时段、每个角落，坚决不留死角、盲点和空挡，杜绝了各类事故的发生，推动工作面实现了动态达标。

他更是坚持把"人人都是班组长"的全员自主管理模式作为筑牢全队安全第一道防线的重要抓手，坚持班组建设夯基铸魂，围绕安全生产任务完成、节支降耗等重点工作，广泛组织各生产班组和班组长之间开展竞赛活动，每月组织公开评选月度优秀轮值班组长、星级员工，奖优罚末，有效激发了班组每一名职工认真履职的潜能，进一步增强了职工安全自保互保联保意识。

东小军主持修订完善了班组成本核算管理办法，积极推行班组成本核算，将每月下达的安全质量、生产任务、材料成本等按比例分解承包给班组，精确核算单元，形成了人人头上有指标的承包经营管理机制，不断强化监督检查和考核奖罚力度，进一步提高了班组自主管理能力。

2020年，他带领综采队安全高效地实现了年产180万吨原煤的好成绩，为三矿的安全生产做了突出贡献。

勇于创新 攻坚克难

东小军立足岗位大胆创新，注重优化复杂地质条件下综采工作面回采工艺，与工程技术人员共同攻克了急倾斜特厚煤层工作面综合机械化旋转连续开采的技术难题。

三矿七采区煤层赋存条件极为复杂，煤层受地应力作用弯曲变形、直立倒转，断层、褶曲构造频繁，工作面布置最大转角55度，随着工作面推进随时可能出现出架、加架等问题，机头机尾最大摆采比例达到1:15，经常出现前部运输机机头下窜、支架下滑挤死无法正常开采的情况，现场安全管理难度非常大。

他通过认真分析，依据工作面三机配套原理，反复研究论证编制5721-9工作面大转角摆采方案，先后组织制定了转载机可弯曲安全运输措施、采煤机进刀方式、液压支架调整方法和上下端头支护方式等关键安全技术措施，确保了5721工作面摆采成功和正常有序安全回采。

"没有完美的个人，只有完美的团队。"东小军在日常工作中注重吸取大家的智慧，坚持发挥集体决策的民主示范作用，着力调动和发挥班子及全队职工的工作积极性。他严格执行队务公开制度，认真落实"五公开、一上墙、三人联审"制度，凡事关全队安全生产的大事均提交职工大会审议通过后实施，努力维护职工最直接、最现实、最突出的利益问题。

他始终把制度、措施的监督落实作为带好职工队伍、创建和谐团队的第一要务，组织各生产班当班工作记分、公开打分，当众陈述公布，让职工一下班就知道当班挣了多少分，实现了工分考核分配的公正、公开、公平，得到了全矿上下的一致肯定。

踏实肯干、勤勉务实的东小军，先后获得过2017年三矿先进生产工作者、2018年三矿安全先进个人、2019年甘肃省国资委优秀共产党员等荣誉称号。

东小军这个朴实无华的名字背后，交织着激情与汗水，坚毅的身影在沸腾的煤海中谱写了一曲自强不息、奋斗不止的赞歌。他埋头苦干奋勇拼搏，实现着自己的人生价值，流逝了青春年华，换来了万家灯火。在今后的工作中，他将一如既往地扎身煤海、不负韶华，努力为企业高质量发展做出新的更大贡献！

闪亮的星辰

——2020年度集团公司劳模
窑街煤电集团有限公司金河煤矿掘进二队
李作忠

李作忠，男，汉族，生于1973年2月，中共党员，高中学历，2008年6月参加工作。2020年任金河煤矿掘进二队二班班长。

浩瀚夜空，繁星点点。来自农村的李作忠，就像一颗星融入煤海的浩瀚夜空，质朴闪亮。

知行合一的好工人

李作忠自小在河西农村长大，是一个地道的农村娃，他最不怕、最"拿手"的就是"吃苦"。2008年，听到矿上招工的消息后，他毫不犹豫地报名当了一名煤矿工人，被分到了金河煤矿掘进二队工作。起初他跟着师傅和工友们干，无论清煤、装渣、运料、支护，还是打眼、放炮、机掘、维修，只要什么地方人手紧就到什么地方顶上干，从来没有因为井下"苦、脏、累、险"打过退堂鼓。但他越来越觉得仅凭能"吃苦"根本赶不上煤矿"四化"建设的要求，必须努力学好掘进工艺、熟练掌握掘进技能，尽快"玩转"各类掘进设备。李作忠相信，只要自己肯学、肯钻、肯干，就一定能干出个名堂来。有了这一"念想"的支撑与驱动，在平时工作中他就注重边干边学、边学边干，对不会的问题就积极主动向师傅和工友们反复请教学习，并在班中细心观察和反复琢磨综掘机、锚网机、皮带和刮板输送机等设备性能及操作要领，每次遇到设备出现故障，只要有空，就跟着师傅和维修工跑前跑后，一边帮忙、一边学习，逐渐掌握了打眼成巷、锚网支护、综掘机掘进、绞车提升、皮带运输等常用设备的操作和工器具使用技能，自己也从一名普通的掘进工成长为能够"独挡一面"的班组带头人。但他并没有因此而骄傲和懈怠，反而切身感受到了更多沉甸甸的责任和压力，尤其是面对窑街煤电集团公司和金河煤矿加强安全生产标准化达标工作的严格要求，他更加注重个人技能，特别是班组整体素质的提升，始终保持"能吃苦"的实干作风和"肯钻研"的学习劲头，团结带领全班职工出满勤、干满点、学技能、攻难关，班班超额完成队上下达的生产任务，2020 年在全矿创下了单班掘进 4.5 米的最好成绩，赢得了矿队领导的一致好评，被矿上评为"十佳"班组长，并荣获窑街煤电集团公司"劳动模范"称号。

令人放心的安全卫士

作为煤矿掘进一线"带兵实战"的班长，李作忠深知对于煤矿来说，安全始终是首要的"一号工程"和"头等大事"，也是对企业、对职工、对家庭最大的"良心工程"。井下条件复杂多变，时刻潜伏着各类安全风险，他身为一班之长，脑海里清醒地知道"安全"这两个字的分量，既关系着企业大家庭的发展，又关系着职工小家庭的幸福，丝毫容不得半点闪失和麻痹大意。为此，他还给自己立了个规矩：不管任务多紧，决不要不安全的进尺。这也是他们全班保证安全生产的最大底线，因为设备坏了可以修、进尺欠了可以补，一旦安全上出了问题，带给企业的损失、留给家庭的创伤却无法弥补。

这几年，无论是集团公司还是矿上对安全工作的要求越来越高、标准越来越严，但李作忠从来没有因完成任务而破过规矩，也从来没有为赶进度而越过底线。

记得在 2019 年掘进 17206 工作面时，由于地质条件差、施工难度大，加之矿压集中、爆声频繁，全班职工出满勤的少、发牢骚的多，每月完成掘进任务十分吃紧。有一天夜班生产，正好赶上过断层破碎带，大家严格按照掘进工序加紧施工，都憋着一口气想多打几片网子，争取把欠的进尺赶回来，就在临近下班时，李作忠发现窝头正前顶板两处锚杆间排距过大、预紧力也不够，当即要求整改重新补打。"我知道现在任务很紧，也知道大家都想完成任务，但我们不能把隐患留给下一班，更不能拿自己和工友的生命当儿戏，如果都这样做，我们怎么来保证安全？没有安全还要进尺顶什么用？"说完后，李作忠带头返工整改，大家也都跟上来重新布眼、打钻、顶锚、加固，很快完成了整改任务。尽管那天大家下班很迟，但李作忠从工友们闪烁的眼神里看到了夸奖和赞许。

同年，全集团公司，包括金河煤矿在生产安全上打了一个漂亮的翻身仗，李作忠为掘进二队二班能为这份亮眼的成绩单出力添彩感到光荣。

凡事争先的优秀班长

从参加工作到担任班长，李作忠深切体会到抓好安全生产必须"严"字当头、"细"字当先，只有严抓细管，才能确保安全生产。

作为班长尽管职务不高但责任重大，在工作中他坚持做到"两要两不能"，也就是上岗要上标准岗、干活要干标准活，抓班组严格管理不能松手、抓质量严格标准不能走样，无论从巷道成型、锚杆打设，还是到锚网支护质量、现场文明生产等每一道工序、每一个环节，始终从严从细把安全生产标准化放在首位、落到实处，决不允许出现不合格品，体现了掘进二队二班"严抓细管、创先争优"的一贯作风。

按照队上的要求，每月制定"人人都是班组长"轮值计划和考评台账，建立以群监员为主的安全小组和以验收员为主的考评小组，严格落实班前会流程和当班作业计划，并根据班组实际工作情况和轮值委员履责情况，每月评出优秀轮值班组长和安全之星、质量之星、创新之星、学习之星"四星"模范予以奖励，充分调动了全班职工自主管理的积极性和主动性。

2019 年，掘进二队二班连续三个月名列全队安全生产第一，创下了单班月进尺最高 120 米的好成绩，杜绝了轻伤以上人身事故，顺利完成 17206 工作面的安全贯通，工程质量优良率、合格品率均达到了 100%，为确保实现本队和全矿安全生产目标做出了积极努力和应有贡献。

"凡是过往，皆是序章。"今后，李作忠将以更加强烈的责任担当、更加饱满的工作热情、更加务实的工作作风，立足本职接力奋斗、尽心尽责守护安全，用扎根一线终不悔的实际行动，继续为企业的安全发展和高质量发展再创佳绩、再立新功。

脚 印

——2020年度集团公司劳模
窑街煤电集团有限公司金河煤矿生产技术部
凌振华

凌振华,男,汉族,生于1980年5月,中共党员,本科学历,2001年4月参加工作。2020年时任金河煤矿生产副总工程师、生产技术部部长。

"莫记乡关在何处,学成自有故人催。"一个80后的青年,凌振华始终秉持一个信念:成功来自不懈的奋斗。他相信如果矿山上突然架起一道彩虹,那一定是奋斗者的汗水在阳光下辉映的斑斓;如果矿井能看到晚霞全部的光彩,那一定是因红色信仰的聚霭,填充了心灵的片刻空白。

参加工作20多年来,凌振华潜心钻研技术,奋斗在生产一线,从技术员到队长、副部长,再到部长、矿副总工程师,他从一名刚刚走出校园的懵懂青年,逐渐成长为一名扎根矿山、乐于奉献、严抓细管、业绩突出的新一代矿井建设者、管理者,"爱岗敬业"和"勇于担当"一直是贯穿凌振华各个工作岗位的真实写照。

2020 年，凌振华被任命为金河煤矿生产副总工程师、生产技术部部长，这既是组织上的信任，也是他个人能力得到充分肯定的重要体现。按理说职务得到升迁的他应该高兴，但他深感肩上担子的沉重。金河煤矿是集团公司的一座老矿井，矿井地质构造复杂，瓦斯、顶板等自然灾害严重，加之近期定性为冲击型矿井，在这种巨大的安全工作压力下担任生产副总工程师，对谁来说，都会有受命于危难之际的感触。

如何将压力变为动力、有效破解严重制约着企业安全稳定发展的难题，成了凌振华日思夜想的课题。围绕矿井安全生产中心工作，凌振华持之以恒，着力推进技术创新和管理创新，不断加强采掘区队日常管理，积极与生产技术部工作人员反复梳理研究矿井采掘接续、采煤管理、掘进管理、工作面顶板管理等方面的症结点，组织全面梳理排查各类安全生产隐患点，集思广益拟定各项安全生产措施，团结带领生产系统干部职工凝心聚力强化安全生产，确保了全矿安全生产工作平稳有序推进。

干一行就要爱一行，干就干到最好。凌振华对待工作认真负责、兢兢业业，勤于学习、钻研业务。他认为"小技改"是提升企业利润的助推器，"小创新"是推进企业稳步发展的金钥匙。因此，凌振华在日常工作中，善于发现问题，对于制约生产的难题反复研究，立足技术创新，突破墨守成规的惯性思维，不断提升工作质量和效率。

为了推动全矿完成全年原煤生产任务，他经常深入井下各施工现场，认真调查研究、深入分析讨论，根据矿井安全生产保障能力，拟定并严格组织落实切实可行的管理措施，要求采煤队将原煤生产任务指标逐月逐季分解到每一名在岗职工、细化每天工作内容、加大考核检查力度，有效督促整改了生产过程中出现的各类问题。他坚持"以最大限度地简化设计、优化布局、降低成本"原则，着力优化采、掘工作面设计，先后完成了 16214-2、17204-2、16119 三个工作面的设计工作和八采区、六采区扩大区设计工作，确保了矿井开拓延伸的顺利进行。

凌振华每月组织召开顶板管理专题会议，总结分析当月顶板管理中存在的问题，超前安排下月顶板管理工作，及时有效地解决了顶板管理工作中出现的各类问题；他坚持"一工程、一措施"原则，在工程开工前严格要求施工单位技术员以《煤矿安全规程》为依据，编制审批作业规程和安全技术措施，杜绝了无措施或措施未审批施工的现象；他督促矿井工程技术人员不断提高自身业务能力，每月组织召开安全隐患排查会，审查当月审批的规程及措施，对存在的问题进行通报，有效提高了作业规程及措施的编制质量；他每半年组织开展作业规程及施工组织设计评优活动，对编制优秀人员进行奖励，提高了工程技术人员学习业务的积极性和主动性；他加强技术管理工作，坚持从优化工作面设计入手，要求每个工作面的设计必须经过各生产部室负责人、技术骨干以及矿领导上会讨论，并对设计方案进行相互比较，组织形成最佳方案，通过全面夯实管理基础创造良好安全生产条件，努力让技术管理工作更好地服务于全矿安全生产工作。

凌振华自 2019 年 6 月担任生产技术部部长以来，通过优化采区设计、优化工作面设计，一举扭转了金河煤矿多年来接续紧张的局面，为矿井安全生产提供了基础保障。在巷道支护方面，他根据井下现场实际，不断调整技术参数，实现了技术上突破，矿井巷道支护质量得到有效提高；在防冲管理方面，他在组织建立健全矿井各项防冲管理制度的前提下，抓好冲击地压治理、提高支护强度、全面推广深孔预卸压技术等举措，实现了矿井"低应力开采、均能量生产"；在采煤管理方面，他在加强工作面管理的同时，结合全矿安全生产实际下达生产任务，2020 年度矿井各项生产任务全部超额完成。

在 16214-2 工作面过空巷期间，凌振华每天深入井下现场指导，排查可能出现的隐患，凭借多年的实践经验，指导采煤机司机"挑顶""割底"，最大限度提高底煤和顶煤的回采率，要求底板坡度留一致，顶板、底板、煤壁割平直。17204-2 工作面有一定的坡度，时常存在前部溜子上窜下滑的问题。为了有效解决这一问题，凌振华及时与区队沟通，要求每班掌握两个端头的进尺，认真仔细观察架头和移架连杆的变化情况，及时调斜工作面，采取措施杜绝前溜上窜下滑的现象，并仔细检查回风巷超前支护、端头支护质量、上下隅角的落实情况和工作面工程质量、两巷文明生产整治等具体工作，发现问题及时安排区队进行整改，有效保证了工作面的正常回采，为全矿安全高效完成生产任务提供了有力保障。

回眸走过的路，留下的是弯弯曲曲的脚印，每一步都是扎实向前的。在每一个岗位的锻炼，虽有一些不如意和不顺心，但都让凌振华受益匪浅，带给他更多的是经历和成长的喜悦感。凌振华用一颗奋斗淬炼的初心，凭着对事业的执着追求和敬业精神，追求着自己的人生价值，以超越自我、勇于创新的实干精神，在未来的人生中更加坚毅和自信，留下更为坚实的脚印！

勇于突破人生的边界

——2020年度集团公司劳模
窑街煤电集团天祝煤业有限责任公司综掘队
马英

　　马英，男，汉族，1975年1月出生，中共党员，中专学历，助理工程师，1994年8月参加工作。2020年时任天祝煤业公司综掘队队长。

　　无论从事哪种职业，走向成功的第一步，首先是始终保持对职业的兴趣和热爱。一个人如果对自己的职业坚信不疑，他的心里就崇尚这个职业，尊重这个职业。

　　天祝煤业公司综掘队队长马英就是这类人，他非常热爱自己矿工的职业和开矿采煤的工作，从不嫌弃矿井内的工作条件。他只想热爱生活，努力工作，做最忙碌的人，也是最快活的人。

隐患排查挺在前

　　"把心用在工作上，把工作放在心上。"这句话是马英的口头禅，也是他对待工作的一贯态度。

1994年，马英怀揣着青春的梦想，来到了天祝煤业公司，从掘进工、巷道维修工，逐级晋升为班长、副队长、队长。

20多年来，他认真学习贯彻党的安全生产方针和窑街煤电集团、天祝煤业公司安全生产指令性规定，严格执行《煤矿三大规程》，牢固树立"安全第一、生产第二"的理念，坚持以敬业奉献、任劳任怨的实干精神履职尽责。

每次到达工作地点后，马英都要仔细检查巷道施工质量，组织排查处理各类安全隐患，全面纠正职工的不安全行为，时刻提醒职工注意安全，搞好自保互保，做到"四不伤害"。

他始终坚持"宁为安全吵翻天，不能流血又流泪"的原则，注重特殊地段、特殊时间段的安全隐患排查与管理，坚持不留死角，组织职工努力把可能发生、曾经发生、经常发生的安全隐患都留意到、排查清，做到安全隐患早发现、早汇报、早处理，坚决把安全隐患消灭在萌芽状态，做到不安全不生产。

仅2020一年，马英平均每月下井22天以上，带头处理安全生产隐患137条，为综掘队实现全年安全生产目标奠定了坚实的基础。

2018年以来，马英带领的综掘队杜绝了轻伤及以上人身事故，多次被天祝煤业公司、窑街煤电集团评为六好区队、先进集体。

隐患治理不松懈

2020年，综掘队施工的2201进、回风掘进工作面遇到巷道坡度大、顶板破碎松软、煤爆声大、工作面无法正常掘进等诸多困难。

针对这种情况，马英深入工作面反复探查现场情况，仔细琢磨分析顶板破碎松软带的地质构造情况，一边积极向天祝煤业公司主管部门汇报，一边与技术员、队干部反复商讨并研究拟定了采用打小眼、放小炮、手工挖掘方法进行施工的方案。

说干就干，是马英一贯的工作作风。当天夜班，他就下井组织职工在工作面现场落实措施，连续几个小时带头打超前预锚，有效控制了顶板。工友们对他说："马队，歇一会儿，我们慢慢干。"他微笑着对职工说："慢慢干能行吗？破碎带过不去，既不安全，又不能正常生产。任务完不成，月底我们靠啥吃饭？"他真情流露的话语，打动了在场的所有职工。

在他的带领和现场组织下，全队职工经过4天的艰苦奋战，终于安全穿过了破碎带，工作面恢复了正常掘进。

由于工作业绩突出，马英多次被天祝煤业公司、窑街煤电集团有限公司授予安全先进个人、优秀共产党员、岗位能手、"十佳"队长等荣誉称号，2016年他被评为"省国资委优秀共产党员"。

紧盯质量夯基础

干一行、爱一行、专一行，是他对自己的基本要求。工作中，马英勤勤恳恳，任劳任怨。

2020年，为了有效缓解天祝煤业公司采掘接续紧张的局面，公司下达了必须限期圈定2201工作面的指令。然而2201掘进工作面受地质条件限制，掘进坡度大，顶板压力大，运输掘进物料异常困难。

2201工作面圈定，是企业可持续发展的枢纽工程。一想到这些，马英感到肩上的担子异常沉重。为了保证企业采掘接替正常，他以身作则出满勤、干满点，影响带动全队职工坚定"能掘4排、决不掘3排"的信念，力争在每班交班前坚决完成当班任务，最终安全高效地提前完成了公司下达的工作任务。

万丈高楼平地起。若工程质量上不去，反复维修费工费力、增加成本，也会给后期的生产带来安全隐患。基于这一认识，马英牢固树立"掘进工程质量是安全生产基础"的安全理念，坚持抓工程质量促进安全生产。自天祝煤业公司大力推行"锚网支护技术应用"以来，他带头认真学习理论，坚持高起点、高标准、严要求，组织职工严格按质量要求施工，力争创建精品工程，努力将理论知识应用于安全生产实践当中。

马英严格落实跟班制度和工程质量责任追究制度，经常深入生产一线靠前指挥，现场监督指导开展安全生产标准化工作，及时组织纠正查出的工程质量问题，决不姑息迁就不合格质量问题。他积极与区队技术员沟通，通过强化职工现场施工质量培训工作，着力让职工知道怎么干，干到什么程度。

功夫不负有心人。几年来，马英带领综掘队施工的 2103 工作面、2105 工作面被集团公司评为"公司锚网支护最优工作面"，成了兄弟单位学习的榜样。

在他的严抓细管之下，综掘队安全生产标准化工作走在了天祝煤业公司采掘队的前列，工程合格率达 100%，优良品率达到 90% 以上，多次被天祝煤业公司和窑街煤电集团评为最优掘进工作面，受到了公司领导的肯定和表扬。

重视培训提素质

职工素质，直接影响着煤矿这一特殊行业的安全基础。只有不断提升职工队伍的综合素质，才能让职工在安全生产实践中养成良好的操作行为和习惯。

针对全队职工学历低、年龄结构差异大、队伍整体素质参差不齐的实际状况，马英因材施教，组织职工参加雨课堂、应知应会、安全确认、风险预控和煤矿安全规程的学习，努力让职工做到上标准岗、干标准活。

除了做好日常培训工作，他还利用上班施工时间持续开展"导师带徒"和风险预控等活动，组织各生产班班长根据职工具体情况，适时安排业务技能好的职工与业务技能差的职工结对子，一对一细化开展技能传、帮、带活动，在全队营造了良好的学习氛围。通过开展常态化的学习培训互动，综掘队职工"三违"人数逐年呈下降趋势。

俗话说："没有规矩不成方圆"。马英坚持用制度管人、依规矩办事，对职工工作安排、工资分配等职工关心的热点问题坚决公平公正，做到"一碗水端平"，坚决反对厚此薄彼的现象。这让全队职工人人服气，紧密团结拧成一股绳，劲往一处使。整个综掘队的职工都认为他是一个正直的人，用职工话说："马队长做事公平，我们服"。

功崇惟志，业广惟勤。马英把劳动精神和工匠精神融为一体，以认真和勤勉团结带领综掘队全体职工砥砺奋进、不断突破自我，踏踏实实做人，认认真真做事，以实际行动为天祝煤业公司的发展和未来贡献自己的智慧和力量！

人生奋斗正当时

——2020年度集团公司劳模
窑街煤电集团天祝煤业有限责任公司综采一队
马斌

马斌,男,汉族,出生于1985年3月,中共党员,大专学历,2005年3月参加工作。2020年时任天祝煤业公司综采一队队长。

千帆竞发,百舸争流,"恰同学少年,风华正茂"。身逢最好的时代,有机会干事业,也有条件干成事。作为铮铮男儿,怎能碌碌无为,大好青春岂能白白浪费。在三百六十行中,马斌选择了最平凡普通的矿工。岗位不分大小,职位不论高低,一样能够有所作为。他相信,只要坚持干一行、爱一行、钻一行,发扬永不懈怠的精神,保持一往无前的奋斗姿态,就一定能够拥有闪光的人生。

守护平安初心不改

不忘初心,方得始终。2005年,马斌来到天祝煤业公司,成为一名普通的采煤工人，入职前的学习让他记忆最深刻的是"自主创新办矿，奉献精神育人"的企业精神。艰苦的煤矿工作环境磨砺了马斌坚韧不拔、吃苦耐劳的坚毅性格，铸就了他"特别能吃苦，特别能战斗，特别能奉献"的精神品质，这些宝贵的精神财富都是他成长成才的动力源泉。他不怕苦累，肯钻研业务，脏累险活抢着干，勤恳朴实的工作态度和工作作风得到了综采一队职工的一致肯定。

组织上的培养，工友的信赖，加上持续不懈的努力，马斌从采煤工逐步成长为年产90万吨原煤的综采一队队长，挑起了天祝煤业公司综采一队的大梁，撑起了百十来号人的"大家业"。他立志扎根煤矿干一辈子，不仅要实现自己的理想和抱负，还要让全队职工的日子越来越好。

"遇到困难和碰到危险的时候，一定要冲在前面，带领兄弟们干在一起。""煤矿工作是个危险活，随时都有条件不好的时候。越是在这个时候，就越得盯住。我是一名共产党员、一队之长，百十双眼睛看着我呢！"这些他曾经讲过的话，后来都通过行动变为现实。

2020年2月，马斌胃疼久治不愈，身体很虚弱。就在这个节骨眼上，2101工作面恰巧处于过断层及加架阶段，铭记"安全责任重于泰山"的马斌放心不下工作现场的工友们，拖着虚弱的身体每天坚持下井，硬是挺了一个班又一个班。他在现场精心指挥，认真组织排查安全生产隐患，坚持把风险管控挺在安全管理的前面，团结带领全队职工最终顺利完成了工作任务。

精细管理创出实效

马斌始终秉持"想不到是失职，做不到要问责"的工作理念，坚持以"做优安全质量、做实经济效益、做精做细基础管理"的工作思路狠抓全队管理工作。

结合全队安全生产、经营管理等工作实际，他先后主持制定了综采一队《精细化管理办法》《班组标准化考核细则》，组织修订完善了《各岗位安全生产责任制》及攉煤工、回收工、溜子工、综采司机、电钳工等全队各工种的作业规范和操作标准，并组织统一印制《职工行为手册》和《班组制度汇编》，做到职工人手一册，大力推动全体职工学标、对标，使职工上岗有标准、操作有规范、工序有流程，为进一步规范化、标准化组织全队职工开展各项工作提供了制度保障。

为了提高全队经济效益，马斌在节支降耗、挖潜增效上下功夫、想办法。他严格执行薪酬积分制考核制度，每月根据公司下达的各项费用指标，坚持将吨煤成本、材料消耗、节支降耗、回收复用等与职工工资和奖金挂钩，严格按劳动定额、工效、出勤、产量综合分析和核算职工工资，做到节约奖励、超出自负、严格兑现，有效增强了全体职工的成本核算意识，显著降低了全队的材料消耗和生产成本，切实提高了综采一队的经济效益，在全队营造了人人当家理财、人人厉行节约的良好氛围。

为推动全队安全生产现场实现规范化、精细化、常态化管理目标，马斌带领综采一队广大职工，以精品工程创建为切入点，狠抓文明生产搞创建，组织职工统一悬挂、规范管理各类管线和标志牌，实现了探巷两道行人畅通、清洁生产，物料码放规则有序、整齐划一，各台设备包机定责、专人维护，理念牌板图文并茂、醒目规范，实现了安全生产和文明生产的双轮驱动，促进了全队各项工作的有序开展。

多年来，马斌先后获得集团公司安全先进个人、"优秀共产党员""五四青年奖章""最美矿工"等荣誉称号。

危急关头率先垂范

时光无言，标记奋斗者的坚实步伐。作为队长，马斌以身作则，用实际行动诠释了对企业的赤诚和热爱。

2020年10月，综采一队开始做2105工作面回撤通道。因为地质构造原因，该回撤通道从一开始到结束，始终面临片帮大、顶板破碎等不利因素，导致架间漏顶相当严重。在做通道期间，马斌几乎日日下井、经常值班。

一次下井中，突然遇到工作面中段大面积片帮冒顶，已经冒落的地段几乎堵严了工作面，必须快速维护，否则后果不堪设想。马斌生怕其他职工错误操作引发更大安全隐患，毫不犹豫地孤身爬往冒顶区域。他一边仔细察看现场情况，一边从外向内慢慢敲帮问顶、清理浮渣，随后瞅准时机小心翼翼地用板木及竹笆加固顶板，经过几番努力最终安全地加固了冒落的顶板。爬出冒落区域后，他立即组织职工进入架前开始挂网打锚杆。当时，现场的职工们感慨地说道："还是咱们的马队长行啊！"

2020年，马斌组织全队职工处理冒顶、片帮等突发情况十余次，从来没有发生过轻伤及以上人身事故，团结带领综采一队在天祝煤业公司创造了安全周期10年8个月的历史最长纪录。

实干担当勇毅前行

奋斗者永不止步。马斌以踏实诚恳的人格魅力、光明磊落的宽广胸怀，团结带领综采一队职工在百米井下勇挑重担、敢为人先，保安全、夺高产。他认为在安全生产工作中，越是在急难险重任务面前，越要有"越是艰险越向前"的勇气。这体现了他作为一队之长的责任与担当。

马斌责任心强，狠下心来抓安全工作时，通常是一副严厉的冷面孔，与平日对待职工兄弟时的热心肠判若两人。为了不断提高全队职工对安全生产重要性和紧迫性的认识，在全队安全生产形势任务宣传教育活动中，他常常对职工说："不是我心狠，是我们的责任重大呀，抓不好安全是我的失职啊！""严是爱、松是害；宁愿听骂声、不愿听哭声。"遇到有些职工为了赶进度、多生产而冒险蛮干的情况时，他坚决贯彻宁可停产、决不冒险的原则，经常及时制止并当场进行批评教育。

2201工作面开采初期，要边加架边生产，条件十分艰苦，尤其两道起伏变化大，给提升运输带来很大安全压力。马斌肩上扛着全队职工生命安全和家庭幸福的重担，他直面困难，带领全队职工始终奋斗在安全生产第一线，有时连续三、四天吃住在队上，回家看看妻子和孩子都成了奢望。

他爱岗敬业、忘我工作的精神，深深地影响着身边的每一位同事，周围的工友都争相效仿学习。他还有一颗善良的心，对待职工就像亲兄弟，尽可能地帮助他们解决家里遇到的困难。职工也都把他当成亲兄长，无话不说。

在马斌的带领下，综采一队团结、稳定、人气顺、干劲足，职工"三违"发生率逐年降低，职工工作中吃苦受累不讲价钱，始终同甘苦、共患难，全队上下形成了齐心协力渡难关、安全高效保生产的良好局面。

2020年，综采一队杜绝了轻伤及以上人身事故，克服工作面推进方向起伏大、顶板压力大、瓦斯治理困难等诸多困难，实现煤炭产量90万吨，完成了全年生产任务，为天祝煤业公司高质量发展做出了突出贡献。

人生最宝贵的青春年华，马斌毫无怨言地全部奉献给了最热爱的煤矿事业。十里矿山，见证着他的辛勤劳动和默默付出。15年来，他踏踏实实、勤勤恳恳、兢兢业业，一直奋斗在采煤一线，把采煤队当成自己的家，将自己的一腔热血都倾注在了千尺井下，团结带领综采一队全体职工，传承吃苦耐劳敢打硬仗的进取精神，弘扬勇于创新、精益求精的价值理念。

勇闯新路的"带头人"

——2020年度集团公司劳模
甘肃窑街油页岩综合利用有限责任公司干馏车间
王荣

　　王荣，男，汉族，生于1981年12月，中共党员，本科学历，助理工程师，2007年4月参加工作。2020年时任甘肃窑街油页岩综合利用有限责任公司干馏车间党支部书记、主任。

　　常言说，奇迹是创造的。科技工作的灵魂和本质是创新，技术创新是企业长远发展的基石。企业在核心技术上不断实现突破，掌握更多自主知识产权的关键技术，才能在竞争中脱颖而出，立于不败之地。

　　科技创新主要依靠科技人才，企业更需要有创新精神的人才来带动引领发展方向。在有利的社会大环境下，一直立志做个科技"领头羊"的王荣，顺应潮流抓住机遇，找准了施展才华的舞台。

　　2010年8月，29岁的王荣来到油页岩公司，负责干馏车间安全生产运行及技术管理工作。本科学历在身，专业技术在手，他却完全没有年轻气盛的浮躁心态和骄傲之气。

在基层工作岗位上，王荣始终保持"不怕苦、不怕累"的作风，踏踏实实干好每项工作，为油页岩公司安全生产、整章建制、技术创新、科学管理等重点工作默默奉献着自己的智慧和力量，先后获得 2013 年、2020 年油页岩公司"劳动模范"和 2014 年集团公司"安全生产及安全质量标准化"先进个人等荣誉称号。由于工作业绩突出，2020 年，王荣被聘任为油页岩公司干馏车间党支部书记、主任。

技术创新敢为人先

油页岩综合利用产业是目前国内一个新兴的能源产业。甘肃窑街油页岩综合利用有限责任公司作为国内为数不多的几家油页岩生产企业，油收率问题一直是制约该公司产量和发展的一个难题。

王荣针对如何提高油收率，从理论知识和实际经验入手，深入研究分析，经常待在干馏炉炉顶观察入炉页岩粒度对干馏炉的影响、在集控室仔细调控干馏炉运行参数，精确掌握干馏炉最佳运行参数的调控范围。通过多次实践、不断摸索，王荣发现运行煤气和循环水温度对油回收效果影响较大。他集思广益，经过大量反复细致的观察和积累验证的实验数据，他和职工共同完成了《干馏页岩尾气回收建议装置改造》，为提高页岩油回收率做出了突出贡献。

通过长期的学习实践，王荣总结出一套安全可靠的生产工艺。同时，他向实践经验丰富的老师傅和部室专业人员虚心请教取经，注重利用专业技术知识攻克各种技术难题。他参与并完成的《干馏炉炉顶检修人孔门远程控制技术研究》，获得集团公司科技创新成果优秀奖。此项研究不仅确保了现场操作人员的人身安全，还大大提升了干馏炉安全运行系数。

王荣还和公司生产技术部工作人员，通过大量探索、实践，了解、掌握炉况运行规律，共同研究形成了《干馏炉利用半焦代替兰炭点炉技术》。该技术在不加煤炭助燃的情况下，通过改变点炉入炉空气和推焦机转速达到干馏炉点炉效果，提高点炉效率，单台炉单次点炉降低成本 1.8 万元，全年实现降本增效 21.6 万元，较好地降低了企业生产运行成本。

为提高干馏尾气热值，干馏炉出焦系统采用水熄出焦法，经运输皮带运至半焦场，王荣结合"自动化、智能化"要求配合油页岩综合利用公司组织实施集中控制系统，减少操作程序，有效改善了职工作业环境。针对集气箱及其下水管阻塞问题，他组织职工实施集气箱及下水管优化改造，在不漏气、不漏水的前提下，进一步简化了操作过程，缩短了干馏炉焖炉时间，提高了工作效率。与此同时，王荣组织职工对集中控制系统预留开放性接口，满足了未来接入油页岩综合利用公司综合自动化系统和信息共享的要求。

2019 年，王荣参与完成的《干馏炉煤气系统压力保护研究》，被集团公司评为科技创新成果优秀奖。

科学管理效益优先

由于油页岩炼油技术在国内有不同的生产工艺和设备，相关工艺流程、关键技术可供借鉴的地方较少，需要各企业自主研究改进工艺水平，解决生产中遇到的难题，有效化解安全风险，提高生产能力。

王荣来回分析各个环节影响生产的因素，通过动态管理炉况紧盯质量关，规范班组长职责权限以及三个生产班组作业标准、操作标准、炉前管理标准，严明工艺纪律，强化工艺监督与考核制度，加强设备巡检，教育引导操作工牢固树立质量管控第一责任人的理念，竭力保证设备正常运行，有效促进了安全生产工作的有序推进。

王荣认真贯彻执行"安全第一、预防为主、综合治理"的安全生产方针，坚持"安全责任重于泰山"的工作理念，构建并逐步完善推动车间安全生产工作持续平稳发展的长效机制。他要求以干馏车间"三级自检"管理制度为基础，不断提升职工排查隐患、辨识风险等安全防护能力，在干馏车间营造了人人讲安全、人人保安全的良好氛围。

他要求值班主任必须跟在安全的薄弱环节、盯在关键部位，发现重大隐患必须当班处理，决不让隐患过天。要求车间管理人员严格落实岗位责任制，严格落实班前会制度，严格落实安全隐患排查整改制度。

针对车间工作点多面广、人员分散、安全风险管控难度较大的实际情况，王荣全面细致安排各班组每一项工作，不厌其烦地强调每项工作应注意的安全事项及防范措施，消除安全隐患，全车间职工心往一处想、劲往一处使，形成了思想上统一、步调上一致、工作中互相配合的良好格局。

由于干馏炉出焦时要经熄焦池水冷却降温后再拉往半焦缓冲仓，经运输皮带运至半焦场。在冷却期间产生的氨气弥散在半焦廊道，岗位操作人员现场作业时需要佩戴防毒口罩。出焦期间廊道内氨气等刺激性气体对操作人员身体健康危害较大，且出焦系统中皮带和缓冲仓阀门启停都由岗位工手动就地操作，存在极大的安全隐患。为有效解决这一问题，王荣组织职工对 11# 和 12# 皮带机及半焦缓冲仓闸门进行自动化改造，减少岗位操作人员 8 人，不仅起到减人提效的示范作用，还彻底解放出焦操作人员并优化了生产系统，实现了干馏车间在减员提效和推进机械化、自动化、信息化、智能化改造升级发展。

支部建设思想领先

作为干馏车间党支部书记，王荣始终把基层党组织建设工作摆在首位，把基层党支部书记的职责扛在肩上，把为上级党组织负责和对基层事业负责作为履职尽责的第一要务，牢固树立"四个意识"，带头做到"两个维护"，自觉锤炼对党忠诚、有作为、敢担当的品质。

他潜心研究，逐项逐条对照标准化党支部建设标准，努力把干馏车间党支部建设成标准化党支部。他把发挥党支部战斗堡垒作用和安全生产中心工作结合起来，以"用党的事业凝聚人、用党的阳光温暖人、用党支部的堡垒作用吸引人、用先进人物感召人"，结合车间各项生产任务指标，切实发挥党支部战斗堡垒作用以及党员的先锋模范带头作用，为促进车间各项工作任务的顺利完成，提供了强有力的思想保障、政治保障和组织保障。

　　王荣在工作中虚心学习、严谨工作、踏实做人、积极进取，在挑战面前从不退缩、从不屈服、从不懈怠，他带领车间班子成员积极探讨并修订完善《车间各岗位安全生产责任制》《班组考核管理办法》《气体检测管理制度》等制度和考核办法，形成了针对干馏车间管理的一套标准化、规范化、制度化、常态化的基层工作考核管理体系，有效推动了车间安全标准化体系规范有序进行，确保了车间人员、设施设备的安全高效运行。

　　2020年，干馏车间调火班分别被集团公司和油页岩公司评为"双文明"先进班组、安全生产集体。

　　青春因为磨砺倍加出彩，担当铸就最亮的人生底色。十四载弹指而过，稳重的脚印绵延而去，在荒野中踩出一条属于自己的新路留给后人。践行承诺，成就梦想，这样的人生，充实精彩，无怨无悔！

水泥生产的生死挑战

——2020年度集团公司劳模
甘肃派仕得矿井充填科技有限责任公司粉磨车间
张海林

张海林，男，汉族，1968年12月出生，中共党员，大专学历，1986年11月参加工作。2020年时任甘肃派仕得矿井充填科技有限责任公司粉磨车间党支部书记、副主任。

回首人生，年轮的写照，岁月的点滴，都有着丰硕的成果。虽然风华正茂的青春已过，他来不及回眸，忙碌的身影仍不停地闪现在水泥生产的最前沿，带着一份成熟和深沉，奋斗的脚步永不停息，用智慧和汗水在"灰色的荒漠"中培育了成功的花，找到了自己的路。

动力来源于情感

年过半百的张海林，仍奋战在派仕得公司水泥生产一线岗位，在别人看来最苦最累的岗位，对他来说已经有着深深的感情。长长的球磨机、轰鸣的机器声伴随了他最美好的时光。他常说：只要车间需要我，我就在这里干到退休。

水泥生产的基层车间工作条件较差，作业人员长期接触噪音、粉尘，车间部分职工都不愿意在存有职业病隐患的作业环境中工作，但张海林始终坚守在基层一线，从不向单位和领导提任何条件。张海林的想法很简单，我是一名共产党员，组织上安排到哪里，我就在哪里尽自己最大努力把工作干好。

生活中，张海林平易近人，与职工打成一片；工作中，他严以律己，及时了解掌握职工思想动态，想方设法调动全体职工的劳动热情。在张海林的影响下，粉磨车间干部职工队伍的凝聚力、战斗力不断增强，始终充满活力，各项工作名列本公司前列。2011年至2019年，张海林连续9年获得派仕得公司"先进生产者""优秀共产党员""安全生产先进个人"等荣誉称号。

降噪保证了生存

噪音污染几乎是伴随张海林多年的问题。随着国家高质量发展的新要求，中央督察组针对派仕得公司噪声超标下发停产整改通知，企业面临生死存亡的困境。消除噪音对水泥生产线来讲也是一次新的革命。时任水泥生产车间主任的张海林接到任务，带头学习宣传国家环保政策，第一时间组织职工成立技术攻关小组，制定方案，反复试验，常常加班到深夜。他带领技术攻关小组奋战48天，先后完成环保技术改造13项，排查噪声源8项，最终在规定时间内带领车间职工全面完成了环保噪音治理工作，通过了中央环保督查组现场核查验收，有效破解了本公司亟待解决的环保难题。

随着国家环保政策变化，对企业环保要求越来越高。张海林深知，企业要生存要发展就必须高于国家的要求才能适应新形势下的需要。2020年7月，为了大幅度降低粉煤灰卸料装置在运行中产生的噪音，他主动向派仕得公司汇报，成立课题小组，根据厂界噪声综合治理方案工作要求，开展噪声源根本性消除技改单项工程，通过改变卸料方式，给卸料口安装永磁式卸料电磁阀，完成了 1#、2# 粉煤灰库底流量阀技改项目，有效解决了粉煤灰库底原有卸料装置动力源——罗茨风机运行噪声超标的问题，实现了消除噪声、节能降耗的双重效果和环保达标生产。技改后，设备安全隐患大大降低，既减少了值守人员，实现了守岗变巡岗，又便于操作、达到了维护保养简单的目标，每年为企业节约费用约 20 万元，同时也有效改善了周边居民的居住环境。

技改带来的效益

企业以发展为本、效益优先，降本增效是一场没有终点的长跑。张海林坚持"精益求精，一丝不苟"的工作原则，认真对待每一件事、每一项工作，坚持把技改工作做精做细做实，注重提高工作效率和工作质量，时刻为实现效益最大化和节能减排而不懈努力。

建材行业的水泥磨机生产设备年耗电量约占水泥生产总用电量的 70% 左右，被业内人士称为"电老虎"。如何提高水泥磨台时产量、降低电耗、提高混合材掺加量、降低生产成本等一直是各水泥生产企业思索并需要有效解决的问题。派仕得公司水泥粉磨站使用的 $\Phi 0.38 \times 13$ 米、电机功率为 2500KW 的磨机在实际生产过程中，水泥磨产量低，会给企业经济效益带来巨大的损失，而级配的调整有一定的周期性，劳动强度很大，混合材掺加量低，产品成本高。如何在水泥粉磨过程中添加助磨剂提高磨机研磨能力、增加混合材掺加量使磨机长时间保持稳产高产是张海林始终在思索的问题。他紧紧围绕节能减排和降本增效的目标，积极开展设备工艺技改，先后多次主动学习请教祁连山水泥公司技术人员，通过查阅大量资料、多次反复试验，最终掌握了降低电耗改造的关键环节，确定了通过比原先增加改造 5% 混合材掺加量的技术改造方案，节约熟料 5%，有效降低了水泥生产成本，磨机产量由设计的 115t/h 小时提高到了 155t/h，节电效果十分明显。同时，张海林还探索掌握了不同类型助磨剂对水泥产量质量的影响规律。混合材掺量加到 19% 达到国家标准规定的上限（20%），产品质量符合国家标准要求。他探索的磨机时产量 155 吨的技术改造方案目前处于行业领先状态，被周边水泥粉磨站竞相借鉴。

之后，张海林带领课题小组全面完成了 630KW 风机变频柜改造。改造后，电机运行转速能达到额定转速 960r/min，有效增强了磨机、选粉机、收尘器系统的负压，加快了磨机内物料的流速，磨机台时产量提高到 170 吨左右，平均提高每台时产量 24 吨，增幅 30%。与此同时，他组织加装变载式进相器，补偿无功损耗，功率因数提高到最佳的 0.93，节电 10%–20%，实现了节能降耗目标，推动派仕得公司在一个月之内收回了改造投资。

前方星辰大海，唯有步履不息。张海林始终认为成绩只能说明过去，并不代表将来。已经 54 岁的张海林仍步伐坚定、朝气蓬勃。以奋发有为的精神状态，立足本职、争创一流，为派仕得公司可持续发展再立新功，不断做出新的更大的贡献！

我用真情换此生

——2020年度集团公司劳模
甘肃绿锦环保功能材料技术有限公司实验室
甄世阳

甄世阳，男，汉族，1994年10月出生，本科学历，助理工程师，2019年3月参加工作。2020年时任绿锦环保公司实验室主任。

"青春是一道绚丽的风景，一串跳动的音符"。青春常常被赋予希望、阳光、激情、奋进、浪漫、诗意的内涵。在窑街煤电集团绿锦环保公司，有这样一批90后、00后大学生，他们用奋斗疾书，续写窑街煤电时代的华章。甄世阳就是这批大学生的一员，一个优秀的代表。

2019年3月，正是春风拂柳之时，甄世阳从兰州城市学院化学工程与工艺专业毕业，应聘到窑街煤电集团绿锦环保公司，从此，油页岩、半焦、实验室、电脑几乎成了他工作和生活的全部。

绿锦环保公司是窑街煤电集团新成立的一家公司，承担着油页岩高值利用项目的开发与建设。作为一个老煤炭企业，搞化工项目尚属首例，除了和科研院所合作外，职工队伍只能新招录化工类的大学生作为主力。刚入职就能得到重用，对于一名大学生来说，既是挑战也是机遇，甄世阳就是这样怀揣着美好的憧憬来到了这里。

初入职场的甄世阳秉承干一行、爱一行、钻一行的进取精神，在绿锦环保公司多个工作岗位实习，从一名青涩的大学生迅速成长为实验室主任，成为同期入职大学生中的佼佼者。先后扛起了健全完善绿锦环保公司安全生产相关制度和油页岩半焦高值利用项目技术研发以及数据整理分析等重担。没有工作经验，他认真学习窑街煤电集团公司历年文件，了解企业改革发展历史和现状，深入车间班组熟悉工作现场、人员状况、企业运行等情况，想方设法学习借鉴其他公司制度，借助网络查阅学习相关资料，深夜的灯光经常陪伴他夜以继日的伏案疾书。短短 3 个月,甄世阳先后编写企业安全管理制度、岗位安全操作规程 100 多页 5 万余字。

他勤于钻研，主动全面详实地记载了各项目的生产技术资料，先后建立了《油页岩半焦高值利用》等 10 余项数据库；他注重实验仪器设备的日常检修和运行保障工作，在该公司率先提出并积极推广"包机负责制"，成为检修仪器设备的"行家里手"和实验生产线上的"利刃尖兵"。参加工作一年，在甄世阳的严格管控下，实验室各项工作有序推进，各类实验设备完好率始终达 100%。

2019 年 6 月，绿锦环保公司委派甄世阳前往江苏、山东等地进行油页岩半焦高值利用项目中试试验，他全程记录试验数据，高质量起草形成了中试试验工作报告。

2019 年 7 月，甄世阳与新入职的大学生同事进行油页岩半焦煅烧、球磨等试验，他通过在不同温度条件下煅烧油页岩半焦、分析油页岩半焦组分、总结油页岩半焦特性，深入细致地学习油页岩半焦高值利用项目的研发工艺。

2019 年 10 月，在矿物生物炭产品试验工作期间，为了尽快熟悉掌握绿锦环保公司新购置的中试实验炉操作方法，他主动协同设备厂家进行前期的调试工作，为中试工作顺利推进奠定了良好基础。

2020年1月，在发泡陶瓷保温板、发泡陶瓷隔墙板新配方试验期间，企业委派甄世阳负责试验原料样品加工工作，他按照2种产品8个配方制定加工方案，连续4天全程参与原材料采购、配方配料、加工工艺、质量控制等工作，做到了配料精确、粒度均匀、水分达标，为后续中试试验提供了合格的试验样品。

2020年7月，为了有效保障实验进度，在进行马弗炉煅烧矿物杂化颜料实验过程中，他带头发起成立了技术攻关实验小组，连续7天7夜吃住在办公室，带领4名大学生职工按照中科院兰州化物所试验方案进行矿物杂化颜料产品4种规格3个煅烧温度煅烧试验，提前2天顺利完成了试验任务，为企业有力有序落实油页岩半焦高值利用项目奠定了坚实基础。

为了做好矿物生物炭生产线设备选型工作，2019年9月份至2020年3月份期间，按照矿物生物炭生产工艺要求，甄世阳配合中科院兰州化物所进行生产设备选型和工艺试验，率先在企业使用炭化炉进行煅烧试验，煅烧粒度0-5MM和200目半焦在500℃、800℃、900℃、1000℃下的性能、测定油页岩半焦的堆积密度，然后在江苏、浙江设备厂家再进行工艺验证试验。为了早日得到准确、翔实、全面的实验数据，甄世阳每天仅休息六至七个小时，其余时间一直在岗检测试验数据，经常在凌晨三、四点起身赶去实验室更换实验物料。在同事们的配合鼓励下，甄世阳先后开展26次试验，获取了大量的实验数据，为设备最终的选型提供了可靠依据。

2020年10月，矿物生物炭生产设备陆续进驻绿锦环保公司。为了深入了解掌握各类型设备的运行原理、操作要点，他每天贴身紧跟设备厂家的安装技师求教学习，主动打下手帮忙安装，熟悉设备的安装流程和操作流程。为了赶工期，设备厂家安装技师放弃双休日和节假日、每天工作到晚上十点以后，厂家工作人员什么时候下班，甄世阳就什么时候下班。他一刻都不肯离开，生怕漏学每一个环节，直到设备安装完成。

兼任环保管理专干的甄世阳还根据集团公司环保工作安排部署，制定绿锦环保公司环境保护工作计划，协助公司主管领导修订完善企业环保管理制度，通过持续强化环保设备巡查监管、按照红古区政府部门和集团公司要求每月及时分口报送相关文件、组织职工对厂区环境保护进行风险识别并督导落实相应措施，确保了无污水外排、乱排、泄露等现象。截至目前，该公司杜绝了环境污染事件。

奋斗的青春最美丽，奉献的青春最精彩。习近平总书记寄语广大青年"只有进行了激情奋斗的青春，只有进行了顽强拼搏的青春，只有为民做出了奉献的青春，才会留下充实、温暖、持久、无悔的青春回忆。"在绿锦环保公司党组织的精心培育下，甄世阳注重提高自身政治素质和工作能力，积极向党组织靠拢。2020年3月，向党组织递交了入党申请书。同年10月10日，经组织批准确定为入党积极分子。此后，他对待工作更是高标准、严要求，主动向优秀党员、先进工作者等先进典型看齐，勤于学习、不耻下问，努力提高自身业务技术能力。他积极参加企业举办的各类政治学习及宣传教育活动，坚持以社会主义核心价值观涵养自身的言行品格，不断锤炼自己、完善自己，在企业转型发展征程中努力成为可堪大用、能担重任的高素质人才。

生活中，甄世阳积极乐观，始终以饱满的热情迎接每一天的挑战，注重培养积极向上的兴趣爱好，努力拓展自己的知识面，做到了遵章守纪、坚持原则，以自己的实际行动影响、感染着身边的同龄人。

艾青曾说："为什么我的眼里常含泪水，因为我对这土地爱得深沉。"作为一名新入职的大学生，在别的单位也许还在实习期，还没有独立工作的机会，进入窑街煤电集团公司不到一年的时间，甄世阳已经成长为实验室主任，他感恩企业给他的展示平台，而他的工作业绩不仅得到了集团公司的信任和领导的认可，也深得年青姑娘们的青睐，很快就有一名年轻貌美的姑娘进入了他的生活，结为他终身伴侣。

甄世阳的努力收获了成功的喜悦，也收获了甜蜜的爱情，他与爱人约定在这里安家，把这里当作人生的第二故乡，回报企业、回报社会，要在窑街煤电集团公司这块创业沃土上奋斗一生，努力实现自己的人生价值。

逐渐褪去稚嫩的甄世阳，也将继续用自己的知识照亮前进的路，用努力和坚持铺设出一条落英缤纷的路。透过他，透过他们，也让我们看到了窑街煤电高质量发展一个五彩缤纷的未来！

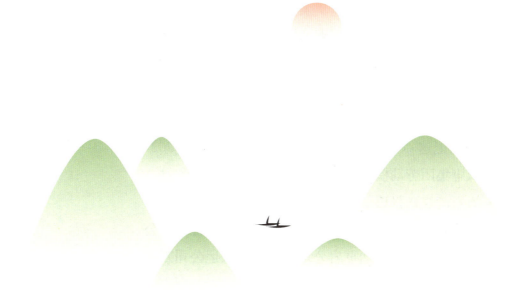

2021年，
众志成城向未来

　　2021年，我们迎来了中国共产党百岁华诞，"十四五"开篇起航。窑街煤电全面深化改革创新，如火如荼，战事正酣。面对世界百年未有之大变局、疫情变化和外部环境存在的诸多不确定性因素，窑街煤电集团公司党委谋篇布局，清晰擘画了"十四五"战略目标规划的宏伟蓝图，引领全公司广大职工群众坚定、自豪地走在以建设智慧矿山为鲜明时代特征的高质量发展之路上。展望未来，对历史最庄严的承诺是砥砺奋进、再创佳绩。

　　让我们铭记这一年职工队伍中的优秀代表，致敬2021年度窑街煤电集团劳动模范：

　　——海石湾煤矿张田录、韩国华、李林山；金河煤矿王想刚、张元海、王交平；三矿谢尚铎、张大炜；天祝煤业公司刘建荣、马英、马斌；油页岩公司杨得杰；铁运公司刘海军；金凯公司马建华。

煤海励志谋发展　实干争先创一流

——2021年度集团公司劳模
窑街煤电集团有限公司海石湾煤矿
张田录

张田录，男，汉族，1982年8月出生，中共党员，本科学历，高级工程师，2001年7月参加工作。2021年时任海石湾煤矿矿长、党委副书记。

"果实的事业是尊贵的，花的事业是甜美的，但是让我做叶的事业吧，叶是谦逊地专心地垂着绿荫的。"泰戈尔如是说。

时任海石湾煤矿矿长、党委副书记的张田录，非常赞同这句话。出生于1982年的他，2001年7月参加工作，如今有着二十多年的工龄，是位本科学历、经验丰富的高级工程师。他谦虚谨慎、执着专注、精益求精、甘于奉献，带领全矿职工书写了安全生产新篇章。

创新管理机制　健全安全管理体系

张田录从政治高度来认识和对待安全工作，大力弘扬生命至上、安全第一的思想，始终把安全放在高于一切、重于一切、先于一切的压倒性位置，大力实施制度保安、科技兴安、治理在先战略，不断构建完善矿井安全管控体系，推动矿区安全生产形势总体平稳。

为防范较大及以上事故，张田录实行安全风险预警信息分级管控，持之以恒地开展分专业分层级的安全风险分级管控和事故隐患排查治理。从矿井接续计划，到主要生产安全系统、重大灾害治理、"一优三减"和"四化"建设、双重预防机制落实以及人员素质提升等方面，进行动态安全分析评估。通过全面深入细致的排查治理，真正把影响制约安全发展的共性问题和深层次问题排查出来，建立问题隐患和制度措施"两个清单"，狠抓推进落实，夯实安全生产基础。

为防控零星事故，张田录深入分析成因，抓住事故诱发易发的薄弱环节、重点地段、特殊时段、关键人群，推行实施"安全隐患收购"和"人人都是安全员"活动，发动广大职工主动参与到"隐患"与"三违"的自觉检查和发现中来，拓宽各类安全生产信息查报和来源渠道，形成"发现隐患"的"市场化机制"，及时准确地把握安全关键环节和薄弱点，将问题解决在一线，隐患整改在现场。

为强化安全基础的支撑体系，他坚持"管理、装备、素质、系统"四因素齐头并重，抓基层、打基础、练基本功，科学反"三违"，使矿井安全基础更加夯实。他坚持以安全生产标准化为主线，实现由形式、静态、结果达标向内在、动态、过程达标的转变，重点整治各大系统，不断向边缘、难点地段延伸推进，矿井保持了国家安全生产标准化管理体系一级标准。

张田录着力推动实施全员素质提升工程，先后组织51名区队长、171名班组长到兰州资源环境学院脱产学习，着重从业务技能、管理方式、团队建设等方面进行精准培训。鼓励职工自主提升学历。一年来，共有403人参加学历提升，其中中专264人、大专60人、本科79人，有效地提升了职工队伍的综合素质。

聚焦灾害治理　破解矿井发展瓶颈

海石湾煤矿具有煤、气、油共生的复杂地质条件，其矿井灾害程度国内少见。

针对瓦斯治理严重制约矿井安全生产的难题，张田录积极推动构建重大灾害防治体系，通过在未开拓区域（三采区）采用地面钻井抽采方式，开拓区域（一采区东部区域）采取井下长距离定向钻孔＋穿层钻孔抽采的方式，准备、生产区域（一、二采区）采取开采保护层卸压＋穿层、顺层钻孔抽采＋顶板高位定向钻孔的抽采方式，以孔代巷，提高瓦斯抽采效率和效果，形成了"规划区至少超前10年治理，开拓、准备区至少超前5年治理，生产区治理有效"的三区联动良性生产接替局面，实现了抽掘采平衡和高瓦斯高地应力突出煤层在低瓦斯低应力安全掘采的目标，从根本上解决了制约矿井发展的难题，也为矿井安全高质量发展奠定了坚实的基础。

他把矿压防治工作提升到与"防突"工作同样的高度来落实，加强矿压防治业务培训，落实防治措施，盯紧工作面初采初放、回撤安装、大断面切眼施工等重难点工程，利用微震监测等手段，掌握巷道压力及变形情况，采取必要的补强支护和卸压措施，实现了顶板安全管理。

针对海石湾煤矿6115油页岩回采工作面与6125-1工作面回采距离不符合《防治煤矿冲击地压细则》的问题，在加快6115工作面推进度基础上，张田录组织矿井技术人员积极与中国矿大合作，编制了《海石湾煤矿油页岩工作面回采对邻近保护层下6125-1综采工作面影响安全性论证报告》，并邀请全国煤矿冲击地压方面的专家教授召开视频会议对《报告》进行评审，专家组评审后形成了《评审意见》。他严格遵照意见科学实施，为6125-1综采工作面安装调试赢得了时间，确保了矿井安全开采。

推动科技强企 建设智慧高效矿山

面对新一轮煤炭工业革命浪潮，张田录深刻认识到煤矿必须以效率求生存，向创新谋发展。

他带领海石湾煤矿对标世界一流企业走改革创新之路。按照"以机械化为基础，以自动化为主导，以信息化为支撑，以智能化为方向"的工作思路，加快新技术、新工艺、新设备的学习推广应用，淘汰落后材料、设备、工艺和技术，为矿井高质量发展创造了条件。

海石湾煤矿建成了地面自动化监控中心，实现了井上井下重点机房硐室设备自动化远程控制；升级改造了调度信息指挥系统，建成了智能矿山管控平台，实现了生产、通讯、监控数据的实时管控、分析预警。

针对海石湾煤矿主斜井主运煤系统频繁影响原煤运输的难题，经过多方调研论证，由张田录主持，将主斜井胶带输送机原钢丝绳芯胶带更换为芳纶芯胶带，改造后主斜井胶带输送机运输能力由原 420t/h 提高至 520t/h（效率由原 66.7% 提高至 82.5%），胶带接头数量由 23 个减少为 12 个，大大降低了主斜井皮带运行带来的安全风险以及频繁制作接头给生产带来的影响，创造了国内首次在 25° 大倾角斜巷长距离使用 S4000 带强的芳纶胶带与钢丝绳芯胶带直接搭接硫化工艺进行整体换带等多项纪录。

海石湾煤矿建成的 6125 智能化综采放顶煤工作面形成了"以工作面自动控制为主，人工干预控制为辅"的自动化生产模式，人员配制由原来的每班 16 人减少到现在的每班 9 人，冲击地压危险区作业人员（含瓦斯检查员、安检员）减至 5 人，实现了"少人则安，无人则安，"的目的，增强了矿井的安全生产能力，有力地推动了智能化矿山的建设步伐。

强化精益管理　稳步提升企业效益

张田录始终把增产增效、提质增效、降耗增效作为主要抓手，全面推行契约化经营承包模式，制定契约化经营承包实施方案和实施细则，按照"分类指导、市场化导向、差异化考核"原则，创新实施了"5221"薪酬分配考核机制（即：经营考核占 50%，安全考核占 20%，安全生产标准化管理体系建设考核占 20%，职工素质提升考核占 10%）。该制度对各部室、区队效益浮动工资按照经营、安全、安全生产标准化管理体系建设、职工素质提升以及工作分项考核，分项核算，将安全生产标准化工作、职工素质提升工作融到各部门日常工作中，考核到个人，彻底打破"一锅烩"的考核机制，切实让职工感受到搞好安全生产标准化工作和培训学习的重要性，较好地发挥了效益考核的激励促进作用。

张田录狠抓产品源头管理，定期召开产品质量例会，分析影响煤质的因素，联合各职能部室，协调解决影响煤质的问题，结合工作面赋存情况，详细制定出有针对性的煤质保证措施，并监督严格执行，保证煤炭质量。通过层层分解指标、逐级落实责任，严格考核兑现，海石湾煤矿2021年生产原煤192.33万吨、油页岩140万吨，完成利润12.38亿元。

惠及民生福祉　创建稳定和谐矿区

张田录认真践行以人民为中心的发展思想，在抓好井下安全生产工作的同时，始终心系职工群众冷暖疾苦，2021年组织走访慰问劳动模范、困难职工20户，发放慰问金1.42万元，组织为36名步入大学校园的职工子女发放"金秋助学金"3.41万元，引导带领矿班子成员、机关部室管理人员深入基层区队宣讲形势任务，听取职工群众对安全生产、经营管理、改革创新、和谐矿区创建等方面的意见建议，广泛汇集民智，激发广大职工对企业的认同感、归属感和自豪感。

他规范整治矿区照明、牌板、停车区域、矿区道路，配齐了班前会所需设施，持续加强"两堂一舍"管理，提高了职工洗浴、就餐、休息等后勤服务质量。通过一系列惠及职工、温暖人心的工程，进一步改善了职工生产生活环境，较好地维护了矿区的和谐稳定。

岁月不居，时节如流。时间的刻度清晰地记录着张田录做过的事、走过的路。在他的带领下，海石湾煤矿将秉承"安全、绿色、高效、品牌"的发展方向，继续保持拼搏奉献的优良作风、严谨求实的专业精神，不忘初心，扬帆起航，奋力开创矿井高质量发展新篇章！

开拓进取的"钻山队长"

——2021年度集团公司劳模
窑街煤电集团有限公司海石湾煤矿综掘二队
韩国华

韩国华，男，回族，1981年10月出生，中共党员，大专学历，2006年3月参加工作。2020年时任海石湾煤矿综掘二队队长。

"凿开混沌得乌金，藏蓄阳和意最深。"爝火燃回春浩浩，烘炉照破夜沉沉。就像于谦诗中所说的那样，正是煤矿工人的开凿发掘，赋予了深埋地底、其貌不扬的煤疙瘩新的使命，让它们有机会化作熊熊火焰，如太阳般夺目耀眼。煤矿工人就是煤炭的伯乐，是太阳的使者，是一个创造光明温暖的职业。

正因如此，1981年出生的韩国华从不后悔当初选择了这个职业。自从2006年3月到海石湾煤矿参加工作以来，他主要从事煤巷掘进工作，并在2020年担任海石湾煤矿综掘二队队长。

多年来，韩国华一直勤奋刻苦、好学上进、严谨求实、兢兢业业，从一名普通的后巷工，一步一步走上管理岗位，在这些普通平凡的工作岗位上，默默付出、无私奉献，发挥了共产党员的模范带头作用。

强化学习 岗位成才

工作中，韩国华带头学习锚网支护理论知识和操作技能，严格执行操作规程及掘进管理技术规定，认真钻研锚网支护施工工艺，注重理论联系实际，反复实践、系统总结煤巷掘进施工工作要点，及时有效地解决了煤巷掘进施工进程中出现的各类问题。

担任区队管理人员后，韩国华更加严于律己、勇于担责，认真贯彻落实上级的安排部署，团结带领全队职工在安全生产、经营管理、素质提升、建队育人等方面均取得了较好成绩。

韩国华先后获得过 2019 年海石湾煤矿先进生产工作者、2020 年海石湾煤矿安全生产先进个人、2020 年窑街煤电集团有限公司优秀共产党员、优秀队长和 2021 年海石湾煤矿季度安全生产最佳员工等荣誉称号。

爱岗敬业 砥砺前行

在担任海石湾煤矿综掘二队队长期间，韩国华严格遵守党纪条规和海石湾煤矿各项规章制度，每月下井天数基本在 25 天以上，始终盯守在井下掘进工作面施工现场，坚守在区队值班室、会议室、材料库房，对全队安全生产、经营管理等重点工作了然于心，对井下作业现场所需的安全设施、备用材料、工作面条件、各施工点的人员配置等做到了心中有数。

他带领综掘二队，先后安全高效地完成了一采区油页岩集中运输下山、6123-2 进风顺槽（东）、6115-1 油气探测巷、6224-2 东部施工巷（煤巷段）、6224-1 抽放巷（东）、6224-1 切眼、6224-1 回风顺槽（东）、6215 后期回风、6115 进风顺槽掘进工作面的施工。特别是在 6214-1 工作面回撤通道冒落区加强支护及 6115 二号油气探测处理综掘机故障期间，韩国华迎难而上、带头学习宣传贯彻制定的安全措施，组织全队上下雷厉风行地落实上级各项决策和工作安排，带领全队职工齐心协力、竭力提高加强冒落区支护工作的效率和施工质量，最终顺利完成了上级交办的重点工作任务。

认真履职　勇于担当

2021年，韩国华负责安全生产等管理工作，他带领全队职工保安全、促生产、解难题，优质高效地完成了各项工作任务，全队杜绝了轻伤及以上人身事故的发生。

综掘二队施工作业的6115进风顺槽共完成掘进进尺1163米、6115切眼共完成掘进进尺156米、6115切眼完成扩掘进尺156米（因地质条件变化原因6115切眼还完成了二次下底任务工作150米），全年完成掘进进尺964.2米。

在海石湾煤矿采掘接续任务繁重、工期紧张的情况下，他细化分解各项工作计划，同步开展6115工作面所有接续工作，共安装各类绞车7台，回收集中运输下山皮带及配套设备共400米，全面清理了巷道、平整了底板，完成6115进风顺槽皮带1200米配置的重新安装、调试和机头、主传动部位的捣制与安装，回收旧皮带2400米，铺设新皮带2400米，运输安装乳化液泵2台，运输安装移动式设备列车组1组，铺设各类供液管路共计3600米，安全高效地完成了6115工作面所有设备和液压支架的提升运输工作。在油页岩转载巷完成了各型掘进设备的安装工作，掘进进尺共计600米。

对于综掘二队来说，2022年将是充满压力，但又极富挑战的一年。聚焦推动全队安全生产、经营管理等工作更上一层楼，韩国华始终注重强化职工队伍建设、提升全队整体技能素质，坚持以务实进取的工作作风和饱满的工作热情，与综掘二队全体职工一起扎根一线、砥砺奋进、实现梦想，努力为海石湾煤矿高质量发展做出新的更大的贡献。

鼎彝元赖生成力，铁石犹存死后心。但愿苍生俱饱暖，不辞辛苦出山林。这是在煤海中挥洒汗水的千千万万个韩国华内心的写照，若自己的付出能让更多人得惠收益，像煤炭那样"鞠躬尽瘁"又如何，岂不爽哉！

用刮板输送机演绎煤海畅想曲

——2021年度集团公司劳模
窑街煤电集团有限公司海石湾煤矿综采一队
李林山

李林山，男，汉族，1978年10月出生，初中文化程度，2003年12月参加工作。2021年时任海石湾煤矿综采一队生产二班刮板输送机司机。

轰鸣隆隆，在现代化智能机械开采下，沉沉乌海跳动翻滚，倾泻而出，从数百米甚至上千米的地下巷道，被源源不断地输送至地面，再成千上万吨地转运到全国各地，为工业发展注入全新的动力。

每一吨煤，每一米进尺，都饱含着矿工们的辛勤和汗水。人人都说煤矿苦，但李林山却以苦为乐；人人都说煤矿险，但李林山一直奋战在井下生产第一线。

从2003年12月参加工作至今，十几年的长长光阴，寒来暑往，四季交替，1978年10月出生的李林山，已经从当年阳光帅气的青春小哥变成了两鬓斑白的稳重大叔，并于2021年开始担任海石湾煤矿综采一队生产二班刮板输送机司机。

扎根矿山守初心

李林山用自身的实际行动，诠释着煤矿工人特别能吃苦、特别能战斗、特别能奉献的精神。

2015年，是海石湾煤矿举步维艰的特殊时期，受企业效益不好、工资低且发放不正常等各种因素的影响，职工的情绪低落，一些人经过痛苦的煎熬，最终选择离开了企业，可李林山始终每天坚守在井下工作岗位上。

李林山的一个朋友劝他："你的技术这么好，别在海矿干了，到其它企业另谋生路吧！"虽然知道朋友是出于好心，但李林山却不为所动，对朋友说："矿上培养了我，现在矿上有难处了，我不能辜负矿上和师傅们对我的培养，困难肯定是暂时的，我相信总有一天海矿会渡过难关好起来的。"

正是凭着这股子信念，李林山从一名最普通的清煤工，逐渐成长为一名合格的设备检修工、生产班刮板输送机司机。生产二班是海矿综采一队回采油页岩的主力班组，全班的生产任务较重，刮板输送机司机更是职责重大。为能保证高效、安全、圆满地完成当班生产任务，他任劳任怨。溜子出现解决不了的问题时，他加班加点、随叫随到。遇到井下突发情况时，他经常连班处理。

一次临下班的时候，刮板输送机突然无法正常开机，李林山主动留下来处理问题，直至处理完毕，溜子正常开机后才出井，这个时候他已经在井下干了整整14个小时。他说："当班问题不能遗留给下一班，不能因为我的工作出了问题，让别人跟着受罪。"

2021年10月的一天，李林山刚升井，在值班室填写台账。值班队长说刮板输送机减速箱声音异常，他听到这个消息后，饭都没有来得及吃，便立即和维修钳工一起赶往工作面。到了采煤工作面，他先做好安全检查工序，随后立即对减速箱油位及轴承进行检查处理，很快就判断出是减速箱转子泵供油不及，于是和钳工一起对症下药解决了问题。听见设备运转正常的声音，他的脸上露出了灿烂的笑容。

李林山不怕劳累、敢于奉献的精神，为全队职工树立了榜样，深深影响着全队的每一个人。

勤检设备保运转

从事井下一线工作以来，李林山凭着对矿山的无比热爱，以常人难以想象的决心和毅力，在采煤战线上一干就是十九年。

热爱自己的岗位，干好每一项工作，是李林山永远的追求。从进矿开始，他就暗下决心，非学出个标兵、干出个榜样来不可。他严以律己，严格遵守海石湾煤矿及综采一队各项规章制度、办法措施，熟知刮板输送机的性能、结构及原理，能够有效解决刮板输送机运行过程中出现的各类问题。

仅 2021 年，他跟踪保养、精心检修刮板输送机，发现设备隐患问题及时汇报处理，先后排查解决工作面刮板输送机故障 30 余次，避免了因刮板输送机出现故障造成的非伤亡影响。

李林山不想受初中学历的局限，始终对自己高标准严要求，注重从书本上汲取知识营养，他加强对《煤矿安全规程》《工作面作业规程》《设备检修保养制度》等知识的学习，把掌握的业务知识灵活地运用到工作实践中，溜子操作技能和应急处理能力都有了很大的提升。

2021 年 9 月，综采一队回采的 6115 工作面进入全断面泥灰岩阶段。相较于油页岩来说，泥灰岩更加坚硬，使得本来就严峻的安全生产形势变得更加严峻，工作面的生产条件变得越来越差，导致生产班使用溜子更加频繁，经常出现一些意想不到的问题。为确保安全生产，李林山一遍又一遍地学习刮板输送机相关知识，总结实践经验，结合《刮板输送机操作规程》归纳推广维护方法，坚持每班随身携带各类工具维护保养设备，坚持班前试运转、开盖检查油脂油位及护煤板、机头冷却水。对于发现的问题，如果生产班无法解决，他及时反馈到队上，并和维修钳工及时交流，努力解决各类问题，大大降低了溜子使用过程中的故障率。

人文关怀促和谐

在生活中，李林山争当工友们的"知心人"，不仅工作中奋勇争先，更在工作之余不忘关心职工生活。他视班组成员如手足、情同一家人，班上同事谁家在生活或经济上遇到困难，他总是体贴入微、悉心关照、全力帮忙。

"能在一起工作是缘分，大家就是一家人、一个小家庭，不管谁有困难、都应该相互帮助。""严字当头树作风，细节之处看态度，危难之处见真情，关怀之处见真情。"这些，都是他经常说的话。热情友爱、乐于助人是工友们对李林山的评价。

李林山注重发挥"传、帮、带"的优良传统，培养出了一批优秀的溜子工。特别是对新入职的职工，他坚持在生活上关心、工作上爱护，让职工切实感受到了大家庭的温暖。针对困难职工家庭，他鼓励大家伸出援手，积极倡议自发捐款，并在班组专门建立职工爱心资助群，帮忙转发"水滴筹"等众筹信息，号召大家帮助他们渡过难关。他所在的生产二班，现在已经成为海石湾煤矿综采一队一支敢于冲锋、团结互助、顽强拼搏的钢铁团队。

行动比语言响亮。李林山像全国大多数矿工一样，每月基本满勤，天天干满点，用自己的一言一行、一举一动影响和带动着身边的工友，共同努力拼搏，无怨无悔地扎根在煤海第一线，从未动摇过献身祖国煤炭事业的决心和信念！

在拼搏奋进中释放青春力量

——2021年度集团公司劳模
窑街煤电集团有限公司三矿岩巷三队
谢尚铎

谢尚铎，男，汉族，1990年4月出生，中共党员，本科学历，工程师，2014年7月参加工作。2021年时任岩巷三队队长。

如果你是一滴水，你是否滋润了一寸土地？如果你是一缕阳光，你是否照亮了一段路途？如果你是一粒粮食，你是否哺育了有用的生命？如果你是一颗最小的螺丝钉，你是否永远守在你工作和生活的岗位上？

这些当初雷锋对人生价值的叩问，任岩巷三队队长的谢尚铎也同样拿来问过自己。一个人该如何活着呢？充满激情，投身建设，有所作为，才是一个有志的90后青年人该有的人生价值取向。所以，他昂扬斗志去追梦，拼搏进取去筑梦。

投身矿山 不负韶华

2014年7月，24岁的谢尚铎大学毕业后来到三矿工作，凭着干一行、爱一行、钻一行、精一行的劲头，从一名实习生一步步地走上了管理岗位，在采掘一线追逐自己的人生价值。

他说："既然选择了在煤矿工作，就得扎下根来，就得有吃苦耐劳、敢打硬拼的精神，就得扑下身子、扎扎实实地做出一些成绩。"正因为有了这种认识，谢尚铎全身心地投入到工作中，虚心好学，踏实肯干。

2021年，在1400皮下机头硐室的施工及暗斜井绞车基础的施工过程中，因为支模捣制不容出现差错，验算数据必须精准无误，然而岩巷三队支模技术薄弱。面对这样的现实窘况，为保证工程顺利完成，谢尚铎经常利用业余时间，反复计算支模捣制数据。那段时间，他既要加班延点，还要常驻区队，随时待命下井，甚至在深夜打电话了解掌握井下支模捣制情况。他以实际行动向全队职工诠释爱岗敬业、无私奉献的精神，起到了示范带动作用。

谢尚铎经常说："凡是在理论上正确的，在实践上也必有可行性。"话既然已经说出口，事也要照着这样去做。他注重学习业务知识，坚持学习掘进施工工艺、巷道支护维修等业务理论知识，努力掌握丰富的理论知识和实践管理经验。

谢尚铎始终坚持"安全第一、预防为主、综合治理"的工作理念。在采掘一线安全生产实践中，不论哪一项工作，他都会一马当先，坚持在"苦、脏、难、险、累"工作中冲在前、干在先，为全队职工树立了一面旗帜。

他紧密结合全队各岗位工种的特点，积极组织建立井下工作面党员责任区，组织开展党员亮身份、当班在岗人员悬挂照片亮身份的活动。通过悬挂责任卡、责任牌等形式，将当班职工的姓名、工种、责任区职责摆在工作现场，明确职工在各自的工作岗位上应该做什么、怎么做、做到什么标准，有效激发了三队职工在岗位上建功立业的责任感和使命感。

爱岗敬业 躬身实干

为了提高全队职工的安全技能和综合素质，推动岩巷三队实现职工培训制度化，谢尚铎根据全队安全生产的现状和职工技能素质参差不齐的实际情况，以"三大规程"为重点，从教育引导职工个人、班组群体牢固树立安全生产理念入手，主持制定了全面细致、针对性和操作性极强的职工培训计划，坚持在每周政治学习、安全学习、安全办公会、班前会和每周一课等时间节点，向职工宣讲安全生产形势，努力让职工了解掌握关于安全生产的一系列法律法规。

同时，谢尚铎让技术队长分工种、不定期地组织职工进行岗位理论知识培训和现场操作技能比赛，对成绩优秀者给予适当奖励，激励全队职工形成良好的学习气氛，有效保证了培训效果。

针对个别职工安全思想麻痹、自保互保能力不强的实际情况，谢尚铎坚持以开展事故案例警示教育活动等方式，有的放矢地向他们讲明在实际操作过程中应注意的事项、难点，努力提高职工隐患辨识能力、事故超前预防能力和应急处理能力，进一步增强了全队职工的安全意识。职工整体素质显著提高，"三违"现象得到有效杜绝，全队安全形势持续好转。

2021 年 5 月，1400 中央变电所施工，高 5.2 米、宽 4.2 米的大断面施工，增加了打眼装药工作和顶板安全管理的难度。谢尚铎每天下井勤跑现场，紧盯各项工作细节和施工进度，大力推行"两线控制四线"（即以中线腰线控制掘进巷道巷帮巷顶一条线、铺设轨道一条线、捣制水沟台阶一条线、吊挂缆线一条线）工作法，组织职工努力把各类安全隐患消灭在萌芽阶段，最终带领全队历时 2 个月、安全高效地完成了施工任务。

担当作为 情系职工

谢尚铎认为，职工利益无小事，只有帮助职工解决难题，维护好职工合法权益，才能维护职工队伍稳定，增强全队职工的主人翁责任意识，提高全队职工的工作积极性和主观能动性，做好安全生产维护好矿区和谐稳定大局。为此，他始终把坚持落实民主管理制度，维护职工合法权益，维护职工队伍稳定，作为重要工作来抓。

他坚持民主集中制原则，发扬民主作风，对职工奖惩、岗位调整、评先评优等重大事项坚持提交班子会议讨论研究决定，严格落实"三联审、五公开、一上墙"制度，认真组织推进队务、班务公开，特别是在职工工资奖金考核分配方面坚持每月组织召开工资会议，做到了考核分配全程公平、公正、公开。

他还坚持将每月的材料消耗、工资奖金分配、先进班组和优秀员工评选等情况及时提交给职工大会研究审议，并在队务公开栏中常态化公开展示，进一步增加了职工关心关注事项的透明度。

"为职工真心实意办实事，让职工凝心聚力做贡献"是谢尚铎的管理目标。他始终把关心职工生活、关爱职工冷暖放在心上，坚持把与队班子成员家访谈心、为职工解难题、办实事作为思想政治工作的重要抓手，努力答疑释惑，化解职工家庭矛盾，尽可能地帮助职工解决工作和生活中遇到的各种问题。

他注重做实做细"三必谈、四必访、五到家"，坚持带领队班子成员参加每个职工家庭婚嫁、病探、丧事等事宜，努力让职工感受到来自岩巷三队大家庭的关心、关怀和关爱，受到职工及家属的一致好评。

"只要心中有光，不怕路长。"谢尚铎在工作中努力开拓进取、默默奉献，在平凡的基层工作岗位上深耕细作，先后获得 2018 年度窑街煤电集团公司安全管理及安全生产标准化先进个人、2020 年度窑街煤电集团公司先进生产工作者、优秀党务工作者等荣誉称号。

虽然多次获得奖项奖励，但谢尚铎觉得还不够。他一直把自己当作一枚小小的螺丝钉，始终牢记新时代矿工使命，一如既往地保持对工作的责任心、敬业心和对煤矿的赤诚之心，在自己的岗位上日复一日地坚守，钻掘生根，牢固不脱！

不为繁华易初心

——2021年度集团公司劳模
窑街煤电集团有限公司三矿综掘一队
张大炜

张大炜，男，汉族，1985年9月出生，中共党员，大专学历，2002年11月参加工作。2021年时任三矿综掘一队队长。

白日不到处，青春恰自来。苔花如米小，也学牡丹开。80后的三矿综掘一队队长张大炜不想成为垮掉的一代，要向诗里的精神学习，在最普通平凡的岗位上，度过最美好的年华，实现自我价值。

从2002年11月参加工作，到2021年担任三矿综掘一队队长，张大炜坚定信心，满怀激情，兢兢业业，扎实工作，努力实现着自己的梦想。

坚守底线　提高认识保安全

自参加工作以来，张大炜便立下扎根煤海、奉献矿山的决心，入党后始终以共产党员的标准严格要求自己，在煤海深处默默地散发着光和热，把激情和青春献给了钟爱的祖国的煤炭事业。

作为队长，张大炜时刻绷紧安全这根弦，坚持从全队职工安全思想教育抓起，在每天班前会上不厌其烦地讲解工作面安全现状、安全注意事项、安全应知应会知识，每天布置的第一项工作也是安全。

在生产过程中，张大炜带领全队职工严格按照安全规程作业，在工作中讲安全话、干放心活，凡涉及安全的工作从不偷工减料、不讨价还价、不打折扣。他对全队职工情况了如指掌，谁经常违章，谁爱喝酒打牌，谁能遵章作业，都做到心中有数。

张大炜说："职工下井不能带情绪，不能有心理负担，在井下作业时才能做好安全工作。我们要在岗一分钟，干好六十秒。"每次班前会上，他总是先仔仔细细地把每个职工观察打量一番，看看谁的精神状态不佳，谁的情绪低落。对于那些喝了酒或是没休息好、精神不振的职工，他态度坚决地让他们回家休息，哪怕当天出勤人数少、劳动组织紧张也坚决不让其上班。

有一次，为了赶进度，一名班长不按规程操作，带头空顶作业，张大炜发现后当场责令停工检查，组织职工按照作业规程要求做好临时支护。事后，他又专门找到这位班长推心置腹地谈心："干我们这行的，稍一马虎，就会酿成事故。无论任务多重，决不能为了赶进度而不顾安全，一定要按照安全措施和作业标准施工。"这种坦诚以待的方式，不仅解开了违章班长的思想疙瘩，也让现场的其他工友深受启发，进一步提高了大家对安全工作的认识。

在张大炜的言传身教下，综掘一队安全上杜绝了轻伤及以上人身事故，实现连续安全生产1700多天。

敢作敢为　扎根煤海树榜样

"干活不能光靠力气，还要常动脑筋。干一行，就要爱一行，精一行。"这是张大炜常挂在嘴边的一句话。

他始终以饱满的热情、真抓实干的作风，保持着一名煤矿工人的本色。

工作中遇到苦活、累活、脏活、险活，他总是第一个冲上去做好表率。

在张大炜以身作则的带动和影响下，综掘一队职工团结奋进、密切配合、努力工作，顺利完成了矿交办的急、难、险、重任务。

2021年，在处理5521-24切眼冒顶期间，张大炜组织成立党员抢险小组，既当指挥员又当战斗员，通过现场商讨拟定措施，带头同其他党员和职工一起扛支柱、打撞楔、架木垛、注锚杆，以实际行动感染着工作现场的每一位工友，激发了大家的工作热情。抢险期间，职工请假的少了，出勤也正常了。大家心往一处想、劲往一处使，在规定时间内保质保量完成了工作任务，顺利通过了冒顶区域，有力保障了矿井安全生产的正常推进。

张大炜踏实担当的作风和出色的工作成绩，得到了全矿上下的一致肯定，多次被三矿评为安全生产先进个人。

履职担当　狠抓管理创效益

"有了安全才有质量和效益，没有安全就什么都没有了。"朴实的话语，道出了张大炜对安全工作的认识和理解。

只要到井下，他总是盯在现场靠前指挥。为了不影响生产，张大炜每天和职工同上同下，认真检查作业现场存在的安全隐患。遇到顶板破碎、煤爆声频繁时，他总是叮嘱班长一定要打好超前支护、挂好顶网、控制好顶板，确认施工范围内没有安全隐患了才让其他职工投入生产。

担任队长以后，张大炜敢于管理、求实创新，积极探索全队安全生产新路子，和队干部一同修订完善了综掘一队《顶板管理制度》《质量验收制度》等安全生产管理制度。他注重在工程质量标准化管理上由管结果向管过程转变，坚持把精细化管理纳入到日常安全生产工作中的每道工序、各个环节，推动全队构建形成"作业有规程、班班有目标、事事有标准、人人有职责"的工作机制。

张大炜紧盯安全隐患，坚守现场，组织职工全面整改问题，注重把各类事故隐患消灭在萌芽状态。2021年，在5721-10回风巷掘进施工进程中，面对运输条件差、施工困难、煤层不稳定等一系列难题，他带领队干部迎难而上，根据煤层赋存变化，按照差异化设计要求，提出了缩小锚杆间排距、改用超高强度螺纹钢锚杆，并有选择性地在受力变形大的内拱肩增打锚索和两底角增加底锚杆来提高支护强度的施工方法，有效减少了底鼓、帮鼓现象，显著提升了支护质效。

对围岩条件好、或服务时间短的巷道，在满足安全使用的前提下，张大炜组织全队职工采取合理降低锚杆支护密度、取消锚索及局部加强锚杆的方式，在一个钻孔、一个锚杆、一米进尺上下功夫，不但提高了掘进效率和单进，而且有效控制了支护成本。5721-10回风巷采用了此项施工方法后，节约材料费20万元、人工工资近5万元。

心底无私　情系职工如手足

担任综掘一队队长以来，张大炜始终践行"同心同德才能走得更远"的管理理念，几乎把大部分的时间和精力都用在工作中。

多年来，无论工友们谁家遇有婚丧嫁娶，还是乔迁升学等事宜，他都是精心安排料理，第一时间组织看望生病住院、家庭出现困难的职工，努力把综掘一队大家庭的关心关怀送到每位工友的心里。

张大炜铁面无私，坚持在制度面前人人平等，不论全队谁违反了三矿或队上制定的规章制度，都会不折不扣地按奖罚制度兑现。

他注重全队职工思想教育工作，坚持把职工对美好生活的向往作为搞好团队建设的重点，始终把职工的冷暖疾苦挂在心上，设身处地为职工着想，对每一名职工一个月上了几个班、请了几天病假和事假，都做到了心里有数。尤其是每月中旬，他总会打电话提醒出勤不太正常的职工尽量上够班、挣上钱。

在张大炜的影响带动下，综掘一队职工在工作生活中相互关心、相互帮助，积累了深厚的情谊，全队凝聚力、向心力和战斗力不断增强，干部职工工作热情高涨，全队安全生产形势喜人。

一分耕耘，一分收获。张大炜勤勤恳恳、无私奉献，一心为职工安全着想，有效凝聚起了全队职工心往一处想、劲往一处使的工作合力。在他的带领下，综掘一队于2021年安全高效地完成了5521-25、5721-10工作面掘进施工工程，杜绝了轻伤以上人身事故，实现掘进进尺3000米，先后2年被窑街煤电集团公司评为安全先进集体。

　　初心易得，始终难守。不忘初心，方得始终。面对荣誉，张大炜淡然一笑，沉心静气，始终如一地保持当初的信念，继续默默无闻埋头苦干、执着追求。他要紧跟时代的步伐，继续为三矿高质量发展贡献自己的智慧和力量！

矿井高质量发展的领航人

——2021年度集团公司劳模
窑街煤电集团有限公司金河煤矿
王想刚

王想刚，男，汉族，1980年9月出生，中共党员，本科学历，高级工程师，2000年8月参加工作。2021年时任金河煤矿矿长、党委副书记。

在黑暗中沉默千年的煤，穿过幽邃的孔洞，在太阳的照耀下，绽放出朴实又耀眼的光，它们满怀理想，承载希望，在通红的火炉中书写最平凡的愿望——驱散万家的黑暗和苦寒。这是煤炭的愿望，也是每一位煤炭工人的愿望，更是中共党员——金河煤矿矿长王想刚的愿望。

作为承前启后的80后，他主动扛起了新时代煤矿发展的重任。二十多年来，他无论处在什么工作岗位，无论责任大小，无论任务多重，都遵循一个原则，居其位，安其职，尽其诚，而不逾其度。

踏浪煤海逐梦来

自 2000 年 8 月参加工作到 2021 年担任金河煤矿矿长，王想刚先后担任过三矿综采一队技术副队长、生产技术部设计采掘主管和海石湾煤矿综采二队队长、生产技术部副主任工程师、副部长、部长、生产副总工程师、副矿长，以及金河煤矿副矿长、矿长等职务，一直从事采煤技术管理工作。

王想刚扎根采掘生产一线，不追名逐利，吃苦耐劳、无私奉献、兢兢业业，一干就是十几年，从一名最基层的技术管理人员一步一个脚印，逐步成长为一名出色的生产矿矿长。

他一直把"干安全活、干标准活"作为自己的座右铭，凡事想在前，干在前，处处发挥模范带头作用。他爱岗敬业、履职尽责，始终以高度的责任感、使命感和饱满的工作热情全力以赴做好每一项工作，以务实重行的实际行动诠释了共产党员的先进性，体现了责任与担当。

2021 年 5 月，面对 16214-1 工作面回采结束、17204-2 工作面还未圈定，采煤工作面脱节 45 天、欠产 9 万吨，17204-2 工作面过地质构造带、破岩开采等极端困难条件，作为矿长的王想刚没有气馁，而是每天深入综采工作面与职工一起想办法、破难题。面对困难，他迎难而上、严细管理，和职工一道在现场摸爬滚打连轴转，与生产部室管理团队一道抓接续定规划、抓生产重统筹、合力攻坚，主持制定针对性措施，最终在 8 月份补齐了欠产任务。

在他的影响和带领下，全矿上下凝心聚力抓落实，超进度完成六、七采区 3 个工作面的回撤安装、六采区生产接续系统智能化改造和洗煤厂联合试运转等金河煤矿重点任务，杜绝了轻伤及以上人身事故；原煤产量、营业收入、利润总额同比分别增长 1.22%、65.1%、241.91%，主要经济指标创建矿以来历史最好水平，企业保持了平稳向好的发展态势。

心系职工保平安

作为矿长，王想刚深知安全始终既是金河煤矿首要的"一号工程"和"头等大事"，也是对企业、职工和家庭最大的"良心工程"，丝毫容不得半点闪失和麻痹大意。面对国家和集团公司对矿井安全工作越来越高的要求、越来越严的标准，他从来没有因为完成生产任务而踩过红线，也从来没有因为赶进度而越过底线。

自 2021 年 5 月主持金河煤矿工作以来，王想刚提出了全矿对标对表同行业一流企业的发展理念，以实现全矿安全生产"三零"（零轻伤、零事故、零伤害）目标和国家一级标准化矿井为主线，深化"四位一体"岗位流程管理，创新安全管理"八到岗"（思想到岗、责任到岗、制度到岗、培训到岗、标准到岗、流程到岗、设施到岗、监督到岗）安全管理体系，着力构建金河煤矿安全生产"大超前"机制；紧盯矿井各类安全保护和安全防护装置进行专项整治，督导推进皮带八种保护等安全重点工程，扎实推进"一学五抓"（即学法规、抓作风、抓落实、抓过程、抓源头、抓系统），大力推行"人人都是班组长""人人都是安全员""人人都是管理者"管理模式，坚持隐患排查货币化收购激励机制、"21+1"带薪培训制度，深化安全警示教育等一系列安全举措，激活了全员保安"内动力"，形成了全员保安大格局，矿井安全管控能力和水平不断提升。

2021 年 7 月，金河煤矿通过了省应急管理厅一级标准化矿井初审验收，全矿形象面貌显著提升，安全生产周期不断延长；"三违"人数发生率同比下降 44%，实现了安全提质、生产增效"双丰收"。

深化改革强管理

不论是担任基层区队长还是担任矿长，王想刚都表现出了一名优秀管理者所具备的管理能力和创新能力。

特别是担任金河煤矿矿长以来，他率先提出对标对表，打造行业同等能力标杆煤矿的目标，坚持以推行契约化管理为导向，严格层层经营承包主体责任和月度层级考核，逐级分解量化指标、层层分解细化目标、层层传递工作压力，有力有序推进了全员目标成本管理工作。

王想刚持续深化干部人事、劳动用工、薪酬分配三项制度改革，全矿公开选聘和调整交流管理人员 5 批 33 人次。他组织修订完善金河煤矿《契约化经营业绩（工作目标）考核管理办法》《职工薪酬管理办法》《劳动定额管理办法》等 10 项制度，推动全员岗位合同管理覆盖面达 100%，组织为职工群众兴办实事好事 21 件，有效激发了以市场化改革推动企业高质量发展的蓬勃活力。他超前管理，坚定守住了安全发展底线，企业发展质量、经济效益持续保持稳中向好态势。

2021 年，全矿各项经济技术指标再创历史新高，实现利润 47324.45 万元，较计划超盈 29300.1 万元；原煤成本较计划降低 13.17 元/吨，职工人均增收 6109 元，推动全矿实现了企业增盈、职工增收的"双赢"目标。

创新创效促发展

一直以来，王想刚始终坚持"科技是第一生产力"的发展理念，全心致力于科技兴企、科技兴安，醉心于矿井技术改造、技术创新和智慧矿山建设。

王想刚勤于思考、善于总结，他积极钻研探索，主持完成的《煤矿用巷道修复机在煤巷掘进中的应运》等 5 项技术创新成果获集团公司科技成果优秀奖。

他注重发挥党员骨干、劳模先进和技能人才的技术特长，依托党员先锋岗、劳模（技能大师）创新工作室和专业技术攻关小组，大力开展技术难题攻关、职工技术创新、"五小"成果征集等活动。全矿先后完成综采面尘源跟踪、冲击地压煤巷吸能支架、小材上气动防跑车装置和智能防人员误入等新技术的推广应用，采掘工作面运输设备、1460 水泵房等集控化智能化改造任务，复杂地质条件下工作面等宽设计等 10 项技术创新成果，受到集团公司表彰奖励。

同时，全矿实现了 1-4 灌浆站、1530、1496 瓦斯抽放泵站、1460 水泵房自动排水系统远程集中控制；完成了井下原煤运输系统、井下瓦斯抽放系统自动化改造和井下排矸系统改造；完善了洗煤厂生产场所监控系统、地面人员定位系统，地面选煤楼、1-4 哈拉沟工业广场等区域安装分站和接收器后实现了对边远区域上班人员的实时监管；完成 16215 工作面安装及智能化改造，解决了制约矿井生产的瓶颈，为提升矿井产能打下了坚实基础。

他重奖技术带头人和技术创新成果，切实调动了广大职工开展技术革新的积极性，激发了学习技术的热情。2021 年度金河煤矿职工创新立项完成 18 项、推广应用优秀成果 32 项，累计创效 2070.9 万元。

王想刚胸怀一颗对党、对煤炭事业的赤诚之心，为煤矿奉献着自己的青春年华，为企业改革发展倾注了大量心血和汗水，以坚韧不拔、砥砺奋进的实际行动诠释着自己的神圣追求。回顾他 22 年的工作历程，虽没有惊天动地的壮举，但极其充实，在平淡的生活工作中，找到了自己人生的意义和价值。他的感悟体现在：每一名职工、每一户家庭、每一个企业、每一方土地都有温暖和梦想！

"普罗米修斯"式的热血青春

——2021年度集团公司劳模
窑街煤电集团有限公司金河煤矿综采一队
张元海

张元海,男,汉族,1990年2月出生,中共党员,本科学历,2013年7月参加工作。2021年时任金河煤矿综采一队队长。

点点矿灯延绵,连成照耀无边黑暗的璀璨星河,随着日升月落准时升降。有一群人燃烧青春与激情,挥舞着黝黑坚实的臂膀,采撷深藏地层深处的黑色珍宝——煤炭。煤炭,是火之源泉。火,让人类从茹毛饮血的原始人升级为现代文明的社会人。煤矿人用辛勤劳动,换来今天的辉煌,灿烂的火种,不愧为当代的普罗米修斯。

张元海,一个普普通通的90后,本科毕业后进入煤矿工作,一路从基层做起,在2021年担任金河煤矿综采一队队长。他认为,热血青春,无怨无悔,要做"普罗米修斯"式的热血青年。

时代催人奋进

从 2013 年 7 月参加工作以来，张元海一直在采煤一线工作。多年来，他始终严于律己、勤于学习、吃苦耐劳、坦诚待人，注重锤炼提升个人工作能力，从一名初出茅庐的综采一队技术员，快速成长为金河煤矿采煤战线上能够独当一面的技术副队长、行政队长。

作为新时代的煤矿工作者，张元海牢固树立安全第一的理念，深知做好全队安全生产工作的重要性和紧迫性。他认真学习习近平新时代中国特色社会主义思想和习近平总书记关于加强安全生产工作的一系列重要指示精神，深入学习贯彻"煤矿三大规程"和集团公司、矿上制定的各项安全生产规定，积极参加矿上举办的专题培训班，不断更新和丰富自己的知识储备。

在利用空余时间坚持自学的基础上，他注重依托每天班前会、每周学习会、每月队务会等平台，组织全队干部职工集体学习安全生产法律法规、集团公司和矿上制定印发的最新安全生产制度、综采设备工作原理和常见故障排除法、职业病防治等知识，组织大家深入剖析、反思、总结金河煤矿安全生产典型案例，有效提高了全队上下齐抓共管安全生产的自觉性，为全队实现安全高效生产目标奠定了良好基础。

奋进永无止境

长期以来，张元海始终恪守"安全工作没有终点，只有起点，没有最好，只有更好"的人生格言，用自己勤奋好学、严以律己的行动、过硬的管理能力和丰富的实践经验默默无闻地工作着，时刻感染着身边职工在千尺井下为矿井安全发展奉献着自己的光与热。

他深知打造一支过硬的职工队伍，绝不是一件容易的事情。要想把全队建设好，必须紧紧依靠广大职工、充分发扬民主、发挥集体的智慧，依托严明的纪律和顽强的作风，才能有所建树。工作中他善于把每个职工好的做法、说法和意见汇集起来，深入思考，形成管理的制度和措施。他牢固树立"质量过硬、安全保证"的管理理念，经常与技术员等队干部交流探讨如何持续有效提升全队职工培训质量，努力团结动员各岗位职工干标准活、上标准岗。

他始终把金河煤矿看成自己的"家"，把综采工作面看成自己的"责任田"，总是以饱满的热情和真抓实干的作风开展工作。他常说"作为一名队长必须要考虑在职工的前面，事事走在职工前头。"

他严格落实跟值班制度，坚持深入生产一线靠前指挥，现场督促指导开展质量标准化工作，组织职工认真及时整改工程质量问题。他狠抓现场安全管理，每天到达工作地点后都会仔细全面检查工作面安全状况和设备运行维护情况，组织职工坚持班前、班中、班后现场走访排查处理各类安全隐患，着力纠正职工的不安全行为，尤其注重作业于特殊地质构造带和特殊时间段的排查与管理，要求每班努力做到不留死角，对安全隐患早发现、早汇报、早处理，切实做到不安全不生产。

他始终坚持"干就要坚持标准，做就要做出精品"的原则，组织生产现场的职工严格按照质量要求施工，对施工质量不合格的工程坚决推倒重来，力争创建全矿"精品工程"。

张元海常说："只有把质量抓上去，安全才有保障。""作为一队之长，只抓产量不顾安全那是蛮干，不为职工人身安全负责就是罪人。""宁让职工骂着走，不让职工家属哭着来。"

在他的影响和带动下，综采一队杜绝了轻伤及以上人身事故，各项工作有序推进，走在了全矿前列。

责任就是担当

作为一名共产党员，张元海积极发挥模范带头作用，每次班前会上安排工作时，他总要先看看哪个职工更适合当班的工作任务，哪个职工今天精神状态好，不仅在工作上能针对职工的学习能力、沟通理解能力、设备操作技能等进行合理分工，更在工作之余不忘关心职工生活，视职工如手足，情同一家。

队上职工遇有生活或经济上的困难，张元海总是体贴入微、尽可能地关心关照。"有困难，找队长"在综采一队已形成共识。他常说："能在一起工作是缘分，大家就是一家人，一个小家庭，不管谁有困难，都应该相互关照。"在他的影响和带动下，全队职工心往一处想、劲往一处使，综采一队成了职工们温暖的大家庭。

2020年12月，回采16119工作面时，由于工作面坡度大（最大倾斜角度30°），采煤机割煤、液压支架移架、推溜施工难度极大，张元海组织全体队干部、班组长出主意、想办法，拟定防滑防倒措施，带领全队上下克服困难、顽强拼搏、安全顺利地完成了16119工作面大倾角段的回采工作任务。

2021年1月至2022年2月，17206工作面回采期间，面对特厚煤层综采放顶煤困难的不利局面，张元海精心安排、合理分工，组织技术骨干提前对顶煤进行弱化处理，有效提高了顶煤回收率。

2021年11月份，面对一队三面、人员组织困难的窘境，张元海主持优化规程措施设计，要求全队上下一定要牢固树立安全意识、全面落实综采一队安全生产各项制度和措施，最终带领全队职工克服了巷道长、坡度大、人员少、设备不熟悉等众多"拦路虎"，为16215工作面安装有序推进打下了坚实基础。

张元海认为，过去的成绩已经成为历史，未来他将和综采一队全体职工一道，以饱满的工作热情团结协作、砥砺奋进，深化区队管理，加强技术攻关，使全队在安全生产上再上一个新的台阶，为金河煤矿高质量发展做出新的更大的贡献。

功名不早著，竹帛将何宣。青春短暂，时不我待。张元海将继续用自己辛勤的汗水、过硬的管理能力和丰富的实践经验坚守本职岗位，默默无闻地去努力去拼搏！

用平常心做好平常事

——2021年度集团公司劳模
窑街煤电集团有限公司金河煤矿机电一队
王交平

　　王交平，男，汉族，1982年3月出生，中共党员，大专学历，2004年10月参加工作。2021年时任金河煤矿机电一队副队长。

　　每个人都有自己独特的青春，怀揣着梦想，有人选择留在繁华都市，有人选择自主创业，努力地寻找着属于自己的青春答案，但王交平却选择在煤矿施展自己的才华，他没有感人肺腑的故事，也没有惊天动地的伟绩，有的只是一个个将青春、职责与奉献完美演绎的普通故事，每一步足迹，每一滴汗水，每一份成绩，都记载了王交平对人生、对事业的不懈追求。

技术跟着时代走

　　电脑、手机、网络正改变着人们的生活方式，自动化、智能化、5G网络也同样改变着煤矿的生产方式。在这社会大变革的时代，煤矿也面临着一次深刻的革命，只有不断地学习，才能提高自身的业务素质和工作能力，才能跟上时代的步伐。当真正接触到机电设备管理和维修的具体工作时，王交平才发现还有很多不懂不会的专业知识和无从下手的地方。但他没有气馁，而是一鼓作气加强自身业务知识学习，不断反思自身工作的短板，主动向老师傅们请教学习，在实践中不断摸索、总结，短时间内就积累了丰富的机电专业知识。他带头认真学习贯彻集团公司和矿制定的各项安全生产制度，每月配合制定、督促落实全队各岗位职工学习培训计划，努力在全队营造了"缺什么、补什么，用什么、学什么"的良好学习氛围。

理论和实践的同步积累，在日常维修中，由于机电一队管理的设备多，设备发生故障的概率很高。王交平坚持深入现场跟班检查，掌握设备运行、维护等情况，使王交平对井下所有机电设备的性能、参数有了详细的了解。他始终在工作中不断创新，在他以身作则、认真负责、细致入微的工作态度感染下，全队上下齐心协力、保质保量完成了各项工作任务。

2021年，金河煤矿设备将升级为电液控系统时，王交平坚持利用业余时间学习研究电液控系统方面相关知识，组织动员技能骨干学理论、看现场，反复讨论研究，拟定了切实可行的实施方案。为了提高设备使用寿命、保持设备稳定运行状态，王交平始终坚持"应修必修，修必修好"的原则，认真组织职工精益求精保养、维护修理设备，延长了设备的生命周期。

工作之余，作为分会主席的王交平注重提升全队职工技能素质，组织各班组广泛开展岗位练兵、技术比武等素质提升活动，全队2名技术能手晋升为技师、4名初级工晋升为中级工，进一步巩固了全队安全生产管理基础，有效提升了机电一队的设备检修服务能力。他自己也先后获得集团公司和矿安全生产及安全质量标准化先进个人、劳动竞赛先进个人、机电运输会战先进个人、优秀共产党员、劳动模范等荣誉称号。

生产服从安全行

所有的安全事故都在违章作业的那一刻蜂拥而至。这些不安全行为在王交平的管理准则里是坚决不允许发生的。他常说："工作中可以包容职工的技能水平，但决不能容忍职工不安全行为，技能可以再提升，但生命永远不能再生。"

他注重利用班前会、周五安全学习日等平台，在全队组织开展"三违"人员现身说法、观看安全警示教育片、安全签名、安全知识有奖问答等系列活动，他以分会主席的身份发动职工家属积极参与"三违"人员帮教、做好安全协管工作，组织群监员认真排查各类安全隐患，努力把事故隐患消除在了萌芽状态，有效提高了全队职工"我要安全、我能安全、我会安全"的意识。

工作中，王交平是安全生产的"防火墙"，成为职工群众学习的榜样，带动全队职工以珍爱生命的态度投入到工作之中。在集团公司大力推行"人人都是班组长"全员自主管理模式之际，他积极配合在全队推广成熟经验，主张以健全完善班组安全生产管理制度、有效提高班组现场管理能力为重点，以持续提高全队职工技能素质为基础，以培育打造守纪律、威信高、懂技能、会管理的高素质班组长队伍为核心，通过强化班前会流程管控，每天坚持班组轮值管理制度和认真召开班前小会，明确当班注意事项等举措，扎实有效推进班组建设。

他坚持以全矿创先争优活动为契机，组织职工深入开展"立足岗位比贡献·创先争优当先锋"建功立业活动，队上的几个班组连续多年被评为集团公司和矿优秀班组。

为确保实现安全"四无"的管理目标，王交平经常深入班组现场，组织职工深入排查机电设备安全隐患，严格落实以班组长为中心的"四位一体"管理制度和动态联保等制度，严控工作现场人、机、环境系统，落实"一步到位"管理法，注重把安全规程、技术措施扎扎实实落实到班组和安全生产现场，有效提高了全队检修标准和质量。

管理与效益双提升

他配合修订完善并严格落实机电一队安全生产、机电设备管理等制度，坚持精神鼓励和思想教育为主、奖优罚劣为辅，主张将绩效奖金二次分配向技术工种倾斜、向勤勉务实的职工倾斜，有效调动了全队各岗位职工履职尽责的积极性和主动性，带动全队整体安全管理水平有了很大提升。

在集团公司和金河煤矿深化安全生产标准化工作的大背景下，王交平始终坚持"一步到位回头看，持之以恒抓落实"的安全生产管理理念，在全队倡导推行 6s 管理，注重在健全完善班组管理机制的基础上，结合实际推陈出新，积极将班组安全生产等各项管理制度融入 6s 管理考核体系，进一步细化完善班组建设任务目标和奖惩激励机制，努力把班组建设的具体要求转化为职工日常行为规范，通过强化制度约束，使职工从被动管理走向自我管理，全队职工的精神面貌有了很大的变化。

2021 年 3 月，在组织职工支援选运队进行暗斜井皮带机头改造时，由于现场条件限制，为了一步到位完成安装，王交平认真查看现场环境，加班延点组织推进地面配套装配、井下安装调试等工作，带领职工安全高效地完成了皮带机头安装调试工作，大大缩短了安装周期，为按期实现原煤运输任务提供了坚实保障。

没有豪言壮语，只有一颗平常心，扎扎实实对待每一项工作，认认真真维修保养每一台设备。这正是王交平以最朴实的奋斗精神追求人生价值的良好体现。王交平说："我没时间去领会别人的评价，机器设备的轰鸣就是最好的回答。"

对过去的回味总有甜蜜与苦涩，对未来的向往只有美好。不惑之年正是人生的黄金时节，王交平正满怀信心，憧憬着美好的未来。

半生激情终无悔

——2021年度集团公司劳模
窑街煤电集团天祝煤业有限责任公司
刘建荣

刘建荣，男，汉族，1969年11月出生，中共党员，大学学历，高级工程师，1990年7月参加工作。2021年时任天祝煤业公司党委书记、董事长。

人生百年，虽然无法左右生命的长度，但能拓展它的广度和深度以增加人生的厚重和分量。

五十出头的刘建荣历经岁月磨砺，已经成为企业的中坚力量。回首半生，伴随着改革开放的脚步一路走来，一直践行着入党时的誓言。工作三十二年，做到了无愧于心中的信念。

"激情干事业，无悔于人生"是刘建荣多年来的人生理想和奋斗目标。功夫不负有心人，自2020年担任天祝煤业公司党委书记、董事长以来，他坚持以习近平新时代中国特色社会主义思想为指导，团结带领班子成员和全体干部职工紧扣窑街煤电集团公司"四个定位"、高质量发展"五个转变"发展思路和"十大行动"实施路径，攻坚克难、锐意进取，大力推进企业高质量发展。

2021 年，他带领天祝煤业公司沉着应对新冠肺炎疫情风险挑战，全面高质量地完成了各项目标任务，取得了安全"零伤亡"、原煤产量超额完成、经济效益大幅增长的丰硕成果，"四化"建设、煤炭售价、企业利润、上缴税金等 4 项工作指标创建企以来历史最好水平，企业步入了新时代高质量发展的快车道，实现了"十四五"良好开局。

创新营销策略 经营发展铸辉煌

艰难方显勇毅，磨砺始得玉成。2020 年，受新冠病毒疫情影响，天祝煤业公司一季度的煤炭库存高达 14 万吨，储煤场将达到临界储存量，这种难以预见的营销形势，直接影响着企业原煤的正常生产。

面对严峻的销售状况和职工的"吃饭"问题，刘建荣团结带领班子成员，一手抓疫情防控与安全生产，一边审时度势、主动出击，亲自带领营销团队行程 5000 多公里，深入河南平顶山神马集团、云南曲靖焦化、广东韶钢集团等单位"开疆拓土"，结合天祝精煤"一高一低"（高粘结、极低灰）的优势，创新提出了大胆走向全国的营销策略，用诚意打动客户，抢抓产品市场价格上升的大好机遇，最终打出了"天祝气煤"的品牌。多家钢铁企业和零散客户争相前来洽谈订货，洗精煤销往韶钢、重钢、平煤神马、云南宏盛等大型钢铁焦化企业，产品供不应求，价格持续上涨。洗精煤最高售价达 1800 元 / 吨，连续多次刷新了该公司历史最高售价，创建企以来历史最好水平，实现了煤炭从燃料向工业原料的转变。

2021 年，天祝煤业公司实现煤炭销量 98.92 万吨，综合售价 612.16 元 / 吨，比计划提高 203.3 元 / 吨；实现利润 3.17 亿元，比窑街煤电集团公司下达指标增利 2.59 亿元；完成营业收入 6.74 亿元，比计划增收 2.64 亿元；上缴税金 1.17 亿元，比 2020 年增加 6802.15 万元，企业实现了跨越式发展，为窑街煤电集团公司和地方经济发展作出了突出贡献，谱写了天煤发展史上的辉煌篇章。

重视"四化"建设 实现安全"零伤亡"

近年来，为推动智能化技术与煤炭产业融合发展，提升煤矿智能化水平，国家先后出台多项政策文件，明确指出要大力开展"四化"建设。

面对国家的大好政策机遇，刘建荣如饥似渴，认真研读国家政策和窑街煤电集团公司相关安排部署，积极争取项目，在集团公司率先吹响了"四化"建设的号角。

2020年至2021年，天祝煤业公司共投资4767万元开展"四化"建设项目。在刘建荣的组织领导下，天祝煤业公司先后完成矿井井口综合虹膜考勤系统、调度室显示单元屏更新、井下瓦斯抽放泵、可视化智能掘进机、地面水泵房、地面压风制氮机监控系统、2320变电所集中控制系统的改造，实现了通风、抽放、供电、排水、运输、通讯、视频监控、安全监测、人员定位等16个子系统的融合，实现了主要机房硐室、运输线的无人值守和自动化管理，从守岗变为巡岗后，减少固定岗位作业人员55人。

为进一步推动实现"少人则安、无人则安、简单则安"的工作目标，他组织在2107工作面投运防爆柴油机单轨吊，大件设备、物料运输从"地上拉"转变为"空中飞"，使工作面物料运输实现了"三个取消"（即：取消轨道运输、取消调度绞车运输、取消矿车运输），运输效率提高2倍以上，大大降低了职工劳动强度，实现了几代一线职工有效减轻劳动强度的梦想。2021年，窑街煤电集团公司首次在天祝煤业公司隆重召开自动化及连续化运输系统现场会，靖远煤业集团和窑街煤电生产单位、周边煤矿先后前来观摩学习。

通过"四化"建设，企业安全发展基础更加坚实稳固。自2018年8月以来，天祝煤业公司连续3年4个月打赢了安全生产保卫战。截至2021年12月底，累计实现安全生产"零伤亡"1227天，被窑街煤电集团公司评为安全生产先进单位。

推动绿色发展 企业焕发新气象

天祝煤业公司地处祁连山保护区外围带和黄河上游，是祁连山自然保护区范围内留存下来唯一的国有煤炭企业。

2017年，根据祁连山环境整治整改相关政策，天祝煤业公司三采区扣除式退出后，矿井产能缩减为90万吨/年，环保要求高、压力大。

刘建荣深刻认识到环保是企业生存发展必须抓好的一件大事，稍有不慎，矿井将面临被停产整顿，甚至被关闭的政策风险，环保事关企业生死存亡。为引导天祝煤业公司全体干部职工牢固树立绿色发展理念，他坚持从井下到地面高标准创建"绿色天煤、幸福家园"。经过细致认真分析后，刘建荣提出做好"绿色安全、植被保护、生态修复、环境治理"四件大事。

组织井下大力创建无灾害、无隐患、无伤害、本质安全的绿色"作业面头、工作场所"或"绿色工程"，着力打造安全、高效、舒适的作业环境，诠释绿色安全发展理念。通过不懈努力，矿井安全生产标准化管理体系保持国家一级标准，2021年四个季度在集团公司检查验收中均名列生产矿第一名。

大力倡导走安全绿色智能化开采和清洁高效低碳集约化利用发展之路，积极推进天祝矿区三采区压覆煤炭资源充填绿色"零扰动"开采启动项目，努力实现矿山绿色发展和生态环境保护协调发展。

认真组织整治矿区生态环境，涉及祁连山环境整治整改的10条问题全部得到整改，得到了省市县相关部门的肯定。根据甘肃省生态环境厅要求，先后组织完成环境影响后评价报告备案工作，完成《天祝煤业公司水资源论证报告》编制、备案和办理取水许可证等工作。

以美化亮化绿化为抓手，亲自谋划设计，组织筹集218.6万元，粉刷公司办公楼、招待所、联建楼、锅炉房及生活污水处理站外墙，在区队办公室、楼道、机关楼内装饰各类理念牌板，并在调度室、办公楼一楼、六楼及机关院内安装彩色LED大屏，提升企业形象，营造浓厚的文化氛围。放眼整个矿区，企业面貌日新月异。

着力改善民生　职工幸福感倍增

职工的心，企业的根。刘建荣认真践行"以人民为中心"的发展思想，带着对职工的深情厚谊聚焦基层、服务基层，千方百计为职工排忧解难，用心用情为职工办实事好事，努力满足职工对美好生活的新需求。

为此，刘建荣制定了一系列的措施，2021 年，为职工办好九个方面的实事，件件得到落实。

2021 年在岗职工人均收入同比增长 4.76%，进一步提高了职工的幸福感和获得感；组织改造装潢井下 2400 大巷、采区轨道运输下山斜巷人车，车底铺设防滑垫，安装照明灯和音响，达到了保暖、减震、降噪的要求；组织对井下人车等候室各水平车场进行喷漆，悬挂理念牌板，达到美化亮化的效果，并在等候室座椅放置坐垫、安装热水器、摆放茶几，通过细节体现对职工的人文关怀；为天祝煤业公司全体职工发放暖色工作服，要求每班清洗工作服，让每一名职工下井时都能穿上干净整洁的衣服，有效提升职工的归属感；组织为全矿 930 名接尘人员免费进行职业健康检查，为地面 345 名工作人员进行体检，健全健康档案，让职工及时了解自己的身体健康状况；组织购买了 2 辆通勤车，解决了职工上下班乘车及参加大型会议出行难的问题，有效改善职工的乘车条件；组织改造职工篮球、排球场地，为广大职工提供了良好的休闲娱乐场地；在食堂、区队联建楼购置安装自动售货机，方便了职工购物；在职工公寓楼、机关办公楼、区队联建楼，先后更换安装 6 台开水加热器，为职工 24 小时提供热水服务。

路漫漫其修远兮，吾将上下而求索。在新时代奋进的征程中，刘建荣将弘扬伟大建党精神，继续以"激情干事业，无悔于人生"的雄心壮志，带领广大干部职工以坚如磐石的信心、只争朝夕的劲头、坚韧不拔的毅力，在新的征程上踔厉奋发、实干作为，笃行不怠、争创一流，奋力开创天祝煤业公司高质量全面发展新局面！

实干走上成功路

——2021年度集团公司劳模
窑街煤电集团天祝煤业有限责任公司综掘队
马英

马英，男，汉族，1975年1月出生，中共党员，中专学历，助理工程师，1994年8月参加工作。2021年时任天祝煤业公司综掘队队长。

朴实的容颜、偏瘦的身材和不时流露出的率真笑容，扎根矿山的马英，几十年如一日奋战在井下生产一线，岁月的风霜让这位矿山人练就了坚毅、刚强的品质，从一名普通工人成长为综掘队的领头雁，他经历了太多太多，也付出了太多太多……

勤于学习育团队

刚参加工作时，面对煤矿这一特殊的行业和陌生的各型机械设备，马英深刻认识到持续提升自身理论知识储备和业务技能水平的重要性、紧迫性。

工作中他遇到不会的就学、不懂的就问、不精的就练，虚心向身边实践经验丰富的工友和书本学习掘进、运输、供电、巷道维修等方面的专业知识。别人下班后打牌休闲娱乐的时候，他经常在一遍一遍地翻看业务书籍，一点一点地学、一点一点地努力充实提高自己，逐渐积累了丰富的掘进专业技术知识。求真务实、勤于学习的马英积极报考了兰州资源环境职业技术学院的函授教育，并最终圆了大学梦。自天祝煤业公司推行"锚网支护技术应用"以来，马英积极学习锚网支护技能等相关知识，努力将锚网支护理论学习成果应用于安全生产实践当中，通过在实践中不断摸索、在操作中不断改进、在工作中不断总结，逐步成长为一名锚网支护的行家里手。2019年，鉴于马英出色的支护技术，天祝煤业公司以他为核心，创建了"马英锚网支护工作室"。面对组织的重托和工友们的期待与信任，他积极组织开展锚网支护培训学习，注重利用微信平台，毫无保留地将自己总结的锚网支护心得体会、支护技巧、掘砌要点、顶板管理、常见问题解析处置等知识发送到工作室成员的手机上，积极引导工作室成员和身边的工友利用闲暇时间进行学习，努力提高锚网支护理论水平和实践技能，先后培育锚网支护技能骨干12名，有效推动天祝煤业公司支护质量的提升，在集团公司2021年4个季度的安全生产标准化达标验收中掘进单项始终达一级、名列第一。2021年，在马英孜孜不倦、默默无闻的努力下，他大力推广的锚网支护技术为天祝煤业公司节约材料和人工成本100多万元。

严格标准保安全

综掘队工作点多面广，出现这样那样的安全隐患在所难免，但关键是如何对待。马英一直雷打不动地主持开好每天的班前会，结合每班具体工作特点，强调安全重点注意事项，着重强调规范安全生产操作行为，强化灌输、引导班组职工认清"三违"危害。

他要求全队上下严格落实"四位一体"制度，坚持把规范安全生产操作行为放在首位，干什么工作都应以规章制度为依据，切忌经验主义、麻痹大意，更不应存有侥幸心理，坚决做到自保、互保、联保。他督导跟班队干部定时察看职工工作场所、岗位区域的安全状况，组织职工全面查隐患、堵漏洞，全面落实"三不生产""三不伤害"要求，努力把各类安全隐患消灭在萌芽状态。他经常在工作面各区域巡回督促开展安全工作，动态掌握掘进工作面各工作岗位情况，组织职工按照质量标准化要求分解落实工程质量流程管控任务，紧盯细节抓落实。在他的严格管理下，综掘队上下齐心协力抓安全，连续3年多杜绝了轻伤及以上人身事故，多次被评为天祝煤业公司安全先进区队，并被窑街煤电集团公司评为2021年"六好"区队。他自己也先后获得2016年省国资委优秀共产党员、窑街煤电集团公司和天祝煤业公司劳动模范、"十佳"岗位能手、"十佳"队长、安全先进个人等10余项荣誉称号。

精益求精提质效

2021年，受2101工作面采空区影响，在2201进风巷掘进期间造成应力集中、顶板压力大、巷道两帮及两角变形严重、成形差等一系列问题。

面对窘境，马英多次深入现场查看情况、研究方案，多次通过现场操作锚网钻机打注锚杆的方式探索加强顶部两角薄弱区支护强度，反复与生产技术部工程技术人员交流意见，拟定并组织职工落实将矩形断面顶部两直角修改为圆角，即：为圆角矩形断面，在两圆角处各增打一根锚杆加强支护，缩小拱肩锚杆间距为200mm的施工方案，有效保证了巷道成形，大幅提高了支护质量，实现了支护质量、掘进任务"双提升"，提前7天完成了施工任务，该工程被评为天祝煤业公司历史最优工作面切眼。

2107工作面施工时，由于地质条件复杂、断层较多，切眼掘进时更是断层叠加出现，造成顶板管理异常困难、安全风险较高。马英大胆采用差异化支护方式，组织职工在2107切眼顶板破碎时带切眼分为左右两部分依次截割并支护施工，减小了掘进机割煤后空顶面积，确保了顶板安全，为全队安全高效掘进打下了坚实基础，为天祝煤业公司顺利完成年度安全生产任务做出了重要贡献。

作为队长，马英时刻把安全与质量作为自己的职责，要求全队上下严格落实好"十二项一步到位工作法"，切实把好工程质量的每一道关口。他严格落实综掘队安全生产各项管理制度，只要在井下发现工程质量问题，他总是盯在现场组织职工全面整改。在严厉批评现场跟班人员和验收员的同时亲自操作做示范，他对操作人员动之以情、晓之以理地进行教育引导，努力使每个人都心服口服。在他的严抓细管下，综掘队质量标准化工作走在了天祝煤业公司各采掘区队前列。特别是综掘队2021年施工的2103掘进工作面仅用6个月完成了圈定工作，掘进总工程量2771.568米，单月掘进达到240米，突破了天祝煤业公司历史单进最高进尺，被窑街煤电集团公司评为最优煤巷掘进工作面。

以人为本聚合力

作为队上的领头雁，马英设身处地为职工着想。每逢春种夏收时节，家在外地农村的部分职工需回家播种、收割，全队的保勤工作十分紧迫。在这期间，马英组织职工轮流分批回家。下班后，他经常到职工宿舍去坐一坐，与他们谈心聊天，讲安全、说形势，以诚待人、以心换心，嘱咐大伙在岗位上安心工作。在他的努力下，每年综掘队职工农忙时节的出勤率始终达85%以上，从来没有出现因职工农忙回家影响全队安全生产任务完成的情况。

一次，队上的一名职工突然患了急病，需要住院治疗。马英得知这一情况后，立刻拿出当时身上仅有的500元相助，并组织将患病职工及时送进医院治疗。队上的一名职工经常与妻子吵架，上班后精神恍惚，注意力差。看到这一情况后，他主动到该职工家中走访，调解。如今这名职工家庭和睦，上班时积极肯干，成长为队上的生产骨干。在马英的不懈努力下，综掘队较好地完成了各项工作任务，受到了全矿上下的一致赞扬。

奋斗的道路没有终点。在荣誉和成绩面前，马英没有丝毫松懈，把自己全部的热情，都注入到了千尺井下。面对新的奋斗目标，面对新的机遇和挑战，马英始终以任劳任怨、敬业奉献的实际行动践行着自己"扎根煤海深处，把人生最美好的青春年华献给煤炭事业"的誓言！

扎根矿山铸煤魂

——2021年度集团公司劳模
窑街煤电集团天祝煤业有限责任公司综采一队
马斌

马斌，男，汉族，1985年3月出生，中共党员，大专学历，2005年3月参加工作。2021年时任天祝煤业公司综采一队队长。

千百万年前，植物的枝叶和根茎被升高的海水淹没，推进土壤深处，默默无闻地经历过无数段岁月的沉积与时代的更迭，形成了黑色可燃的沉积岩。这丑陋粗糙的东西一直不声不响地等待着，直到某一天被意外点燃，从此带给世人明亮的光和炙烤的热。伴随着煤这一事物的发掘问世，同样平凡不起眼的矿工开始了他们的开采人生。

2005年3月，有个刚满二十岁的年轻人，毫不犹豫地投身进这个庞大的队伍中，任劳任怨地一干就是十几年，他的名字叫马斌。

学思践悟破茧成蝶

1985年3月出生的马斌，拥有大专学历，还是中共党员，不仅知识丰富、技能过硬，而且思想觉悟高。参加工作以来，马斌每天奋战在百米井下。他踏着坚定的脚步，专心致志，一路向前。

春去秋来，寒来暑往，十六年就这样过去了。长长的巷道见证了他辛勤的付出，记录下他追逐梦想的脚步。马斌奉献出的是自己最美好的青春年华，收获的是成长、经验、信任和荣誉。

回望二十岁刚来天祝煤业公司时，那时马斌的愿望很小，就想做一份稳定的工作踏踏实实挣钱，给家里减轻经济负担。经过1个月的岗前培训，他被分到了综采一队。懵懂无知的马斌第一次面对黑黢黢的井下和采煤机等庞然大物，也曾在心里打过退堂鼓，但他不愿意当逃兵。工友们的热情、队干部的关心，给了他信心，让他咬着牙坚持过无数个班次。随着心理和身体对井下作业环境、高强度体力劳动的适应，他最终坚定地留了下来。

看到工友们汗流浃背在井下艰辛劳作的场景，他暗暗发誓，一定要努力改变井下工作环境，有效减轻大家的劳动强度。有了明确的目标，工作就更有动力了。然而，专业知识的不足给了马斌当头一击，一张图纸、一份操作说明书或一项技术规程都成了"拦路虎"。他这才深刻意识到，仅凭现有知识很难真正适应和掌握现代化的采煤技术。

为尽快补齐知识储备不足的短板，马斌严格要求自己，长期坚持学习煤矿采煤专业知识，自觉打基础、练内功，经常虚心向技术员、队长、实践经验丰富的老职工和生产部室工程技术人员请教，一有闲暇时间就围到他们跟前请教工作中遇到的疑惑。每当看到机电队维修设备，哪怕是不吃饭，他也要去想方设法去看一看，竭力弄清楚设备的工作原理。同时，马斌还主动参加各工种的培训，考取了岗位操作证。勤学不辍、扎实肯干的他逐步从一名普通工人成长为一名技术过硬、综合素质强、管理能力强的采煤队队长。

马斌带领百名综采队职工克服重重困难，保安全、夺高产，打造了天祝煤业公司第一个百万吨采煤队。2020年又创出了天祝煤业公司采煤队历史最高纪录，为天祝煤业公司完成全年各项目标任务和电煤保供工作做出了突出贡献。该公司综采一队先后获得全国模范职工之家、"三基九力"优秀班组、省国资委样板党支部、集团公司先进集体等荣誉称号。马斌先后获得集团公司安全先进个人和"五四青年奖章""最美矿工""劳动模范""优秀共产党员"等荣誉称号。

聚焦安全认真履职

"想不到是失职，做不到要问责。"马斌始终以这个标准严格要求自己，时刻把安全生产放在第一位，在工作岗位上勤勤恳恳、兢兢业业，一直奋斗在采煤一线。

2020年2月，2101工作面正处于过断层及加架阶段。马斌长期患有胃病，每天只能吃一点点东西，身体很虚弱。但他从没因病而误过一天工。他说："煤矿工作是个危险活，随时都有条件不好的时候，越是在这个时候，就越得盯住。我是共产党员，一队之长，百十双眼睛看着我呢！"因为有他在井下坐镇指挥，职工们都安心了许多，大家认真排查各类安全生产隐患，始终把风险管控挺在安全管理的前面，最终顺利度过了危险带。

多年的一线工作实践让马斌深刻体会到：安全是企业的天，是家庭幸福的保障。他秉持"宁可停产，决不冒险"的理念，每次深入工作现场，他首先做的是检查工作现场的安全状态，组织全面排查、处理各类安全隐患，确保工作范围内每个部位完好、即将运转的每一台设备始终保持良好状态。他及时发现并制止职工野蛮作业、冒险蛮干等行为。回采2105工作面时，工作面仰采坡度和倾向坡度都超过了20度以上，导致回采过程中前溜不平直，不仅违反了工作面"三直两平"的规定，而且经常出现片帮、拉移架困难、拔断铁链等安全隐患。这个难题，将直接影响全队安全生产的正常推进。马斌与有丰富工作经验的采煤机司机商讨研究后，拟定并实施严格控制采煤机运行速度、及时挑顶踏底和下底、始终使前溜保持平直的工作方法，组织全队按期保质保量完成了 2105 工作面回采任务。他对待安全从不含糊的精神赢得了全队职工的信赖和称赞。

以身作则勇于担当

马斌处处从严要求自己，工作上敢抓敢管，遇到问题从不逃避推诿，努力想办法提出合适的方案及时解决，总是一马当先，以身作则。

在 2105 工作面设备安装调试过程中，中班的设备突然不能正常运转，当班职工都非常着急却束手无策。当时天祝煤业公司上下都憋着一股劲抓安全、保进度，容不得任何耽搁。队上没办法，只好给跟完夜班的马斌通电话汇报了情况。他二话没说起身穿好衣服赶到队上，急忙找机电队长和技术员下井查电机、开溜子、升架子，一道道工序逐个检查，直到工作面设备调试正常才出了井。

2105 工作面回采至停采线 100 米时，因地质构造原因，工作面顶板极易破碎，部分职工因工作现场安全生产条件不好导致劳动强度大、下班迟等原因打起了退堂鼓。那段时间，马斌几乎天天下井，经常值班。

马斌以身作则的敬业精神，深深感动着现场的每一名职工。大家感慨地说："跟着马队长干安全、放心！"他听了笑着说道："我们综采一队是先进区队，绝不能落在他人的后面。"

亲情感化人性管理

生活中，马斌有一颗善良包容的心，对待职工犹如亲兄弟，全队职工也把他当家里人一样支持。

正如他最爱唱的一首歌《遇上你是我的缘》，他常说："我们相遇在这艰苦的井下，自保和互保让我们成了一家人。"无论是工作任务完成得不好，还是哪个班组最近出勤出现了问题，马斌都会抽空和班组职工一起唠唠家常，谈谈队上最新的变化以及职工们的思想状况，尽力化解大家的思想疙瘩，努力将矛盾化解在萌芽状态。

一次，一名职工违规操作致脚部受伤无法下井，不能正常出勤，他一有空就去这名职工家中慰问帮扶。这名职工伤愈后，主动现身说法，向全队做了"三违"反思检讨，给大家讲"三违"的严重危害。从此以后，这名职工工作越来越认真，责任心越来越强，逐步成长为本班的一名生产骨干。

对综采一队的职工，马斌总是以诚相待，有什么困难总是尽力而为鼎力相助。但对家人，他却有千分的愧疚和万分的感激，愧疚不能每天在孩子身边检查作业、陪伴玩耍，不能像其他家庭一样平时到处逛逛，节假日共同旅游，连一起吃饭、饭后散步也成了一种奢望，好在妻儿很理解他。他感激家人的谅解，也感谢全队职工的支持。面对领导的表扬和职工们的称赞，马斌总是不好意思地挠挠头，笑着说："没什么，我就是在本职岗位上做了自己应该做的。"

十六年如一日，马斌将青春的汗水挥洒在煤海里，以爱岗敬业、无私奉献、心系职工的实际行动，诠释着新时代矿工对煤炭事业的挚爱。他就像巷道里的煤炭，虽然不起眼，却甘愿在平凡的工作岗位上默默奉献，带出一支敢打敢拼，特别能吃苦、特别能战斗、特别能奉献的团队，带领着综采一队谱写了一曲团结、和谐、奋进的人生之歌。

未来，这支歌会越唱越响亮……

安全生产的守望者

——2021年度集团公司劳模
甘肃窑街油页岩综合利用有限责任公司安全管理部
杨得杰

　　杨得杰，男，汉族，生于1975年5月，中共党员，大专学历，助理工程师，1993年12月参加工作。2021年时任油页岩公司安全管理部部长。

推动技改创造安全环境

　　2019年10月，为了实现减员增效保安全的工作目标，油页岩公司实行个别岗位自动化改造，并确定在成品车间循环冷却泵房率先推行无人值守自动化改造。身为助理工程师的杨得杰，与本公司生产技术部工作人员积极配合，组织车间技术骨干深入现场查找问题、拟订方案，于2019年11月安全高效地完成了循环冷却泵房的无人值守自动化改造。循环冷却泵房自动化改造后减少职工4人、实现了无人值守，每年可节省人工成本约15万元，有效防范和遏制了生产安全事故的发生。

2010 年，油页岩公司投产以来一直通过空冷器对冷、热环降温的方式收油，经过多次数据分析研判，冷环温度保持在 51℃左右、热环温度保持在 57℃左右的时候油收率是最好的，但现有设备空冷器降温远远达不到这个效果。针对这一问题，杨得杰与生产技术部工作人员紧密配合，组织成品车间技术骨干对冷、热环降温系统进行改造。通过现场观察、查找资料、讨论分析，最终拟定了采用热交换的方法进行降温的改造方案。随后，他们组织职工在空冷器旁边安装了板式换热器，对冷热环温度进行降温，设备投入后降温效果显著改善，不仅油收率有了一定提高，而且结余大量电费。板式换热器投入后，10 台 35kW 的空冷器基本停止使用，每年为公司节省电费约 80 万元。

目前，油页岩公司干馏尾气管道压力正常运行时不能大于 5.5kPa，空气压力不能小于 7kPa。由于发电机组和末页岩炼油项目增加、减少煤气流量或因各种原因导致发电机组解列跳闸等因素的制约，煤气管道压力会突然增大或减小，如不及时调整，会造成回炉煤气少，干馏炉温度升高结焦，煤气倒流入空气管道导致空气管道爆裂，对油页岩安全生产形成很大隐患。杨得杰积极与本公司生产技术部、干馏车间主任及技术骨干商讨研究，根据干馏炉运行多年极有可能导致煤气管道压力变化时会引起安全隐患的情况，提出了在放散分管处增加电动调节阀门可解决问题的观点。实施后在发电机组解列时，干馏煤气系统压力由正常运行的 5kPa 上升到 6kPa 时，调节阀自动打开，使系统压力降为 4kPa 时自动停止，有效解决了这一技术难题，得到了岗位职工的认可和一致好评。此项技术的改造不论从经济效益方面，还是劳动用工方面都取得了显著效果，推动油页岩公司在安全生产、工艺优化、降本增效、提高劳动生产率等方面取得了实效，成了同类干馏炉安全生产可靠的技术指导。

油页岩综合利用示范项目采用的 SJ—IV 低温干馏方炉具有热效率高、生产能力大、炉顶温度低、焦油产率高、投资低、易操作等优点。针对这一设备运行过程中存在的火灾爆炸、机械伤害、触电、高处坠落、物体打击、中毒窒息、灼烫（物理）、噪声与振动、高温等主要危险和有害因素，杨得杰深入一线反复查看现场、分析论证，采用作业条件危险性评价法深入分析化工企业安全事故产生的原因，拟定了重点安全风险及管控措施、企业安全生产管理措施，撰写了《基于加强化工企业生产安全管理的有效性分析》的论文并发表于《窑煤科刊》，为本公司各级人员参与企业安全管理提供了理论指导。

紧盯现场消除安全隐患

作为油页岩公司安全管理部部长，杨得杰深知安全生产工作对于企业的重要性。他常说："安全是每一名职工的最大福祉，安全是企业所追求的最大效益，安全是企业的形象，更是企业未来发展的基础。安全生产工作任重而道远，我们一定要坚持下去，要把企业当成自己的家，把职工当成自己的家人，把安全生产工作当作自己家里的事儿，就不会觉得累。"

作为一名共产党员，杨得杰以认真务实、敬业奉献的工作态度发挥着先锋模范作用，以实际行动践行着安全生产管理的重大职责。

在主持安全管理部工作期间，他严格落实"安全第一、预防为主、综合治理"的方针，紧盯安全"零受伤"奋斗目标，扎实履行安全职责。他牢记安全生产管理人员的职责，坚持按章办事、秉公办事、身体力行、拼搏奉献、无怨无悔。无论刮风下雨，还是烈日当头，他始终俯身在生产现场。无论白天黑夜，还是节假日，经常加班延点，尤其担任现职后，从未休过一天完整的节假日和双休日。

他严以律己、以诚为本，认真履行岗位职责，注重细节管理，坚持敢抓、敢管、敢考核的原则，严格执行企业各项规章制度，全面参与企业各项安全生产管理和现场的安全监督工作，对查出的违章行为决不姑息迁就，对发现的安全隐患及时要求整改，处处以大局和集体利益为先，在职工中树立了良好形象。

完善制度规范操作流程

作为安全管理部负责人，为推动油页岩公司安全管理工作规范化、标准化、制度化和科学化，杨得杰带头落实"一岗双责"要求，时刻提醒自己严格执行安全操作规程、加强现场安全管理、不断完善各项管理制度、健全组织管理机构、落实安全生产责任制，积极组织人员完善了企业各类生产管理制度。他还制定各车间考核办法，编制质量标准化考核办法，组织完善补充绘制本公司消防系统图、炼油、发电工艺流程图、供电系统图等各类生产技术专业图纸，定期针对生产现场实际操作组织修订《安全操作规程》、制定油页岩公司《"安全红线"管理规定》《人员安全站位管理标准》《消防安全管理制度》《安全小分队管理制度》《安全检身管理制度（试行）》等一系列制度，注重以刚性制度规范生产行为，使企业安全生产标准化工作有了很大的进步。

70后的杨得杰，始终以饱满的工作热情和忘我的工作态度率先垂范，走在时代前沿。他务实重行、砥砺奋进，成绩斐然，得到了领导和广大职工的一致认可。他深感自己的责任重大和使命光荣，因此时刻告诫自己，荣誉和成绩只能说明过去，未来仍然要在平凡普通的岗位上继续努力奋斗！

永远不变的颜色

——2021年度集团公司劳模
窑街煤电集团有限公司铁路运输公司汽车运输队
刘海军

刘海军，男，汉族，1973年2月出生，中共党员，大专学历，政工师，1994年12月参加工作。2021年时任铁运公司汽车运输队队长。（图中左一）

"我把青春留给了亲爱的连队，连队给了我勇敢和智慧，从此不怕风吹浪打，生命里有了当兵的历史，是一辈子的荣光……" 1994年12月，刘海军毅然决然地脱下军装，从绿色军营回到了家乡——乌金滚滚的窑街矿区。

在窑街这片火热的土地上，刘海军将军人钢铁般的意志融入了铁运人火车头般的团队，从经济民警到民警队队长、保卫部部长、通勤车队队长，在工作中努力争当先锋。27年间，他与同伴们拼搏奉献，用勤劳和智慧，书写了一段"退伍不褪色、强企争先锋"的创业佳话。无论什么岗位，他所带的团队都能成为尖兵劲旅，他也为自己朴实无华的人生画卷平添了浓墨重彩的一笔。

退伍不褪色

挺拔的身材、俊秀的脸庞，初见刘海军就能感受到他的军人气质。1994年12月，他从部队退役后，招工来到了窑街矿务局铁路运输处，当了一名经济民警。初入这支团队，部队的特质还十分明显，走路、站姿、坐姿仍保持着部队训练中刻出来的样子，在一支准军事化的队伍，当兵的经历给他创造了先天的优势，很快他便成了民警队的教官。

在民警队军事化训练中，他以严明的纪律、严谨的作风和过硬的军事素养得到了大家的认同，在他的训练下，这支队伍出操、换岗、值勤、守护都有了大变样，刘海军也以自己果敢的作风和较强的沟通协调、组织能力先后被提拔为民警队副队长、队长、保卫部部长。自2016年11月，他被交流到铁运公司汽车运输队任队长，刘海军及时补充工作所需的新知识、新技能、新本领，无论是政治素质，还是业务技能方面都得到了有效提升。作为汽车运输队的带头人，刘海军始终以强烈的事业心和责任感，满腔热忱地投入工作，积极培育齐心协力、敢打硬仗的团队精神。在刘海军的带领下，铁运公司汽车运输队疫情防控、职工通勤、汽车修理等各项工作稳步发展，全队上下呈现出凝心聚力谋发展，群策群力抓经营、保安全、促发展的良好局面。

抗疫就是战斗

刘海军说，人的一生很短暂，要干成几件事情不容易，人的性格各异，能力有大小，但只要踏踏实实干，就一定有收获。

2020年春节，面对来势汹汹的疫情和严峻的防控形势，在接到上级关于新冠肺炎疫情防控工作指令后，刘海军第一时间联系公司相关部门，商讨防疫联合检查具体工作，并微信视频召集班子成员和各班组负责人，紧急召开疫情防控专题会，传达疫情防控工作相关精神，健全完善了《通勤车辆清洗消毒制度》《乘车职工体温检测制度》《汽车运输队疫情防控工作应急预案》《通勤车疫情防控现场处置方案》，果断部署执勤任务。

窑街煤电集团是一个人员密集型的煤炭企业，通勤车队担负着集团公司各单位职工通勤任务，正值春节期间，回家探亲人员多，若一人感染就会面临停产的危险。面对一种新型病毒，职工群众难免出现恐慌。为保证疫情防控和复工复产，他第一时间动员汽车运输队13名党员组建成立"党员突击队"并立即投身疫情防控最前沿，亮身份、当先锋、做表率，以实际行动展现汽车运输队"召之即来、来之能战、战之必胜"的扎实作风，认真履行疫情防控排查员、宣传员、监督员、战斗员、联络员等"五大员"职责，连续60多天吃住在单位，值守在一线，每天工作12小时以上。他每天凌晨4点就坚守在发车点，定期、不定期深入各通勤车乘坐点，向职工群众详细宣讲科学防疫知识，监督落实持证乘车、查验健康码、行程码、测体温和"一趟一通风、一趟一消杀"制度，督导职工正确佩戴口罩、有序乘车，指导车辆彻底全面卫生清扫、消毒通风等工作，全力守好矿区防疫"第一道关口"，以实际行动彰显了新时期共产党员的初心本色。

在那段特殊的日子里，刘海军的工作是满负荷的。特别是在公交车、出租车停运的情况下，针对乘车职工从平常2200多人激增到4000多人的紧急情况，他及时研究车辆科学调度，第一时间带领调度人员加班加点，及时调整通勤车排班方案，优化通勤车调度协调指挥，保证多跑班次、少跑空趟，在车辆少、乘车人员多的特殊情况下，竭力动员驾驶员放弃公休等假期，要求驾驶员尽锐出战、团结协作，安全高效地完成了通勤任务。

2021年，兰州再度出现感染人群，他第一时间掌握疫情工作状况，合理安排和部署站点人员防控工作，时不时前往红古区交警防疫卡点沟通联系，像这样的场景每天都在上演。面对繁重而艰巨的工作，他总是坚定地说："这点苦和累比起一线的医护人员不算什么，在战'疫'的这条路上，需要我们昼夜坚守履职尽责，共同筑起一道道抗击疫情的屏障。"无言付出，以首战用我、用我必胜的态度彰显着抗疫决心，用一颗赤子之心守护职工平安。他顶住了繁重的通勤压力，圆满完成了组织交办的急难险重运输任务，实现了通勤车零事故、乘坐职工零感染"双零"目标，得到了集团公司的肯定和表扬。

岗位就是阵地

"我的岗位就是我的阵地"是刘海军时常挂在嘴边的一句话。40台通勤车每天运送4000人次，任务十分繁重，作为队长，他始终牢记习近平总书记"人民至上、生命至上"的嘱托，坚持将安全运输放在先于一切、高于一切、重于一切的首要位置，认真落实集团公司和铁运公司安全生产各项部署要求，先后牵头完成了通勤车行车监控系统升级改造，达到了全覆盖无死角实时监控，实时报警，实时记录车辆安全状况，全程可视化跟踪车辆运行路线，实现了车辆监控数字化、智能化。

刘海军坚持每年组织开展1次道路交通事故演练，全面检验和完善应急处置预案，教育引导驾驶员熟悉应急救援知识，总结积累了丰富的应急处置实战经验。他带头排查车辆风险隐患，压紧压实驾驶员、稽查人员、值守管理人员的安全责任，督促做好车辆"三检三查"日常维修保养，坚决杜绝"病车"上路。他带头深入开展安全宣传教育、事故警示教育、"三违"帮教、安全技能培训等安全教育活动，将安全触角延伸到运输全过程、各细节，筑牢了保障职工生命安全的铜墙铁壁。在他的严格要求、精细管理下，铁运公司汽车运输队已连续6年实现安全运输无事故，筑就了矿区职工上下班回家的平安之路，守护了矿区万千家庭的幸福安康。

职责就是冲锋

近年来，铁运公司原煤外运量减小、经营效益持续下滑，刘海军积极为组织分忧解难、出谋划策，大力推进通勤车升级换代，推广新能源汽车；积极开拓维修业务，经常走访集团公司各单位，深入各大施工场地，广泛联系承揽机动车维修任务，在组织职工全面承担本公司通勤车辆修理业务外，还积极对外承揽大货车、装载机械的维修业务，同时瞄准职工私家车这个大市场，开展小汽车维修业务，积极争取公司支持引进 3 吨叉车、烤漆房、四轮定位仪、扒胎机、超薄子母大小剪举升架、平衡机等新设备，在满足集团公司内部小汽车维修的条件下，努力拓展小汽车维修业务外部市场，努力增加业务量、提升企业的市场竞争力，力求创造更大的经济效益。

"科学技术是第一生产力"。身为队长的刘海军深知这一点。他总结推行释放一类机动车维修资质、对内对外修理"一释放二修理"创新创效工作法，累计创收 60 余万元。与此同时，他拓展思路，更换老旧设备，增加新设备，引进新工艺，努力扩大维修范围。他坚持把自己全部的时间与精力用在工作上，处处留心、详细掌握车辆运行，安全性能，管理调度等情况，实现了车辆规范化和制度化管理，在提高运行质量的同时，还大幅减少维修量、降低了油耗等费用成本。经过近 2 年的摸索实践，他与一线技术人员探索形成了定人员、定设备、定质量、定安全、定指标、定职责"六定"记名式管理，累计节约成本近 20 余万元。

在刘海军的带动下，汽车运输队职工人人比作风、人人比服务、人人比质量，全队各项工作齐头并进，全队职工精神面貌焕然一新，实现了原来被动完成领导交办的任务向主动服务、精益求精的重大转变，将全队打造成了铁运公司乃至集团公司文明服务窗口的示范标杆。

人生的路在脚下延伸，没有尽头，军人的铮铮铁骨却是永恒的。刘海军作为一名共产党员，一个曾经经受军队磨砺过的硬汉，他把每一项任务当作一次战斗，把每一个岗位当作坚守的阵地，把开拓市场当作冲锋，危难险重时刻方显英雄本色，大战考验面前更见责任担当，他用火热的心、无愧的行动做出了守护职工通勤安全的生动实践！

青春在熔炉中燃烧

——2021年度集团公司劳模
窑街煤电集团甘肃金凯机械制造有限责任公司铸造车间
马建华

马建华，男，东乡族，1985年3月出生，大专学历，初级铸造工，2011年3月参加工作。2021年时任金凯公司铸造车间班长。

初见马建华，整齐的工装、谦逊的语言、温和的性格，怎么也无法和一个铸造工联系在一起。可他到了工作岗位就像完全变了一个人。如果谁在工作中、在技术上不按标准来，他定是一点面子也不讲。慢慢地从他睿智的眼神和不多的言语中，又会感觉到他的智慧之光。他将一切用语言诠释的东西镌刻在了一个个的模具上，用铿锵的旋律奏出了青春的最强音。

"三勤三多"练本领

马建华深知要成为一名技艺精湛的铸造工，不仅要坚持学习专业知识，还要不断积累实践经验，更要时刻留心铸造流程中的每一个细节。他坚信：看不如干，学就要通，艺多不压人，有志者事竟成。在繁忙的岁月里，马建华坚持干中学、学中干、干中提高、学中长进，从最基本的做起。为了练就扎实的专业技能，他一心扑在工作上，认真学习铸造专业知识，潜心钻研铸造专业技能，很快成长为铸造车间安全生产战线上的技术尖子、生产骨干。他常说，铸造工没有什么捷径，关键是要做到"三勤三多"，就是手勤多干、口勤多问、眼勤多看。作为班长遇到复杂操作及疑难工序处理亲自操作示范，边干边讲，逐步提高班组成员技术水平；每逢新设备投运或旧设备改造项目，他总是主动找厂家技术人员要资料及图纸，跟前跟后问设备技术参数和工作原理；工作中对设备常巡视，多走走、多看看，全面掌控设备状态，及时发现设备缺陷及存在问题，迅速查明故障原因，解决作业过程中的技术难题。坚持向身边的工友学、向书本学、向实践学，业余时间几乎都用在了学习理论知识、琢磨如何解决铸造技术难题上。

"苦心人天不负"。马建华正是一个肯吃苦爱钻研的人。无论是原来传统的手工砂铸造工艺，还是现在的消失模铸造工艺，无论是原来的 0.5T 中频感应炉，还是现在的 1.5T 中频感应炉；无论是原来的旧砂回用新技术，还是现在的环保型砂处理及再生技术，他都坚持以挑战自我、永不言弃的奋斗精神熟练掌握了全套工艺流程、操作要领、性能特点。无论装备、工艺如何升级，他都能够以高超娴熟、精益求精的技能，使车间的铸件产量持续平稳增长，实现优质、高效、环保、创新的目标，用实际行动彰显了一名新时代铸造工人的闪光风采。

担任班长以后，马建华把"三勤三多"的学习经验带到了班组，经常组织工友们相互传授工作小绝活、小窍门，相互展示交流排除设备故障中遇到的困难和心得体会，大家一起讨论、研究，并且现场模拟故障，努力让每个班组成员都能够在集体研讨和动手实践中不断提高技能。他经常组织职工针对设备可能产生的故障进行预判分析，有效解决了工作中遇到的一些技术问题，提高了班组职工的技术业务能力。

钻研技术解难题

"艺高人胆大"。工友们都说，马建华就是这样一个胆大的"高人"，他总会大胆去尝试，时常能完成一些看似不可能的任务。箱体类铸件是消失模铸造最难解决的课题之一。有一次，铸造车间接到制作一批机床床身的紧急任务。当时正值夏天，铸造车间里机器轰鸣、钢花飞舞、铁水奔流、砂浪翻腾……车间局部温度高达50℃，简直就是一个大"火炉"。马建华和工友们穿着厚重的工作服，戴着防尘面罩，轮流坚守在1700℃左右的中频炉旁，被汗水浸湿的工作服湿了干、干了又湿，但按照作业规程他们不能卸下厚重的"战袍"。由于长时间在炉火旁工作，他和工友们的脸都被烤得起了皮，但依旧坚守在生产线上，监督入铝、配料、精炼、铸造速度和控制温度等各个环节。然而，就在快要竣工的时候，却出现了塌箱、型砂溃散现象。焦急的他反复回想工艺流程细节，仔细核对工艺参数，将书本上学到的知识与以往的工作经验相结合，最终准确判断出此次塌箱缺陷、型砂溃散发生的真正原因——浇铸过程消失模模具分解产生的气体量太多且急，铸型排气速度赶不上，加上真空泵抽气压力不足，导致铸型固定砂溃散、坍塌。他镇定自如地告诉工友原因，又快速做出调整，将每一个工艺环节细化分解到人。最后，在他的严格"监控"下，一个个合格的机床床身毛坯展现在大家眼前，为企业挽回损失7万元。

在一次浇铸过程中，马建华发现间隔铁、锁圈等小型铸件的钢水温度虽然高，但仍然出现了不成型的问题，导致成品率很低。这让他寝食难安。为了解决这个难题，他翻阅了很多消失模铸造的图文资料，并通过电话反复与曾参加公司委培到外地学习结识的铸造同行交流请教，最终发现是因模具排气系统设计不良、小型铸件涂料过厚，致使自身排气不佳，产生了不合格品。他喜出望外，整夜未眠，一大早就到单位迫不及待地将自己的发现告诉了其他工友，觉得问题有可能很快得以解决。但事与愿违，因为解决这一难题还要合理控制工艺参数，而生产的现实状况不允许反复试验，他们只能从理论上推算，一遍又一遍地查阅以往的数据资料对比、推算。经过一个星期的努力，终于确定了一套比较成熟的试铸方案。从模型制作到熔炼浇铸进行得都跟以往没有什么不同，但等待结果的过程却显得比以往更难熬。时间好像一下子放慢了脚步，他尽可能把自己投入到其他工作中来缓解紧张复杂的情绪。一天后，质检员告诉他最终结果时，他几乎不敢相信自己的耳朵，产品合格率比以往惊人地提高了 10 个百分点。随着时间的推移，马建华进一步调整工艺流程、细化操作标准，最终使铸造车间现在的小型铸件成品率基本稳定在98% 左右，一年为企业创造产值近百万元。

以身作则树榜样

马建华始终把勤奋工作当作自己最大的乐趣，把建设团结协作、文明向上的车间作为自己最大的追求。他勤学细研、爱岗敬业的精神深深地感染着身边的每一位工友。铸造熔化靠的就是中频炉。四月，中频炉连续几次出现了故障，开炉次数由原来的一周四次减少到一周两次，车间生产陷入停产或半停产的境地。马建华十分着急，带着工友们从拆炉、铺炉、埋设报警线，一直到烘炉仔细排查问题，一个环节一个环节的反复检验流程时，突然接到弟弟的电话，说 85 岁的姥爷不幸离世了。他自小就很受姥爷疼爱，每次回姥爷家都要拉着他的手唠个不停，半年前和姥爷见面的时候，他还告诉姥爷一定会抽时间多回家看看他，没想到这一走竟然成了永别。当他听到姥爷去世的消息后，心中悲痛万分，但此时大家正在对中频炉进行大修。中频炉是金属熔炼设备，能将废旧钢材熔炼加工成全新铸件，安全生产在这里显得异常重要，检修工作必须一丝不苟。为了保证安全生产，他强忍泪水，瞒过了在一起进行检修作业的工友们，选择了坚守岗位。时值初春，夜晚寒气袭人，马建华披件棉大衣守在炉台上察看烘炉情况，直到中频炉投入正常生产熔化出第一炉钢水。事后，马建华对身边的工友说："在我的生命中，姥爷是最疼爱我的人。面对安全生产紧急任务，我没有别的选择。没见到姥爷的最后一眼虽然很遗憾，但我相信姥爷在天之灵会理解和支持孙子的选择。"

俗话说："己不正，焉能正人。"马建华一直用这句话衡量着自己的言行举止、践行着一个班长的职责和担当。作为车间的"元老"，他的心已根植班组，用他自己的话说："在班组的时间比在家的日子还多，铸造车间就是我的第二个家"。每逢车间工友家中婚丧嫁娶，他总是头一个站出来，热心为其张罗策划，甚至不惜牺牲自己的休息时间。"榜样的力量是无穷的"，在马建华的影响和带动下，铸造车间逐渐形成了"上下齐心，团结奋进"的良好局面。

高温的火炉炼就了钢铁意志，复杂多样的模具刻画出多彩的人生。参加工作的这些年，马建华忙碌而挺拔的身影时刻出现在车间的每一个角落。他在高温下进行高强度的劳动作业，复杂的消失模铸造深深震撼着他的心灵，工友们闪光的汗水陶冶着他的情操，马建华把全部精力投入到干好本职工作上，将青春融入滚烫的熔炉，为金凯公司高质量发展奉献着自己全部的光和热！